Mitch Tonks

Fotos Chris Terry
Illustrationen Richard Bramble

Fisch

Warenkunde und Kochschule
100 Rezepte für Fisch und Meeresfrüchte

Christian Verlag

Unser Verlagsprogramm finden Sie unter www.christian-verlag.de

Übersetzung aus dem Englischen: Helmut Ertl
Textredaktion: Anja Ashauer-Schupp
Korrektur: Petra Tröger
Satz: Wigel
Umschlaggestaltung: Caroline Daphne Georgiadis, Daphne Design

Copyright © 2009 für die deutschsprachige Ausgabe: Christian Verlag GmbH, München

Die Originalausgabe mit dem Titel *Fish – the complete fish & seafood companion* wurde erstmals 2009 im Verlag Pavilion, einem Imprint von Anova Books Company Ltd., London, veröffentlicht.

Copyright © 2009 für Layout und Design: Pavilion
Copyright © 2009 für den Text: Mitch Tonks
Copyright © 2009 für die Fotos: Chris Terry, außer Seite 271 © Farrell Grehan/CORBIS
Copyright © 2009 für die Illustrationen: Richard Bramble

Design: Louise Leffler at Sticks Design
Fotograf: Chris Terry
Illustrator: Richard Bramble

Die Deutsche Bibliothek – CIP Einheitsaufnahme
Ein Titeldatensatz für diese Publikation ist bei der Deutschen Bibliothek erhältlich.

Printed and bound in Singapore by Craft Print

Alle deutschsprachigen Rechte vorbehalten.

ISBN 978-3-88472-949-6

Alle Angaben in diesem Werk wurden vom Autor sorgfältig recherchiert und auf den aktuellen Stand gebracht sowie vom Verlag geprüft. Für die Richtigkeit der Angaben kann jedoch keinerlei Haftung übernommen werden. Für Hinweise und Anregungen sind wir jederzeit dankbar. Bitte richten Sie diese an:
Christian Verlag
Postfach 400209
80702 München
E-Mail: info@christian-verlag.de

Für Nellie

Inhalt

Einführung 7

ERSTER TEIL:
GUT ZU WISSEN

Fisch – das perfekte Nahrungsmittel 12
24 Stunden in einem Fischereihafen 14
Wie Fisch gefangen wird –
   ein Überblick 20
Fisch einkaufen 24
Die essbaren Teile 26
Drei einfache Techniken Fisch zu garen 28
Fischerei und Nachhaltigkeit 30
Was Leute vom Fach sagen … 34
Warum Fisch so gesund ist 38
Nährwerttabelle 39

ZWEITER TEIL:
FISCH FÜR FISCH

WARENKUNDE UND REZEPTE 40

WEISSFLEISCHIGE MEERESFISCHE 42

FETTFISCHE 194

WEICH- UND KRUSTENTIERE 256

Ganze Fische vorbereiten 314
Register 315

Einführung

Ich muss sechs oder sieben Jahre alt gewesen sein, als mir klar wurde, wie sehr ich Fisch und das Meer mag – das Alter müsste in etwa stimmen, wenn ich mir das Foto des hageren Jungen mit der prächtigen Makrele an der Angel am Strand von Portmelon in Cornwall anschaue. Ich war damals ein begeisterter Angler und wagte mich vor Black Rock in Weston-Super-Mare, wo ich aufgewachsen bin, bei Ebbe oft weit ins Watt hinaus, um nachzusehen, was das Meer in den stationären Fischernetzen so alles hinterlassen hatte. Meist waren es nur ein paar Klieschen – ein wunderbarer Fisch übrigens, selten zu finden heute –, doch mit Salz und Pfeffer in Butter gebraten allemal gut für ein Abendessen mit meiner Großmutter.

Für mich selbst koche ich meist diese ganz einfachen Gerichte; es geht nichts über ein Stück Fisch vom Grill, mit etwas Öl oder Butter beträufelt, und einen Salat der Saison dazu. Gutes Seafood auf dem Teller erzeugt sofort romantische Bilder vom Leben am Meer – wettergegerbte Fischer, die in idyllischen Häfen arbeiten, um den Fang anzulanden und für die Auktion vorzubereiten, wo er seine Reise in die Küchen des ganzen Landes antritt.

Die Fischereiwirtschaft ist heute ein hochkomplexes Geschäft, umso mehr, seit wir begriffen haben, dass der Reichtum der Meere nicht unerschöpflich ist. Nicht nur die heimtückischen Gräten, die ungewissen Garzeiten oder der Zweifel an der Frische verleiden vielen den Fisch, sondern das alles beherrschende Thema der Nachhaltigkeit. Das sollte jedoch niemanden abschrecken, denn es gibt auch gute Nachrichten – und dieses Buch als Hilfe.

Durch meine Arbeit als Fischhändler, Koch und Gastronom habe ich viel darüber erfahren, wie die Leute über Fisch denken, über ihre Unsicherheit bei der Zubereitung und wie Berichte über Umweltthemen ihren Einkauf beeinflussen. Fisch scheint vielen Amateurköchen großen Respekt einzuflößen und ich treffe immer wieder Menschen, die zwar leidenschaftlich gern Fisch essen, aber nicht so recht wissen, wie man ihm in der Küche zu Leibe rückt. Dabei lässt sich Seafood schnell und einfach zubereiten und wer erst einmal die Grundlagen gemeistert und einen vertrauenswürdigen Fischhändler gefunden hat, wird sich mühelos zum versierten und kreativen Fischkoch entwickeln.

Gute, erfahrene Fischköche genießen in der Gastronomie allerhöchstes Ansehen – und nicht anders, davon bin ich überzeugt, verhält es sich unter Hobbyköchen.

»Warum ein weiteres Fischbuch?«, wird mancher vielleicht fragen, doch ich habe festgestellt, dass sich die Geschmäcker und Interessen mit der Zeit ändern, so wie auch meine Leidenschaft für Fisch und meine Erfahrungen über die Jahre noch gewachsen sind. Ich verbringe den Morgen gern auf dem Fischmarkt und noch immer versetzt mich der Anblick einer Kiste Fisch in dieselbe helle Freude wie vor zehn Jahren, als ich das erste Mal darüber nachdachte, einen Fischladen und ein Restaurant aufzumachen. Diese Begeisterung treibt mich unablässig an und ich wünsche mir, dass den Lesern dieses Buches Fisch und Meeresfrüchte eines Tages genauso viel Genuss und Freude bereiten wie mir. Sämtliche Rezepte lassen sich ganz einfach zubereiten und ob blutiger Anfänger oder alter Hase, ich hoffe, das Ergebnis wird Ihnen gefallen.

Ich habe mich in diesem Buch auf die am häufigsten konsumierten Fischarten konzentriert und das eine oder andere Wissenswerte hinzugefügt – wie und wo sie gefangen werden und welche besonderen Umweltfragen mit ihnen verbunden sind –, um das Thema »Fisch« noch greifbarer zu machen. Dazu gehört auch eine systematische Beschreibung des Geschmacks. So habe ich mit einem Team von Fachleuten – darunter ein Sommelier und einige Experten von Young's Seafood, dem in Großbritannien führenden Anbieter von Fischprodukten – zu jedem Fisch ein Kurzporträt mit einer Art Geschmacksprofil erstellt.

Auch Saison und Laichzeit der einzelnen Arten sowie ihre Namen in einigen anderen Sprachen habe ich hinzugefügt, damit Sie Ihren Lieblingsfisch auch im Ausland finden. Und wenn Sie sich fragen, wie groß die Nettoausbeute pro Kilogramm Fisch eigentlich ausfällt, wie viel Kalorien er hat und wie hoch der Anteil an Fett und den wertvollen Omega-3-Fettsäuren ist, so werden Sie ebenfalls fündig.

Am besten, Sie führen sich erst einmal den einleitenden Teil zu Gemüte und machen sich mit den Tipps zum Einkauf vertraut, bevor Sie zur Tat schreiten. Probieren Sie sich durch die verschiedenen Fische und nehmen Sie die kurzen Anekdoten dazu als kleinen Appetizer.

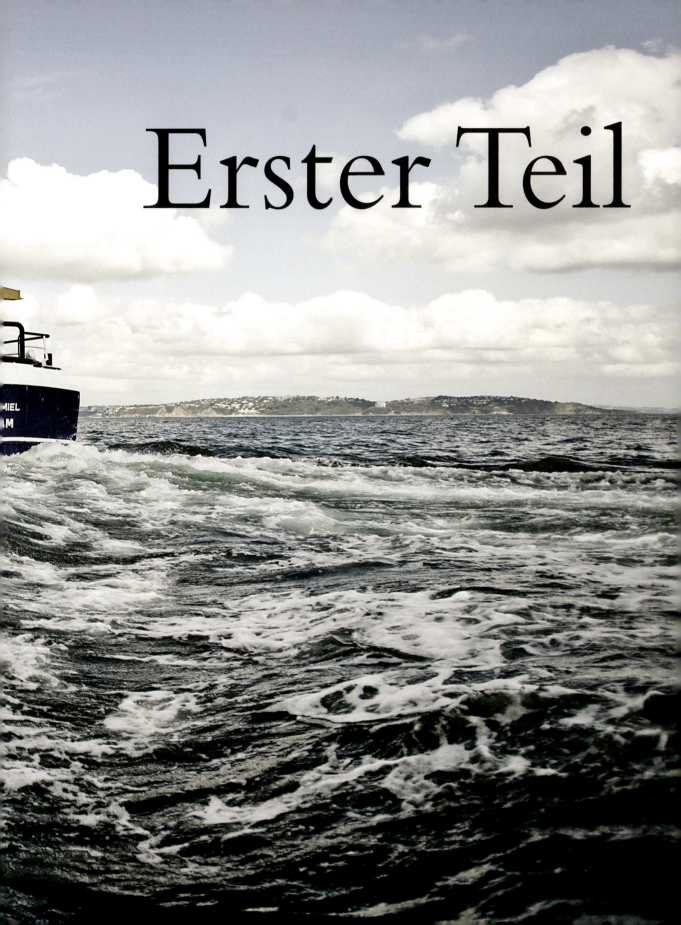

Erster Teil

Fisch – das perfekte Nahrungsmittel

Fisch ist faszinierend – er ist gesund, einfach zuzubereiten und schmeckt hervorragend, ein durch und durch zeitgemäßes Lebensmittel. Was gibt es Schöneres, als ein gut zubereitetes Stück Fisch, frisch auf den Tisch? Die Fischküche ist lokal geprägt und jedes Land, jeder Küstenstreifen, jeder Hafen schwört auf die heimischen Arten, vor allem in der Saison, wenn sie am besten schmecken. Wer sich in dem regionalen und saisonalen Angebot gut auskennt, hat in der Fischküche eindeutig einen Vorteil. Ich hoffe, dass Sie in diesem Buch nicht nur viel Interessantes über Ihren Lieblingsfisch erfahren, sondern auch Anregungen bekommen, Neues auszuprobieren.

Seafood ist auch darum so faszinierend, weil die Vielzahl der Arten fast unbegrenzte Möglichkeiten bietet. Ich finde es immer noch aufregend, einen Fischladen zu betreten, diesen reinen, frischen Geruch einzuatmen und sich von der ständig wechselnden Auslage an der Ladentheke überraschen zu lassen. Auch die Zubereitungsmöglichkeiten sind zahllos – von Backen, Dünsten oder Pochieren bis zu Braten, Frittieren und Grillen, nichts lässt sich so einfach auf den Tisch bringen wie Fisch. Dekorativer Schnickschnack ist überflüssig, die gute Fischküche verlangt nach Schlichtheit. Etwas Olivenöl, Knoblauch, Meersalz, Zitrone und ein paar frische Kräuter – Rosmarin, Basilikum oder Oregano – ist schon alles, was man braucht. Ich esse auch gern Fleisch, aber nach dem Genuss von Fisch fühle ich mich einfach nicht so voll und träge. Fisch ist außerdem gesund, wer hat noch nicht von den Omega-3-Fettsäuren gehört, die vor allem in fettreichen Fischen wie Makrele, Thunfisch und Sardinen vorkommen und sich günstig auf unser Herz, Gehirn und das allgemeine Wohlbefinden auswirken.

Zeit ist ein knappes Gut und kaum jemand findet noch die Muße zum Kochen, geschweige denn, in Ruhe zu essen. Doch so schnell und bequem, wie Fisch sich zubereiten lässt, sollte dies selbst in der größten Familie kein Problem sein. Nichts ist einfacher als einen Fischeintopf zu kochen, eine Handvoll Garnelen unter frische Pasta zu mengen oder ein paar Fischfilets kurz in Milch zu tauchen, in Mehl zu wenden und knusprig auszubacken – Gerichte, die im Handumdrehen fertig und absolut lecker sind. Und wer die Zeit am Herd gern ein wenig abkürzt, für den ist gebratener Fisch genau das Richtige – einfach einen ganzen Wolfsbarsch oder eine Dorade mit Rosmarin und Knoblauch für 20 Minuten in den Ofen schieben und während des Garens bei einem Glas Wein entspannt plaudern.

Skandale und schockierende Berichte aus dem Alltag der Lebensmittelindustrie sind an der Tagesordnung. Der Vorteil bei Frischfisch: Seine Herkunft ist für jeden nachvollziehbar. Das nächste Mal, wenn Sie ans Meer fahren, zum Beispiel nach Cornwall, nehmen Sie eine Angel mit und fangen Sie Ihren eigenen Fisch – ein unvergessliches Erlebnis, das jedem offensteht.

»Ein alter Fischer sagte einmal zu mir: ›Iss niemals Scholle, bevor sie Maiwasser probiert hat.‹ Von Januar bis März sind Schollen mager und voller Rogen, im Juni sind sie schön prall und aromatisch. Ich mache diesen Job seit 27 Jahren und nichts hat sich seither daran geändert. Fisch sollte man immer saisonal essen, dann nämlich, wenn er am besten schmeckt.«
Martin Purnell, Einkäufer bei Channel Fisheries

24 Stunden in einem Fischereihafen

Von meinem Fenster aus kann ich den Hafen von Brixham überblicken und der Fischmarkt liegt praktisch direkt vor meiner Tür. Es ist eine eigene Welt da draußen, und häufig stehe ich hier mit einer Tasse Tee und denke an die vielen anderen Fischmärkte auf dem Erdball, auf denen geschäftiges Treiben herrscht, während alle Welt friedlich schläft. Ein Fischmarkt wechselt ständig sein Gesicht, einmal stapeln sich die Kisten, wohin das Auge blickt, und dann wieder von Fisch keine Spur, je nach Wetterlage.

Es gibt nicht viele Menschen, die morgens zur Arbeit aufbrechen würden, ohne zu wissen, was dabei an Lohn herausspringt oder was sie im Büro überhaupt erwartet. Bei strahlendem Sonnenschein auf einem kleinen Boot zum Fischen hinauszufahren, macht zweifellos Spaß, doch das Haus will abbezahlt und die Familie ernährt werden und so haben Fischer keine Wahl, sie müssen auch bei schlechtem Wetter hinaus und gegen die See ankämpfen. Ich stand einmal auf der Brücke eines 30 Meter langen Trawlers und fragte meinen Kumpel Graham Perkes, der schon viele Jahre als Schiffsführer auf dem Buckel hat, wie es bei rauer See an Bord denn so ist. »Furchtbar«, antwortete er, und genauso meinte er es. Dagegen habe ich als Freizeitkapitän bestenfalls eine vage Vorstellung davon, was schwere See wirklich bedeutet, denn schon beim geringsten Anzeichen eines Wetterumschwungs nehme ich Kurs auf den nächsten Hafen. Diese Kerle aber fischen ungerührt weiter. Erst unter extremen Bedingungen holen sie das Geschirr ein, verschalken die Luken und reiten den Sturm ab. Vielleicht ist dies einen Gedanken wert, wenn Sie das nächste Mal Fisch kaufen – vor allem im Winter.

Die Fischerei ist ein 24-Stunden-Job. Rund um die Uhr kommen Boote herein, während sich die Kaiarbeiter Tag und Nacht bereithalten, beim Löschen des Fangs zu helfen und den Fisch nach Art und Größe für die morgendliche Auktion zu sortieren. Die Versteigerung in Brixham erfolgt noch auf Zuruf, anders als auf vielen modernen Fischmärkten, die mittlerweile über ein elektronisches System verfügen. Man muss das mal erlebt haben, wie die Auktionatoren sich mühen, die Preise in die Höhe zu treiben, sowohl für die Fischer als auch für sich selbst, denn ihr Verdienst errechnet sich aus einem prozentualen Anteil des Erlöses. Ein Auktionator muss ein starker Charakter sein, einerseits muss er das ständige Bieten und Überbieten anheizen, andererseits das Temperament der Händler zügeln und dabei jeden Bieter ständig im Blick behalten. Es gibt nicht viele Menschen, die für diesen sehr speziellen Job geeignet sind.

In der Auktionshalle herrscht Hochbetrieb. Händler, die im Auftrag ihrer Kundschaft unterwegs sind, Schulter an Schulter mit Einkäufern, die sich auf ein Marktsegment spezialisiert haben und gezielt nach bestimmten Arten und Größen suchen. Häufig sind sie direkte Konkurrenten um dieselbe Ware, jeder mit seiner individuell kalkulierten Preisvorstellung, diktiert von den Vorgaben und Wünschen ihrer Kunden, eine faszinierende Mischung aus Diskretion und Taktieren. Oft haben es Einkäufer sogar auf den gleichen Fisch abgesehen, um ihn demselben Kunden anzubieten, ohne dass der andere davon auch nur ahnt.

Rechts: Schwimmkrabben bei der Anlandung im Hafen. Die lebenden Krustentiere werden in großen Netzen über der Bordwand im Wasser hängend transportiert, bevor sie an Land in Kisten verpackt, versteigert und schließlich zu den Märkten und Restaurants versandt werden.

Oben: Die wollige Schwimmkrabbe (auch Samtkrabbe) ist ein schmackhafter kleiner Krebs mit einem samtigen Panzer (daher der Name). Meist endet er auf einer Meeresfrüchteplatte oder in einer köstlichen Suppe.

Zuweilen geht es hoch her auf so einer Auktion, doch die Einkäufer sind seit vielen Jahren im Geschäft, haben Nerven wie Drahtseile, ein gutes Urteilsvermögen und bewahren in der Regel einen kühlen Kopf. Sobald sich die Händler ihre Ware gesichert haben, lassen sie den Fisch in ihren Betrieb abtransportieren, wo er kontrolliert, filetiert und zum Versand an den Kunden verpackt wird, nicht selten ein weiterer Händler von einem anderen Fischmarkt.

Gewöhnlich sind die am Kai zum Abtransport des Fischs wartenden LKWs bis zum Mittag verschwunden, während die Fischer schon wieder ihre Boote zum Auslaufen klarmachen, Treibstoff bunkern und Vorräte für sechs bis sieben Tage übernehmen. Inzwischen kümmern sich die Händler weiter um den Verkauf des Tagesfangs, während Marktarbeiter mit Schläuchen die Auktionshalle und die Kühlräume für die kommende Versteigerung und die Ladung des nächsten Kutters ausspritzen.

Wie man sieht, geht Fisch durch viele Hände, bevor er im Laden liegt, und ein ganzes Heer von Arbeitern ist daran beteiligt, ihn dorthin zu schaffen. Nicht zu vergessen der Hafenmeister, die Sicherheitsleute, die Wachboote, die Werftarbeiter, die Techniker und Ingenieure, ohne die auch nichts ginge. Sie alle spielen unterschiedliche Rollen und verfolgen eigene Interessen, doch am Ende eines Tages sitzen sie gemeinsam im Pub! Darum sind Fischereiorte noch echte Gemeinschaften – jeder ist auf den anderen angewiesen.

Ian Perkes, Exportkaufmann

Welche Fischarten exportieren Sie?
Hauptsächlich Seezunge, Kalmar und Sepia, Jakobsmuscheln, Seeteufel, Steinbutt, Glattbutt, Pollack und Rochenflügel.

Wer sind Ihre Abnehmer?
Unsere wichtigsten Märkte sind Frankreich und Italien. Die italienischen Gewässer sind praktisch leer gefischt und das adriatische Meer musste wegen Verschmutzung sogar ganz für den Fischfang geschlossen werden. Die Italiener sind große Fischesser und nutzen jede Quelle, die sich ihnen bietet. Die Franzosen haben zwar noch nennenswerte Bestände, aber keine Trawler. Die meisten Schleppnetztrawler stammen aus Holland und Belgien. Auch die Franzosen essen gern Fisch, können aber ihren eigenen Bedarf nicht decken, darum müssen sie im Ausland zukaufen. Die wenigsten europäischen Länder sind in der Lage, die Nachfrage auf dem heimischen Markt zu decken.

Welche Arten werden am meisten nachgefragt?
Das hängt von der Jahreszeit ab. Im Juni läuft das Geschäft mit kleinen Sepien für den italienischen Markt sehr gut, ansonsten ist von Mai bis Juli eher Flaute und die Fischer bringen ihre Boote in Schuss. So im August, September kommt der Kalmar, das geht bis März, April, ebenfalls ein gutes Geschäft mit Italien. Im letzten Jahr hatten wir von September bis Weihnachten Unmengen von Sardellen hier in Brixham, für unsere Fischer ein Glücksfall, denn Sardellen bringen auf dem spanischen Markt richtig Geld. Seezunge geht das ganze Jahr gut. Die Briten schwören auf ihre Portionsseezunge, die Franzosen und Italiener nehmen lieber die kleineren Exemplare, also exportieren wir sie. Auch Jakobsmuscheln stehen hoch im Kurs. Knurrhahn verkauft sich gut auf dem belgischen Markt – keine Ahnung, warum! Die Belgier haben es auf erstklassige Seezungen, Knurrhahn, Rochenflügel und Jakobsmuscheln abgesehen. Glattbutt fließt zu einem geringen Teil in den Inlandsmarkt, hauptsächlich aber in den Export, vor allem nach Frankreich und Belgien. Die Franzosen nehmen so ziemlich jeden Fisch, am meisten aber Seezunge. Weiter im Süden ist Wolfsbarsch von der Angel sehr gefragt.

Könnten Sie ohne den Export überleben?
Ich stamme aus einer Fischerfamilie – schon mein Vater und Großvater waren Fischer. Damals warfen sie Unmengen von Fisch zurück ins Meer, weil es für Knurrhahn, Seeteufel oder Kaisergranat keinen Markt gab. Mein Vater nahm immer ein paar große Bonbongläser mit auf See, kochte die Kaisergranate, die sonst wieder über Bord gegangen wären, und füllte sie in die Gläser. Wir aßen die Krebse wie Bonbons, es gab einfach keine Verwendung für sie. Im Gegensatz zu heute, wo es für alles einen Markt gibt. Leute wie Mitch, die sich für die Fischerei in der Region stark machen, sind ungeheuer wichtig für das Gewerbe. Zurzeit steckt die Fischindustrie ein bisschen in der Krise, die Treibstoffpreise sind hoch und je mehr Geld der Fisch einbringt, desto größer die Chance für die Kutter, wieder hinauszufahren. Wir würden gern mehr Fisch auf dem heimischen Markt verkaufen, gegenwärtig gehen 85 bis 90 Prozent in den Export. So ist es nun mal – ganz Europa liebt unseren Fisch und das ist unser Markt. Ich kenne keinen einzigen »Fish-and-Chips-Shop« in Brixham, der den hiesigen Fisch verarbeitet; sie alle verwenden tiefgefrorenes Kabeljaufilet aus Island und Norwegen. Die Franzosen sind viel größere Fischesser als wir Briten. Ich habe mal einen französischen Kunden gefragt, warum seine Landsleute so viel Fisch kaufen. Er sagte, dass 80 Prozent der Franzosen lieber Fisch als Fleisch auf dem Teller haben. Insgesamt ist der Markt im Umbruch, seit viele auch aus gesundheitlichen Gründen immer häufiger Fisch essen.

Welches ist Ihr Lieblingsfisch?
Mein uneingeschränkter Favorit ist der Steinbutt, er braucht so gut wie nichts – nur etwas Olivenöl, Salz und Pfeffer, kurz auf den Grill, fertig! Unschlagbar!

Das saisonale Angebot bestimmt den Markt, also welcher Fisch zu welcher Jahreszeit gerade angelandet wird und auf seinem Höhepunkt ist. Hier zwei echte Prachtexemplare Steinbutt!

Letztlich ist es das geschulte Auge von Einkäufern wie Nigel, das für die beste Qualität bürgt.

Frischer Fisch ist für mich immer noch ein Vergnügen.

TIPP
Ob auf dem Markt oder an der Ladentheke, man sollte immer das kaufen, was am frischesten ist.

Wie Fisch gefangen wird – ein Überblick

Für die richtige Wahl an der Ladentheke sollte man ein wenig darüber wissen, wie Fisch gefangen wird. Es herrscht Verunsicherung bezüglich der Fangmethoden und in einer Zeit, da der respektvolle Umgang mit der Umwelt mehr und mehr unser Handeln bestimmt, stehen Fischer und ihre Praktiken häufig in der Kritik. Dies ist zwar in erster Linie ein Kochbuch, doch könnten falsche Vorstellungen und Unwissenheit manchem den Fischgenuss verleiden, darum hier ein kurzer Überblick, wie Fisch gefangen wird. Wer weitergehende Informationen sucht, findet im Internet zahlreiche Quellen, darunter die englische Website der »Sea Fish Industry Authority« (www.seafish.org.uk), die detaillierte Angaben zur kommerziellen Fischerei bietet.

Fischer bedienen sich verschiedener Methoden, von der traditionellen Angelrute bis zum Schleppnetz, das je nach befischter Art in unterschiedlicher Wassertiefe hinter dem Boot hergezogen wird. Für Schalen- und Krustentiere verwendet man spezielle Fangkörbe.

Viele Köche bieten ihren Fisch als »von der Angel« an, was häufig schlicht nicht sein kann, da die Nachfrage nach »Angelfisch« bei Weitem das Angebot übersteigt. Fischereien, die sich der Schleppangelmethode bedienen, verwenden daher ein spezielles Verfahren zur Kennzeichnung der Fische, mit dessen Hilfe sich die Ware zweifelsfrei als »geangelt« identifizieren lässt. Fisch von der Angel bietet die beste Qualität. Er ist weniger Stress ausgesetzt und wird einzeln und schonend behandelt und nicht aus riesigen, prall gefüllten Netzen einfach an Bord geschüttet.

Immer stärker nachgefragt wird Fisch aus Tagesfang, er ist von Booten, die nur für einen Tag hinausfahren und den fangfrischen, schonend behandelten Fisch noch am selben Abend anlanden. Doch besonders im Winter haben diese sehr kleinen Boote oft mit schlechtem Wetter zu kämpfen, außerdem ist ihre Ausbeute gering. Begehrte hochpreisige Edelfische wie Seezunge, Steinbutt und Seeteufel werden ohnehin nur in kleinen Mengen gefangen. Im Sommer haben Tagesboote ohne eigenen Eisgenerator wiederum das Problem, dass das wenige mitgeführte Eis rasch schmilzt und die Hitze den Fang in Mitleidenschaft zieht.

Vor der Südküste Englands wird überwiegend mit Baumkurren gefischt; das sind spezielle Schleppnetze, die über den Meeresgrund gezogen und für den Fang von Bodenfischen wie Seezunge, Steinbutt, Glattbutt oder Seeteufel, aber auch für Jakobsmuscheln eingesetzt werden. Neuerdings bemüht man sich, die Belastung des Meeresbodens durch die Grundschleppnetze zu verringern, indem man die relativ schweren Netze leichter und effizienter gestaltet, was sich auch auf den Energieverbrauch auswirkt. Hierin spiegelt sich insgesamt ein Trend zu nachhaltigen, umweltschonenden Praktiken, dem sich immer mehr Fischer anschließen.

Ein Grundschleppnetztrawler sticht in See. Die Crew hat es auf hochpreisige Edelfische wie Seezunge, Seeteufel, Steinbutt und Glattbutt abgesehen.

Ein Fangboot für Jakobsmuscheln läuft in den Hafen ein.

Ein typischer Tageskutter.

Grundschleppnetztrawler sorgen für das Gros des Marktangebots.

Wie Fisch gefangen wird – ein Überblick 23

Fisch einkaufen

Ungetrübter Fischgenuss beginnt mit absoluter Frische, darum sollte man unbedingt wissen, woran man sie erkennt. Die entscheidenden Hinweise liefern nämlich nicht wie üblich Verpackung und Mindesthaltbarkeitsdatum, sondern einige ebenso simple wie untrügliche äußere Merkmale, und mit etwas Übung an der Fischtheke entwickeln Sie schnell einen geschulten Blick. Schauen Sie sich die Bilder der Fische im zweiten Teil des Buchs an, sie alle sind mustergültige Beispiele für absolut frischen Fisch.

Der fangfrische Fisch durchläuft auf seinem Weg in Ihre Küche eine lange Lieferkette, an der zahlreiche Personen beteiligt sind, und was er gar nicht verzeiht, ist unsachgemäßer Umgang oder die Unterbrechung der Kühlkette. Fisch muss bei maximal 0–2 °C transportiert werden und sollte immer mit frischem Eis bedeckt sein. Derart gelagert halten sich viele Arten vom Zeitpunkt des Fangs an gerechnet bis zu zehn Tage – die ersten drei bis vier Tage verbringt der Fisch an Bord, den Rest in der Produktkette. Damit will ich nicht altem Fisch das Wort reden, denn natürlich schmeckt Fisch umso besser, je frischer er ist, doch sollte man sich darüber bewusst sein, was bei fachgerechter Behandlung alles möglich ist. Falls Ihr Fischhändler etwas weiter weg liegt, nehmen Sie eine Kühltasche mit und bitten Sie ihn um einen Plastikbeutel mit ein bis zwei Schaufeln Eis, um den gekauften Fisch während der Heimfahrt kühl zu halten.

Zu Hause legen Sie den Fisch am besten auf eine Platte und bedecken ihn locker mit einem sauberen Küchentuch; auf diese Weise lässt er sich bis zu 36 Stunden im Kühlschrank lagern. Planen Sie den Fischeinkauf und bereiten Sie den Fisch möglichst noch am selben Tag zu – in Spanien oder Italien käme niemand auf die Idee, Fisch für den nächsten Tag einzukaufen. Gönnen Sie den gewohnten Sorten mal eine Auszeit. Natürlich sind die weißfleischigen Fische immer verlockend, doch auch weniger gängige Arten wie Makrele, Knurrhahn, Wittling oder Tintenfisch schmecken vorzüglich. Ein bisschen mehr Abwechslung hilft, stark überfischte Konsumfische wie Kabeljau und Pollack zu entlasten. Frischer Fisch lässt sich natürlich einfrieren, doch ist der Griff zu einem hochwertigen Tiefkühlprodukt immer besser, da sich beim langsameren Frosten in handelsüblichen Gefrierschränken größere Eiskristalle bilden, wodurch die empfindliche Zellstruktur zerstört und der Fisch trocken und faserig wird.

Bereits mit diesen wenigen Informationen wissen Sie genug, um an der Ladentheke die richtige Wahl zu treffen.

Frische Heringe, Makrelen und Sardinen haben eine leuchtende Farbe von strahlendem Glanz mit grünen und violetten Reflexen. Das Schuppenkleid sollte unverletzt sein.

Die Augen sagen alles – sie sollten glasklar und prall sein. Sind sie trübe und eingesunken, hat der Fisch seine besten Tage hinter sich.

Achten Sie auf die Kiemen – sie müssen leuchtend rot sein. Anzeichen von bräunlichen Verfärbungen sind ein Hinweis auf mangelnde Frische. Schnuppern Sie auch mal – frischer Fisch riecht nach Meer, alter Fisch riecht nach Fisch!

Frischer Plattfisch sollte mit einer intakten Schleimschicht überzogen sein.

Fisch einkaufen

Die essbaren Teile

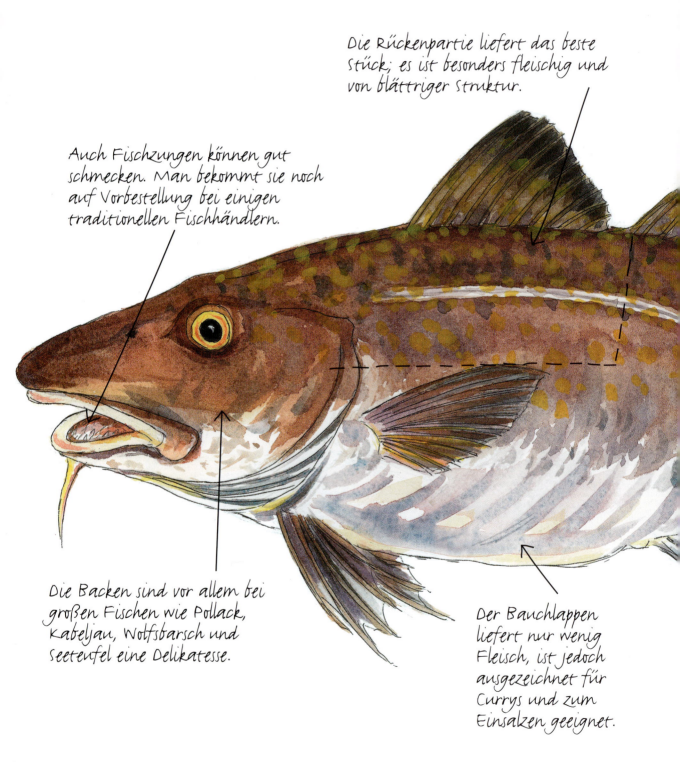

Die Rückenpartie liefert das beste Stück; es ist besonders fleischig und von blättriger Struktur.

Auch Fischzungen können gut schmecken. Man bekommt sie noch auf Vorbestellung bei einigen traditionellen Fischhändlern.

Die Backen sind vor allem bei großen Fischen wie Pollack, Kabeljau, Wolfsbarsch und Seeteufel eine Delikatesse.

Der Bauchlappen liefert nur wenig Fleisch, ist jedoch ausgezeichnet für Currys und zum Einsalzen geeignet.

Das Schwanzstück ist bis auf die Mittelgräte grätenfrei, ideal zum Braten für Kinder.

Große Fische lassen sich quer in Tranchen (steaks) schneiden – ideal zum schmoren.

Die essbaren Teile

Drei einfache Techniken Fisch zu garen

Als Koch kann man natürlich leicht behaupten, Fisch zuzubereiten sei ganz einfach. Ich war als Debütant ziemlich nervös, doch mit der Zeit habe ich mir die nötigen Techniken und Grundlagen angeeignet. Meine bevorzugten Garmethoden für Fisch sind Braten, Grillen und das Garen in der Hülle – alle drei sind ganz einfach zu lernen.

Der Ofen ist der beste Freund des Fischkochs. Beim Braten von großen, dicken Stücken Fisch beginnt man unter oder auf dem Grill und stellt sie dann im Ofen fertig. Die Temperaturangabe ist denkbar einfach: Das Gerät auf maximale Stufe vorheizen, so dringt die Hitze rascher ein, der Fisch gart schneller, laugt weniger aus und bleibt saftig.

Auch ohne Grill ist der Ofen Gold wert, vor allem für den bequemen Koch – einfach einen Portionsfisch von etwa 500 Gramm mit einem scharfen Messer mehrfach einschneiden und in eine Bratenpfanne legen; mit Knoblauch, Meersalz und Olivenöl einreiben und im vorgeheizten Ofen 15–20 Minuten backen – gerade genug Zeit, um ein Glas Wein zu genießen und nebenbei einen schnellen Salat zuzubereiten.

Das Garen in der Hülle ist ebenfalls simpel und das Ergebnis mehr als überzeugend. Mit nur einer Handvoll Zutaten lassen sich auf diese Art unglaublich köstliche Fischgerichte zaubern wie Wolfsbarsch mit Ingwer, Soja und Frühlingszwiebeln oder Dorade mit geröstetem Thymian, Knoblauch und Chili – ich liebe diese Aromenkombinationen, sei es für ein schlichtes Abendessen oder für eines der Gerichte in meinem Restaurant »The Seahorse«.

Für das Garen in der Hülle ist jeder Fisch geeignet. Ein Portionsfisch von 450 Gramm benötigt bei maximaler Hitze etwa 25 Minuten.

Stecken Sie vor dem Grillen ganzer Fische frische Kräuter wie Rosmarin oder Thymian in die Bauchhöhle.

Seafood vom Grill verspricht immer ganz besonderen Genuss!

Fischerei und Nachhaltigkeit

Den Fischreichtum wirtschaftlich zu nutzen, ohne den Fortbestand der Arten und das biologische Gleichgewicht der Weltmeere zu gefährden, das ist eine große Herausforderung. Es ist viel Negatives über dieses Thema geschrieben worden, was mich nicht wundert, denn wenn wir weiter dauerhaft die Bestände über das vertretbare Maß hinaus dezimieren, setzen wir einen unumkehrbaren Prozess in Gang. In einigen Fanggründen ist dies bereits geschehen, doch hat mittlerweile selbst die Industrie den Ernst der Lage erkannt, sodass auch hier allmählich ein Umdenken zu erkennen ist. Einige vielversprechende Initiativen lassen hoffen, dass uns das Schlimmste erspart bleibt.

Umweltaktivisten werden nicht müde, auf das drohende Desaster aufmerksam zu machen, und Jahr für Jahr suchen Regierungen bei der Zuteilung der Fangquoten Rat bei Wissenschaftlern. Diese liefern jedoch nur die biologischen Fakten über den Zustand der Fischbestände, während die Entscheidungsträger auch die sozialen und ökonomischen Folgen für die Fangflotten und Küstenregionen zu berücksichtigen haben. Nicht dass Regierungen die Notwendigkeit zur Sicherung der Ressourcen nicht ernst nähmen, nur erfordert der Spagat zwischen dem Schutz der Ökosysteme und sozialer und wirtschaftlicher Stabilität sorgfältiges Abwägen und ein auf lange Sicht orientiertes Handeln.

Einige Fangpraktiken und die Quotenregelung selbst gehören auf den Prüfstand, z. B. die verschwenderische Unsitte, den Beifang wegzuwerfen, obwohl der Fisch einwandfrei ist. Ich war einige Zeit in Australien und habe beobachtet, wie die Fischer dort diesen Problemen begegnen. Auch bei ihnen regiert die Quote, die dem Fangvolumen und damit dem Verdienst von vornherein Grenzen setzt. Das zwang viele Fischer, ihr Tätigkeitsfeld auszuweiten. Neville Rockliffe, mittlerweile ein guter Freund, war ein Leben lang Fischer, bis er sein Geschäft ganz auf den Fang einer einzigen Krabbenart, der Spannerkrabbe *(spanner crab)* vor der Ostküste Australiens umstellte. Statt sich aber auf den Fang zu beschränken, löst Neville das rohe oder zuvor gegarte Fleisch aus und verkauft es als Spitzenprodukt an Restaurants und Einzelhändler. Auf diese Weise konnte er den Geldwert seiner Fangquote wesentlich steigern, und das Geschäft brummt. Beispiele wie Neville gibt es zuhauf in Australien, wie Hagen Stehr, der sich von der Thunfischjagd auf die Thunfischzucht verlegt hat und der weltweit erste Züchter des mächtigen Southern Bluefin Tuna (Südlicher Blauflossen-Thun; siehe Seite 251) ist.

In Großbritannien unterstützen große, etablierte Fischproduktanbieter wie Young's Seafood, mit denen ich seit Jahren eng zusammenarbeite, zahlreiche Initiativen, die insgesamt einen Wandel in der Fischwirtschaft eingeläutet haben. Dazu gehören auch strengere Einkaufskriterien, die Druck auf Fischereien ausüben, sich nachhaltiger Fangmethoden zu bedienen, Schonzeiten einzuhalten sowie das Management und die Verarbeitung zu optimieren. Young's hat sich der Initiative des Marine Stewardship Council (MSC) angeschlossen, einer unabhängigen Organisation, die sich für die nachhaltige Bewirtschaftung der Fischbestände einsetzt und Umweltsiegel vergibt.

Der MSC wird sich für den kritischen Verbraucher noch als nützliches Instrument herausstellen. Und auch wenn wir Fisch direkt vom Kutter oder

Sie können Fisch guten Gewissens genießen, doch stellen Sie sicher, dass Ihr Fischhändler seine Ware aus umweltverträglicher Quelle bezieht, sei es über exakte Angaben zur Herkunft oder durch Umweltzertifikate wie das MSC-Siegel. Unser Kaufverhalten hat großen Einfluss auf die Praktiken der Fischereiwirtschaft und die Qualität ihrer Produkte und trägt dazu bei, dass es auch in Zukunft ausreichend Fisch gibt.

aus dem Laden an der Ecke vorziehen, so sollten wir auch seriösen Großanbietern das Vertrauen schenken, da sie auf dem weltweiten Markt ganz andere Einflussmöglichkeiten haben und durch ihre Einkaufspolitik viel Positives bewirken können. Wenn sich das Marktangebot künftig mehr aus gesunden globalen Fischgründen speist, trägt dies zur Entlastung der lokalen Fanggebiete bei.

Der nachhaltige Umgang mit den Ressourcen ist jedoch nicht alles, was bei der Zukunftssicherung zu berücksichtigen ist. An der Fischerei hängen ganze Gemeinwesen. Auf jeden Fischer, der in See sticht, kommen mindestens drei Personen an Land, deren Existenz von ihm abhängt – die Händler und all die anderen an der Produktkette Beteiligten gar nicht mitgezählt. So können Fangbeschränkungen auf ein nicht mehr rentables Niveau weitreichende Folgen für eine Region und ihr soziales Gefüge haben.

Ich kann die verschiedenen Standpunkte von Fischern und Umweltaktivisten gut verstehen und bin der festen Überzeugung, wenn alle mehr miteinander statt übereinander redeten, gäbe es eine reelle Chance, die Probleme im Interesse aller in den Griff zu bekommen.

Ich möchte in diesem Buch meine persönliche Sicht der Dinge darstellen, einen endgültigen Standpunkt habe ich jedoch nicht, denn ich bin nicht sicher, auf alle Fragen eine Antwort zu wissen. Darum werden die unterschiedlichsten Leute zu Wort kommen, die mit dem Gewerbe vertraut sind: Fischer von kleinen Kuttern und großen Trawlern, Geschäftsführer großer Unternehmen, Fischzüchter, Vertreter von Erzeugerverbänden – die ganze Bandbreite von Personen, die irgendwie in die Fischerei involviert sind. Ihre Meinungen sind über das ganze Buch verstreut – alles rechtschaffene Menschen, viele kenne

»Ich bin ein großer Anhänger der Idee, Fischgründe in Eigentum umzuwandeln, das von den Leuten gehegt und gepflegt wird, wir uns also mehr wie Bauern als wie Jäger verhalten. Wir müssen lernen, die Ressourcen nachhaltiger zu nutzen.«

Wynne Griffiths, ehemaliger Geschäftsführer von Young's Seafood und Fischhändler

ich schon seit Jahren, darunter Experten, deren offenes Wort und Kenntnis der Materie für so ein Buch Gold wert sind. Leute wie Mike Mitchell von Young's Seafood, der über ein ungeheures Wissen und eine gewichtige Stimme bei der Lösung von Problemen verfügt, oder John Susman, mein Freund und Fischguru auf der Südhalbkugel, der dieselbe Leidenschaft für Fisch, von der Angel bis auf den Teller, teilt.

Bilden Sie sich anhand der Kommentare ein eigenes Urteil. Als Koch, Fischhändler und Gastronom bin ich natürlich Insider der Branche und kann mit Bestimmtheit sagen, dass sich vieles zum Besseren gewandelt hat. Die Industrie gibt dem Druck mehr und mehr nach, um sich den drängenden Problemen zu stellen. Tiefgefrorener Fisch, da bin ich sicher, wird im Zuge dieses Trends künftig eine größere Rolle spielen und die Frage, was besser ist, frisch oder gefroren, sich bald erledigt haben. Wenn wir Abfälle vermeiden und sämtlichen gefangenen Fisch konsumieren wollen, geht an tiefgekühltem Fisch kein Weg vorbei, und das ist auch gut so. Das Gleiche gilt für Zuchtfisch. Noch vor Jahren beklagten sich Gastrokritiker regelmäßig, wenn ein Restaurant oder Fischgeschäft Wolfsbarsch oder Dorade aus Aquakulturen anbot. Diese Kritik ist längst verstummt und Zuchtfisch allgemein akzeptiert. Ich bin ein Befürworter von Aquakulturen. In Europa und Australien gibt es vorbildlich geführte Fischfarmen, die vormachen, wie man art- und umweltgerecht Qualitätsfisch züchtet. Wir sollten diesen Produzenten mehr Aufmerksamkeit schenken und ihr Know-how nutzen, um das Angebot an Wildfisch zu ergänzen.

Und was können Sie tun? Kaufen Sie ruhigen Gewissens Fisch. Lassen Sie sich nicht von Schlagzeilen aus der Ruhe bringen, ihr Zweck ist, das Bewusstsein zu schärfen, und wenn ihnen das gelingt, können sie auch einiges bewirken.

- Achten Sie auf Umweltsiegel wie das MSC-Label.
- Versichern Sie sich, dass Ihr Händler weiß, woher seine Ware stammt.
- Kaufen Sie Markenprodukte, denen Sie vertrauen können.
- Kaufen Sie Frischfisch je nach saisonalem Angebot.

Fischerei und Nachhaltigkeit

Was Leute vom Fach sagen ...

Wir werden mit Informationen über den Zustand der Fischbestände überschüttet. Ich bin bereit, mich für das Gute einzusetzen, und da gibt es viele Möglichkeiten. Hier einige Berufene, die das Thema Nachhaltigkeit mit dem nötigen Ernst betrachten und verantwortlich handeln:

Neil Perry, australischer Koch, über die Macht der Verbraucher:
Eines der Hauptprobleme ist doch die Einstellung vieler Fischer selbst. Sie müssen lernen, alles, was sie an Deck ziehen, wertzuschätzen. Die Japaner sind da vorbildlich – jeder einzelne Fisch wird behandelt wie ein Diamant. Wenn wir über Nachhaltigkeit reden, muss uns klar sein, dass jedes Kilo Fisch, das angelandet wird, der Wertschöpfung dient. Wird der Fang an Deck nicht sofort getötet und auf Eis gelegt, liefert er ein minderwertiges Produkt, das roh nicht schmeckt und schnell verdirbt. Die meisten Menschen auf der Welt müssen mit Fisch Vorlieb nehmen, der nicht fachgerecht behandelt wurde und darum nicht so schmeckt, wie er sollte. Wir Verbraucher und Köche können darauf Einfluss nehmen, indem wir kritische Fragen stellen. Bei Rind oder Lamm erkundigen wir uns doch auch über Herkunft, Fütterung und so weiter, warum nicht bei Fisch? Ich möchte erstklassiges Seafood, das vom Kutter bis zum Kühlregal einwandfrei behandelt wurde. Hat der Verbraucher dies einmal probiert, schmeckt er den Unterschied und verlangt künftig immer nach dieser Qualität, was sich letztlich auch für den Fischer auszahlt, weil er höhere Preise erzielt.

Wynne Griffiths, ehemaliger Geschäftsführer von Young's Seafood und Fischhändler, plädiert dafür, stärker zu würdigen, was wir vor unserer eigenen Haustür finden:
Ich wünsche mir, dass unsere heimischen Fischarten mehr Beachtung finden. Zum Beispiel werden 90 Prozent des in Schottland gefangenen Kaisergranats nach Spanien und Frankreich exportiert und ich muss jedes Mal lachen, wenn Urlauber aus Frankreich zurückkehren und mir von den *langoustines* vorschwärmen, die sie dort gegessen haben – Kaisergranat aus Schottland! Und so ist es überall auf der Welt. Was tun gegen diese Unwissenheit? Wie Mitch und andere Köche immer wieder aufklären. Ich glaube, am besten können Restaurants das Bewusstsein der Öffentlichkeit schärfen und deren Gaumen schulen, indem sie andere und neue Fischarten auf die Karte setzen.

Nathan de Rozarieux, Projektleiter bei Seafood Cornwall, über das »Abernten« der Meere:
Schleppnetztrawler müssen eine Menge Schelte von Leuten einstecken, die oft nicht einmal wissen, wie sie eigentlich arbeiten. Wir arbeiten eng mit den Gastronomen zusammen und einige verlangen ausschließlich Fisch aus Tagesfang oder von der Angel. Schön und gut, nur vergessen sie dabei, dass das Wetter von Oktober bis April oft so schlecht ist, dass viele dieser kleinen Boote gar nicht auslaufen können. Will man also die Versorgung sicherstellen, braucht man größere Fangboote, die mehrere Tage auf See verbringen und auch bei schlechtem Wetter arbeiten können – Schleppnetz- und Baumkurrentrawler. Auch der kommerzielle Fischfang im großen Stil kann nachhaltig geführt werden, es muss nicht der Fischer sein, der allein mit der Angel in seinem Boot sitzt.

Mike Mitchell, Leiter von Seafood Sustainability für die FoodVest Group, über die Reaktion des Handels auf das Thema Nachhaltigkeit und die Bedeutung der MSC-Zertifizierung:

»Das Thema Nachhaltigkeit in der Fischerei ist in den letzten fünf Jahren auf der Agenda ganz nach oben geklettert. Im Jahr 2005 veröffentlichte Greenpeace einen Bericht mit dem Titel ›A Recipe for Disaster‹ über den Ausverkauf der Meere, in dem man der Frage nachging, wie und woher Einzelhandel und Lebensmittel verarbeitendes Gewerbe Fisch beziehen und ob dieser aus nachhaltig bewirtschafteten Beständen stammt. Obwohl in erster Linie Einzelhändler auf dem Prüfstand standen, gerieten auch große Unternehmen und Marktführer ins Visier. Man bat mich damals, die Nachhaltigkeitspolitik bei Young's unter die Lupe zu nehmen und die aufgeworfenen Fragen mit Greenpeace zu erörtern. Das hat sich mittlerweile zu einem Full-Time-Job entwickelt – mit Verantwortlichkeiten sowohl nach innen wie nach außen. Intern bin ich dafür verantwortlich, dass wir keine gefährdeten Arten verwenden oder sonst wie umweltschädliche oder ethisch fragwürdige Entscheidungen treffen. Nach außen arbeite ich mit Wissenschaftlern, Regierungen, Wirtschaftsverbänden und Nichtregierungsorganisationen zusammen, um die Umweltverträglichkeitsdebatte im Dienst aller daran beteiligten Interessengruppen voranzubringen.«

Die Entscheidung, ob eine Fischerei als Lieferant infrage kommt oder nicht, trifft Mike auf der Grundlage aktueller wissenschaftlich erfasster Bestandszahlen. Außerdem schaut er auf die Fischereination, das Management und die Überwachung ihrer Fangflotten sowie die Art und Weise der Erhebung von Daten und deren Übermittlung an die Wissenschaft. So stammen z.B. die meisten wissenschaftlichen Empfehlungen für die nordwestatlantischen Fischgründe vom Internationalen Rat für Meeresforschung (ICES). Die 1902 gegründete, älteste zwischenstaatliche Organisation der Welt koordiniert die Zusammenarbeit der Meeresforschung und den wissenschaftlichen Austausch innerhalb der 19 Mitgliedsländer. In anderen Teilen der Welt gibt es vergleichbare Organisationen, die ähnliche Aufgaben für ihre Gewässer wahrnehmen. Young's handelt mit 60 Fischarten aus 30 Ländern, wobei dieselbe Art von verschiedenen Fischereien stammen kann, die wiederum alle individuell bewertet werden, ein äußerst komplexes Verfahren. Zudem sind die Umweltverträglichkeitskriterien für das Prädikat »nachhaltig« bei Young's besonders streng, wie Mike erklärt:

»Alle reden von ›Nachhaltigkeit‹, dabei wissen die wenigsten, was dahintersteckt. Der einzig verlässliche Nachweis für die Nachhaltigkeit von Fischereien ist ihre Feststellung von unabhängiger Seite – und das geht gegenwärtig nur über das Prüfungsverfahren des Marine Stewardship Council (MSC). Natürlich gibt es auch bestandserhaltende Fischereien ohne MSC-Zertifikat; man könnte sie als ›umweltverträglich bewirtschaftet‹ bezeichnen. Die isländische Kabeljaufischerei ist ein gutes Beispiel dafür – sie ist wissenschaftlich geprüft, entspricht den für die Bestandssicherung der Art und ihres Ökosystems ermittelten biologischen Referenzwerten und das Fischereimanagement steht im Einklang mit den wissenschaftlichen Empfehlungen. Es kämen durchaus einige ›umweltverträglich bewirtschaftete‹ Fischereien als MSC-Kandidaten infrage, aber wir sprechen erst von ›Nachhaltigkeit‹, wenn ihr Status von unabhängiger Stelle zweifelsfrei verbürgt ist – das sind wir den Verbrauchern schuldig, wenn wir ihr Vertrauen gewinnen wollen.

Den riesigen Fischgründen im Beringmeer rund um Alaska und die Aleuten verdankt der MSC eine ganze Reihe großer Fangbetriebe mit vorbildlichem Management für verschiedene Arten, darunter Pazifischer Pollack, Pazifischer Kabeljau, verschiedene Lachsarten, Heilbutt und Plattfische wie Alaska-Scholle, Northern Rock Sole und Pazifische Kliesche. In Großbritannien sind vor allem kleine Fischereien wie die Themse-Heringsfischerei oder die ›Südwest Handleinen-Makrelenfischerei‹ (South West mackerel handliners) MSC-zertifiziert. Seit sich der niederländische Einzelhandel verpflichtet hat, ab 2011 nur noch Fisch mit dem MSC-Logo zu verkaufen und immer mehr Händler und Supermärkte der Verbrauchererwartung nach umweltverträglichen Produkten nachkommen, ist der Anreiz für Fangbetriebe, sich um das MSC-Siegel zu bewerben, auch aus ökonomischen Gründen enorm gestiegen.«

Der Marine Stewardship Council über die Sicherung der Fischbestände für künftige Generationen:
In dem Maße wie die Erdbevölkerung wächst, wird auch der Bedarf an Fisch zunehmen. Ausgehend vom heutigen Konsum und dem erwarteten Bevölkerungszuwachs könnte die Nachfrage 2010 bei jährlich 120 Millionen Tonnen liegen – gegenüber 75–85 Millionen Tonnen Mitte der 1990er-Jahre.

Wenn wir die Ernährungsgrundlage der Menschen weltweit gewährleisten und auch künftigen Generationen den Genuss von frischem Fisch ermöglichen wollen, müssen wir sicherstellen, dass die marinen Ökosysteme intakt bleiben. Das geht unserer Überzeugung nach am besten, indem wir den nachhaltigen Fischfang belohnen, und nicht, indem wir Fisch von unserem Speisezettel streichen. Letzteres würde doch nur Fischer ihre Existenzgrundlage kosten und Verbrauchern die Gelegenheit nehmen, Druck auf den Handel auszuüben, Fisch aus nachhaltiger Herkunft zu beziehen. Außerdem würden wir uns selbst einer gesunden, schmackhaften und vielseitigen Nahrungsquelle berauben.

Durch unser bewusstes Kaufverhalten können wir ein klares Zeichen zugunsten der ökologischen Fischereiwirtschaft setzen und somit neue Anreize für Handel und Fischereien schaffen, sich nachhaltiger Praktiken zu bedienen.

Nathan de Rozarieux, Projektleiter bei Seafood Cornwall, über Fangquoten:
Bei den gegenwärtigen Treibstoffpreisen müssen Fischer jeden Tag, den sie auf See verbringen, das Maximum aus ihrer Quote herausholen. Große Fische bringen mehr ein als kleine und da die Fischer die Laichgründe kennen, können sie sie umschiffen und gezielt die erwachsenen Populationen anpeilen, die einen höheren Preis erzielen.

Außerdem wird der Fischfang wissenschaftlich stark reglementiert. Wir haben Ziele für die Biomasse der Populationen formuliert. Wissenschaftler arbeiten an einem Computermodell zur Erfassung der einzelnen Bestände, sowohl was ihre Größe in Tonnen als auch ihre Altersstruktur betrifft. Nötig ist eine Mischung von Altersgruppen, sodass es einen ausreichenden Laichbestand und ein, zwei weitere Generationen gibt, die überleben. Es ist also Sache der Wissenschaftler, zu berechnen und zu berichten, wie groß ihrer Ansicht nach der Bestand einer Art sein sollte. Zur Sicherung oder Erweiterung des Bestands bestimmen sie dann die für den jeweiligen Fisch tolerierbare Fangquote, also die Menge, die maximal angelandet werden darf. Einige Fischereien werden über die Größe der Fanggebiete, andere über die zulässige Anzahl der Tage auf See reglementiert. All das wird gesteuert durch Unmengen wissenschaftlicher Zahlen, Daten und Fakten und über allem steht das Ziel der Meeresbiologen, die Biomasse zur Sicherung der Arten insgesamt zu erhöhen.

John Susman, führender Seafood-Experte in Australien, über Fischereimanagement:
Wir hatten das Glück, dass (australische) Wissenschaftler schon vor etwa 35 Jahren erkannten, dass unsere Fischbestände relativ begrenzt sind, so wurden wir gewissermaßen zur Speerspitze eines gezielten Fischereimanagements.

Die Fischer begannen auf die empfindliche Ressource zu achten und beschlossen, nur so viel zu fangen wie vertretbar. Klingt ziemlich idyllisch, ich weiß. Was im Falle der Garnelenfischerei in Port Lincoln tatsächlich geschah, war, dass man Neuanwärtern schlicht den Zugang verwehrte, und der Erfolg gab ihnen recht. Als die Regierung diese Praxis übernahm, stellte sie fest, dass sie ein wirksames Mittel zur Kontrolle der Bestände ist. Zum Beispiel liegt ein Drittel der marinen Naturschutzgebiete auf diesem Planeten in Australien und bis 2010 soll der Anteil sogar auf 50 Prozent steigen. Davon betroffen sind vor allem die Handleinenfischer am Barrier Reef. Da das Riff – ein riesiges Gebiet – für den kommerziellen Fischfang komplett geschlossen wird, stehen diese Leute praktisch vor dem Aus.

Ein wirklich faszinierendes Beispiel für das geglückte Zusammenspiel von Handel und behördlichen Entscheidungsträgern ist die Geschichte der Fischer des Southern Bluefin Tuna (Südlicher Blauflossen-Thun). Deren Quote wurde 1991 über Nacht um 97 Prozent reduziert, worauf das Geschäft jedoch erst richtig zu florieren begann. Denn war der Thunfisch bislang eine Massenware, die 50 oder 60 Cent pro Kilo einbrachte, wurde er nun zum begehrten Luxusprodukt, das heute auf dem Sashimi-Markt 45 bis 50 Dollar pro Kilo erzielt.

»No-Take«-Zonen – ein Instrument zum Schutz der Meere?

Die erste sogenannte »No-Take«-Zone (NTZ) zum Schutz der Meere hat in Großbritannien vielversprechende Ergebnisse gezeigt. Schon nach wenigen Jahren ist die Zahl der Hummer deutlich angestiegen.

Im Jahr 2003 beschlossen die für das Management von Lundy, einer Insel im Bristolkanal vor der Nordküste der Grafschaft Devon, verantwortlichen Leute, die erste britische »No-Take«-Zone nach dem Vorbild Neuseelands einzurichten, wo solche Schutzzonen bereits wichtiger Bestandteil einer gesunden Fischereiwirtschaft sind. Das Meer um Lundy ist ein Ökosystem von internationaler Bedeutung und bietet Lebensraum für zahlreiche seltene Arten. Die NTZ umfasst ein 3,3 Quadratkilometer großes Gebiet im Osten der Insel, das für seine empfindlichen Korallen und Schwämme bekannt ist. Die Entnahme jeglicher Lebewesen einschließlich Hummer, Krabben, Jakobsmuscheln und Fisch ist strikt verboten.

Die Ergebnisse zeigen eindeutig, dass sich die Hummerbestände von den Folgen der Überfischung erholt haben. Dazu Chris Davis, Leiter der Abteilung Meerespolitik bei »Natural England«: »Es ist zwar ein kleines Gebiet, doch der Effekt war durchschlagend. Anfang 2004 gab es erste Anzeichen für ein beträchtliches Anwachsen der Hummerbestände innerhalb der Zone. Nach fünf Jahren systematischer Überwachung lebten acht Mal so viele Hummer innerhalb wie außerhalb des Gebiets, außerdem waren die Tiere deutlich größer und vermehrten sich stärker.«

Von großem Interesse für die Fischer war, als sie 2007 feststellten, dass auch in der angrenzenden Region außerhalb der Verbotszone die Hummerbestände stetig wuchsen. Chris Davis: »Nach einer Weile breiten sich die Bestände aus und erzeugen einen Effekt, den wir ›fishing the line‹ nennen, also das Fischen in Randzonen geschützter Gebiete. Heute wird praktisch der gesamte Bereich rund um die Verbotszone von den Bojen der Hummerkästen markiert! Die Neuseeländer hatten uns bereits darauf vorbereitet, weil sie genau das gleiche Phänomen bei ihren NTZs beobachten konnten.«

Was Leute vom Fach sagen ...

Warum Fisch so gesund ist

Fisch ist eine ausgezeichnete Quelle für lebenswichtige Omega-3-Fettsäuren, mehrfach ungesättigte Fettsäuren, die es in unterschiedlichen Varianten gibt. Die besonders wertvollen langkettigen Fettsäuren Eicosapentaensäure (EPA) und Docosahexaensäure (DHA), sind vor allem in Fisch und Meeresfrüchten enthalten.

DHA gilt als wichtiger Baustein des Gehirns und hat eine Schlüsselfunktion bei der Entwicklung der Nerven, des Gehirns und der Netzhaut beim Ungeborenen im Mutterleib. Andere lebenswichtige Organe wie das Herz weisen ebenfalls einen hohen Anteil an diesen essenziellen Fettsäuren auf, daher ist deren regelmäßige Aufnahme gesund für das Herz und reduziert das Risiko koronarer Erkrankungen. Es gibt immer wieder Hinweise in der Menschheitsgeschichte, dass Völker oder Kulturen, die viel Fisch essen, eine höhere Lebenserwartung haben und von Herzerkrankungen weitgehend verschont bleiben.

EPA und DHA wirken außerdem entzündungshemmend, sie haben diverse Schutzfunktionen, sind gut für die Gelenke und stärken das Immunsystem. Fischfett soll bei entzündlichen Darmbeschwerden und Erkrankungen der Haut, etwa bei Ekzemen oder Schuppenflechte helfen. Jüngste Untersuchungen belegen auch ihre positive Wirkung auf die Hirnfunktionen. So werden sie z. B. im Rahmen der Behandlung von Legasthenie, Schizophrenie und Depressionen eingesetzt, außerdem steigern sie die Konzentrationsfähigkeit bei Kindern und Jugendlichen. Den größten Anteil an langkettigen Omega-3-Fettsäuren haben Fettfische, darum kann man nicht oft genug wiederholen, wie gesund sie sind. Falls Ihre Mutter früher immer sagte, Fisch sei »Gehirnnahrung«, so lag sie gar nicht so falsch!

Omega-3-Fettsäuren kommen auch in pflanzlichen Produkten wie in Samen und Öl von Soja, Hanf, Lein und Kürbis sowie in Walnüssen und grünem Blattgemüse vor, doch handelt es sich dabei um die kurzkettige Alpha-Linolensäure, die der Körper, um sie verwerten zu können, erst in langkettige Omega-3-Fettsäure umwandeln muss. Dieser Prozess verläuft ineffizient, eine Ursache für den verbreiteten Mangel an langkettiger Omega-3-Fettsäure.

Die ausreichende Versorgung mit diesem lebenswichtigen Baustoff ist gar nicht so einfach, da er nicht in vielen Nahrungsmitteln vorkommt. Die Hauptquellen sind Fisch und Meeresfrüchte, allen voran Fettfische; geringere Mengen sind in Eiern und in magerem rotem Fleisch enthalten. Fette Fische enthalten das Vielfache an Omega-3-Fettsäuren – etwa drei Gramm/100 Gramm Fisch sind keine Seltenheit – als magere Fische, die oft nur rund 200 Milligramm enthalten, und auch Garnelen und Hummer sind ganz gute Lieferanten.

Mittlerweile gibt es Milchprodukte, Säfte und Brotaufstriche, denen Omega-3-Fettsäuren in Form von geruchs- und geschmackslosem Fischöl beigemengt sind. Doch warum Geld verschwenden, wenn es viel schmackhaftere Möglichkeiten gibt, den Bedarf an langkettigen Omega-3-Fettsäuren zu decken, etwa mit Fettfischen wie Lachs, Hering, Makrele, Sardinen, Sprotten oder frischem Thunfisch? Schon eine Portion davon deckt den wöchentlichen Bedarf an diesen Fetten. Zudem liefern Fisch und Meeresfrüchte weitere wertvolle Nährstoffe, darunter Selen, Jod und andere Mineralstoffe wie Phosphor, Kalium, Kalzium, Zink (besonders Austern) und Eisen (Miesmuscheln). Hinzu kommen die Vitamine A, B, vor allem B_{12}, D (in Fettfischen) und E. Ernährungsexperten empfehlen übrigens, mindestens zwei Portionen Fisch pro Woche zu essen, von denen eine ein Fettfisch sein sollte – nichts leichter als das!

Fettgehalt, Nährwert & Anteil an Omega-3-Fettsäuren

Pro 100 g (Durchschnittswerte)	Brennwert (kcal)	Fettanteil in g	Omega-3-Fettsäuren	Quelle der Angaben
Weißfleischige Fische				
Dorade royale, rose und grise (Meerbrassen)	96	2,9	**	McCance & Widdowson *The Composition of Foods*; 6. Ausgabe #6
Glattbutt	95	2,7	*	M&W Fish & Fish products #155 (entsprechend Steinbutt)
Kabeljau	83	0,9	*	M&W Fish & Fish products #12
Seelachs	82	1,0	*	M&W Fish & Fish products #31
Seezunge	89	1,8	*	M&W Fish & Fish products #39
Meeräsche	115	4,0	**	M&W Fish & Fish products #95
Knurrhahn	129	5,0	**	
Schellfisch	81	0,6	*	M&W Fish & Fish products #44
Seehecht	92	2,2	*	M&W Fish & Fish products #70
Heilbutt	103	1,9	**	M&W Fish & Fish products #73
Petersfisch	89	1,4	*	M&W Fish & Fish products #80
Rotzunge	83	1,5	*	M&W Fish & Fish products #82
Leng	82	0,7	*	M&W Fish & Fish products #91
Flügelbutt	79	1,4	*	M&W Fish & Fish products #102 (entsprechend Scholle)
Seeteufel	66	0,4	*	M&W Fish & Fish products #92
Pollack	72	0,6	*	M&W Fish & Fish products #123
Streifenbarbe	109	3,8	**	M&W Fish & Fish products #98
Wolfsbarsch	100	2,5	**	M&W Fish & Fish products #2
Rochen	64	0,4	*	M&W Fish & Fish products #142
Red Snapper	90	1,3	*	M&W Fish & Fish products #126
Steinbutt	95	2,7	*	M&W Fish & Fish products #155
Wittling	81	0,7	*	M&W Fish & Fish products #159
Fettfische				
Sardelle, frisch	131	4,8	***	USDA Nahrungsmitteldatenbank
Hering	190	13,0	***	M&W Fish & Fish products #175
Gelbschwanzmakrele	182	11,9	***	
Makrele	220	16,0	***	M&W Fish & Fish products #654
Lachs	180	11,0	***	M&W Fish & Fish products #202
Sardine	165	9,2	***	M&W Fish & Fish products #212
Sprotte	172	11,0	***	M&W Fish & Fish products #218
Schwertfisch	139	5,2	**	M&W *The Composition of Foods* #666
Gelbflossen-Thunfisch	144	6,2	**	
Weich- und Krustentiere				
Venus- und Schwertmuschel	74	1,0	**	http://www.nal.usda.gov/fnic/foodcomp/cgi-bin/list_nut_edit.pl
Herzmuschel (gegartes Fleisch)	53	0,6	*	M&W Fish & Fish products #252
Taschenkrebs, Seespinne (gegartes Fleisch)	128	5,5	**	M&W Fish & Fish products #232
Sepia	71	0,7	*	M&W Fish & Fish products #254
Kaisergranat	92	0,8	*	Young's Seafood
Hummer (gegartes Fleisch)	103	1,6	*	M&W Fish & Fish products #236
Australische Languste	112	1,5	*	http://www.pacseafood.com/product/spiny_lobster.html
Miesmuscheln (roh)	74	1,8	**	M&W Fish & Fish products #255
Austern (rohes Fleisch)	65	1,3	**	M&W Fish & Fish products #260
Tiefseegarnele	68	0,5	*	Young's Seafood
Sägegarnele	96	0,5	*	Young's Seafood
Sandgarnele	68	1,4	**	SAGB/Food RA
Jakobsmuschel	92	0,5	**	Young's Seafood
Kalmar	81	1,7	**	M&W Fish & Fish products #263

Die meisten Fischsorten enthalten zudem wichtige Mineralstoffe wie Selen, Jod, Kalium und Phosphor sowie Vitamine der B-Gruppe, vor allem B_{12}, und Vitamin D (Fettfische). Miesmuscheln sind besonders reich an Eisen; Austern an Zink (siehe auch »Anmerkung zum Nährwert«, Seite 314).

Zweiter Teil

Weißfleischige Meeresfische

Dorade royale	44	Petersfisch	116
Dorade rose	46	Rotzunge	122
Dorade grise	48	Leng	128
Glattbutt	54	Flügelbutt	134
Kabeljau, Dorsch	62	Seeteufel	140
Seelachs	70	Pollack	148
Seezunge	76	Streifenbarbe	154
Dünnlippige Meeräsche	84	Wolfsbarsch	162
Knurrhahn	90	Rochen	172
Schellfisch	96	Snapper	178
Seehecht	102	Steinbutt	184
Heilbutt	110	Wittling	190

Dorade royale *Sparus aurata*

Dieser Fisch wurde einst der Liebesgöttin Aphrodite geweiht und sein schöner Anblick verrät, warum. Graublauer Körper mit silbrig schimmerndem Bauch, rötlich schwarz gesäumte Kiemendeckel und ein breites Goldband, das halbmondförmig zwischen den schwarz umrandeten Augen verläuft.

Die Erscheinung täuscht über das gefährliche Gebiss in dem dicklippigen Maul hinweg. Mit seinen spitzen Frontzähnen reißt der Goldbrassen (er wird meist unter dem Namen Dorade verkauft) Muscheln von Felsen und die kräftigen Mahlzähne dahinter knacken deren Schale und zermalmen Krustentiere und kleine Fische. Doch ernährt sich der Goldbrassen auch von Algen und Seegras.

Wie einige andere Mitglieder aus der Familie der Meerbrassen beginnt die Dorade royale ihr Leben als Männchen, erst bei einer Körpergröße von über 30 Zentimeter verwandelt sich ein Teil der Population in Weibchen. Die Fische sind nach zwei bis drei Jahren geschlechtsreif und können bis zu elf Jahre alt werden.

Goldbrassen leben in flachen Küstengewässern über Seegraswiesen sowie über felsigem und sandigem Grund; auch in Brandungszonen und im Brackwasser von Mündungsgebieten sind sie anzutreffen. Zudem werden sie in Spanien, Frankreich, Griechenland und Italien in Aquakulturen gezüchtet.

Geschmack
Die Haut der Dorade royale aus Wildfang erscheint beim Braten eigenartig schuppig. Ihre Körnung sorgt für eine angenehm knusprige Konsistenz, ein perfekter Kontrast zum kräftig schmeckenden saftigen Fleisch. Während der Geruch der Haut an die Kruste von Schweinebraten erinnert, ist das Aroma des Fleischs dezenter, mit Anklängen von gebratenem Eiweiß und dunklem Hähnchenfleisch, vor allem entlang der Fettlinie. Die Rückenpartie unterscheidet sich geschmacklich geringfügig vom voller schmeckenden Schwanzstück.

Der Zuchtfisch hat einen vielschichtigen, süßlichen Geruch, eine Mischung aus Vanilleextrakt und dem würzigen Aroma von Krabbenfleisch, die sich in dem mehr ins Ölige tendierenden Geschmack jedoch nicht widerspiegelt (die Haut schmeckt kräftiger mit Anklängen von Brathähnchen). Das hellgraue Fleisch zeigt eine haarfeine schwarze Äderung, ist von fester, feinblättriger Struktur und mäßig saftig.

Verbreitung
Die Dorade royale lebt im gesamten Mittelmeer, kommt aber auch im Ostatlantik von den Britischen Inseln bis zu den Kapverden und rund um die Kanaren vor.

Ökologie
Da sie sich auch in salzärmeren Gewässern wohlfühlen und keine besonders kräftigen Fische sind, eignen sich Goldbrassen ausgezeichnet zur Zucht in Meeresfarmen, wo sie teilweise mit Fischen aus Wildfang gefüttert werden. Kaufen Sie Fische aus ökologischen Aquakulturen, in denen die Besatzdichte geringer ist.

Land	Name
Deutschland	*Dorade royale, Goldbrassen*
GB/USA	*Gilt-head (sea) bream*
Frankreich	*Daurade royale*
Italien	*Orata*
Spanien	*Dorada*
Portugal	*Dourada*
Griechenland	*Tsipoúra*
Niederlande	*Goudbrasem*
Schweden	*Guldbraxen*

Ernährung & Gesundheit
Die Dorade royale ist reich an Selen, Kalium und Omega-3-Fettsäuren. Nährwert pro 100 g: etwa 96 kcal, 2,9 g Fett.

Saison & Laichzeit
Meiden Sie Wildfang in der Laichzeit von Oktober bis Dezember. Der Zuchtfisch kann ganzjährig konsumiert werden.

Anteil an verwertbarem Fleisch
1 kg Dorade royale liefert 500 g (50 %) reines Filet.

Dorade rose ist ein köstlicher Fisch, doch achten sie auf die Frische. Große Exemplare schmecken am besten.

Dorade rose *Pagellus bogaraveo*

Ein weiteres Mitglied aus der Familie der Meerbrassen *(Sparidae)* mit festem, saftigem Fleisch von hervorragendem Geschmack.

Wie ihre Cousine, die Dorade grise (siehe Seite 48), führt die Dorade rose ein durchaus abwechslungsreiches Leben, da einige Fische im Alter von vier bis sechs Jahren das Geschlecht wechseln – von männlich zu weiblich. Die Dorade rose (ihr korrekter deutscher Name ist Graubarsch) wächst langsam, wird maximal 70 Zentimeter lang und bis zu 15 Jahre alt. Von der Statur ähnelt sie stark dem dunkleren Verwandten, abgesehen von der Farbe, ein rötliches Orange, das an den Flanken zu Graurosa wechselt. Die adulten Fische erkennt man an dem schwarzen Punkt hinter den Kiemen, daher ihr englischer Beiname *blackspot sea bream*. Charakteristisch sind auch die großen Augen; ihr französischer Spitzname *gros yeux*, – »Großauge« – ist kein Zufall. Die Japaner halten große Stücke auf die Dorade rose, oder *tai*, – bei bedeutenden festlichen Anlässen ist sie allererste Wahl. Graubarsche wandern im Sommer an die Küste, wo sie sich über felsigem und seegrasbewachsenem Untergrund in Schwärmen sammeln. Sie ernähren sich von Krustentieren, Würmern und kleinen Fischen.

Geschmack
Siehe unter Dorade royale, Seite 44.

Verbreitung
Die Dorade rose kommt im Ostatlantik, im westlichen Mittelmeer sowie im Ärmelkanal und vor der Südwest- und Westküste der Britischen Inseln vor. Am häufigsten trifft man sie am westlichen Ausgang des Kanals und südwestlich von Irland. Die sommerlichen Migrationen und die Erwärmung der Meere haben ihr Verbreitungsgebiet bis in die Nordsee und sogar bis hinauf nach Norwegen ausgedehnt.

Ökologie
Erst im Alter von vier bis sechs Jahren bei einer Körperlänge von etwa 20 Zentimeter verwandelt sich ein Teil der männlichen Fische in Weibchen, sodass erst jetzt die Fortpflanzung möglich ist. Zur Schonung der Bestände sollte man daher größere Exemplare vorziehen.

Land	Name
Deutschland	*Dorade rose, Graubarsch, Seekarpfen*
GB	*Red sea bream*
Frankreich	*Dorade rose*
Italien	*Occhialone*
Spanien	*Besugo*
Portugal	*Goraz*
Griechenland	*Kefalas*
Niederlande	*Zeebrasem*
Türkei	*Mandagöz, Mercan*
Tunesien	*Murjane*

Ernährung & Gesundheit
Siehe unter Dorade grise, Seite 48.

Saison & Laichzeit
Meiden Sie die Dorade rose kurz vor Beginn und während der Laichzeit von Juli bis Oktober.

Anteil an verwertbarem Fleisch
1 kg Dorade rose liefert 500 g (50 %) reines Filet.

Weißfleischige Meeresfische

Dorade grise *Spondyliosoma cantharus*

Für mich ist es immer wieder eine helle Freude, auf dem Markt Kisten von diesem Fisch zu sehen, der regelmäßig im Frühjahr und in den Sommermonaten auftaucht. Er wächst bis zu einer Größe von etwa 18 Zentimeter als Weibchen heran, bei 22 Zentimeter wechselt ein Teil das Geschlecht, doch Fische mit über 40 Zentimeter Körperlänge sind ausnahmslos Männchen.

Die Dorade grise (ihr korrekter deutscher Name ist Streifenbrassen) hat einen seitlich abgeflachten, hochrückigen Körper von grauschwarzer Färbung mit dunklen Querlinien und einigen horizontal verlaufenden goldgelben Streifen an den Flanken. Der Fisch ist mit kräftigen Schuppen bedeckt, die vor der Zubereitung sorgfältig entfernt werden müssen, und hat eine lange, stachelige Rückenflosse. Das kleine Maul ist dicht mit nach innen gebogenen scharfen Zähnen besetzt, ideal für seine Diät aus Krebstieren und kleinen Fischen. Doch verachtet die Dorade grise auch Seetang nicht, was der Haut im gegarten Zustand ein wunderbares Jodaroma verleiht. Streifenbrassen gehen gern in großen Schwärmen über Seegraswiesen auf Futtersuche oder versammeln sich um Schiffswracks oder natürliche Riffe. Ein Kuriosum bei diesem ungewöhnlichen Fisch ist seine Eigenart, Nester zu bauen. Im Frühling gräbt das Männchen eine kleine Kuhle in den sandigen Meeresgrund, die das Weibchen zur Eiablage nutzt, und verteidigt den Laich dann erbittert bis zum Schlüpfen der Jungfische.

Geschmack
Siehe unter Dorade royale, Seite 44.

Verbreitung
Streifenbrassen sind im gesamten Mittelmeer und im Ostatlantik verbreitet. Auch entlang der englischen Südküste und vor der Südwestküste von Wales werden die Fische vom Frühsommer bis November gebietsweise gefangen.

Ökologie
Meiden Sie noch nicht geschlechtsreife Fische unter 20 Zentimeter Körperlänge, die vor oder während der Laichzeit im April und Mai gefangen wurden. Einige regionale Fischereiausschüsse haben Initiativen zur Sicherung der Bestände ergriffen und für die Dorade grise eine Mindestfanggröße von 23 Zentimeter Körperlänge vorgeschrieben.

Land	Name
Deutschland	*Dorade grise, Streifenbrassen*
GB	*Black sea bream*
Frankreich	*Griset, Dorade grise*
Italien	*Tanuta*
Spanien	*Chopa*
Portugal	*Choupa*
Griechenland	*Skathári*
Niederlande	*Zeekarper*
Dänemark	*Havrude*
Tunesien	*E'houdiya, Zargaïa*

Ernährung & Gesundheit
Dorade grise ist eine gute Quelle für Selen, Kalium und Omega-3-Fettsäuren. Nährwert pro 100 g: etwa 96 kcal, 2,9 g Fett.

Saison & Laichzeit
In der Laichzeit von April bis Mai sollte man Streifenbrassen aus den küstennahen Gewässern des Ostatlantiks meiden, früher im Jahr auch die Fische aus südlicheren Regionen.

Anteil an verwertbarem Fleisch
1 kg Dorade grise liefert 500 g (50 %) reines Filet.

Gegrillte Dorade mit Kreuzkümmel, Zitrone und Meersalz

Für 2 Personen

2 Meerbrassen von je 450 g (Dorade royale, Dorade rose, Dorade grise)
Saft von 1 Zitrone
1 großzügige Prise Meersalz
1 EL gemahlener Kreuzkümmel
1 Knoblauchzehe, zu einer Paste zermahlen
1 Schuss Olivenöl
1 kleine Handvoll fein gehackte frische Minze

Zum Servieren
Etwas Zitronensaft

BEIM FISCHHÄNDLER
Bitten Sie Ihren Händler, die Fische zu schuppen, von den Köpfen zu befreien und so zu filetieren, dass die Filets am Rücken noch zusammenhalten (Schmetterlingsfilets).

In manchen Ländern gart man Fisch etwas stärker durch, als wir Europäer es gewohnt sind, und es gefällt mir. Das »Yauatcha« in London, einer meiner Lieblingschinesen, bietet einen ausgezeichneten Wolfsbarsch. Er wird bis zur Mittelgräte so in dünne Streifen geschnitten, dass sie noch zusammenhalten, dann bemehlt, in heißem Öl knusprig frittiert und mit einer köstlichen süßsauren Sauce serviert. Ich glaube, es ist die Konsistenz, die den Unterschied macht – das Fleisch ist fester und trockener, als man erwartet, und schmeckt vorzüglich. Auch ich selbst habe Fisch schon auf diese Weise über dem offenen Feuer gegart, sodass er angenehm knusprig und leicht trocken wird. Für diese Garmethode, wie zum Grillen überhaupt, sind alle Meerbrassen hervorragend geeignet.

Zu diesem Gericht serviere ich gern einen Salat aus klein geschnittenen Zwiebeln, reichlich frischem Thymian, etwas gehackter Minze sowie Salz, Zitronensaft und Olivenöl.

Vier Holzspieße, die zehn Zentimeter länger sind als der Fisch, mindestens 30 Minuten in kaltem Wasser einweichen, damit sie auf dem Grill nicht verbrennen.

Die Meerbrassen auf eine große Platte oder in ein flaches Gefäß legen. Den Zitronensaft, das Salz, den Kreuzkümmel, den Knoblauch und das Olivenöl vermengen und die Fische von beiden Seiten mit der Mischung einreiben. Zugedeckt im Kühlschrank etwa 1 Stunde marinieren.

Den Backofengrill auf höchster Stufe oder den Holzkohlegrill vorheizen.

Die Fische mit der Haut nach oben auf ein großes Brett oder die Arbeitsfläche legen und mit jeweils zwei Spießen wie ein »X« über Kreuz vom Schwanz zum dickeren Kopfende durchstechen, sodass man sie mithilfe der Spieße anheben kann.

Die Fische mit der Hautseite zur Hitzequelle unter oder auf den Grill legen und 8–9 Minuten grillen, bis die Haut knusprig ist und Blasen wirft und das Fleisch gar ist. Mit der gehackten Minze bestreuen und mit einem Spritzer Zitronensaft beträufelt servieren.

Sie können den Fisch auch zuerst leicht in Mehl wenden, dann aufspießen und 5–6 Minuten in Öl frittieren oder braten, bis er knusprig ist.

Gebackene Dorade mit Thymiankartoffeln

Für 4 Personen

3–4 vorwiegend festkochende Kartoffeln, geschält und in dünne Scheiben geschnitten

1 rote Paprikaschote

1 Knoblauchknolle, ungeschält

200 ml Olivenöl, plus Öl zum Beträufeln

Meersalz

1 EL frischer Thymian

2 Meerbrassen von je 450 g (Dorade royale, Dorade rose oder Dorade grise)

50 g schwarze Oliven

6 Tomaten aus der Dose, oder frische, reife Tomaten, enthäutet und von den Samen befreit

1 getrocknete Bird's-Eye-Chilischote

50 g frische, grobe Weißbrotbrösel, mit etwas Olivenöl getränkt

Zum Servieren

Etwas Zitronensaft

Gehackte frische Petersilie

BEIM FISCHHÄNDLER
Lassen Sie die Fische von Ihrem Händler schuppen und ausnehmen.

Von allen gezüchteten Fischen ist die Dorade royale wohl die beste. Man bekommt kaum noch Doraden aus Wildfang, doch wenn Sie mal welche finden, sollten Sie zugreifen, sie gehören zu den feinsten Meeresfischen, die ich kenne.

Dies ist ein tolles Rezept, weil das Fischaroma auch die Kartoffeln durchdringt. Dazu ist es kinderleicht – es wird in einer Form zubereitet und serviert.

Den Ofen auf 240 °C vorheizen.

Die Kartoffelscheiben in kochendem Wasser 2–4 Minuten blanchieren, abgießen, abtropfen lassen und trocken tupfen.

Die Paprikaschote und die Knoblauchknolle in eine Bratenpfanne legen, mit etwas Olivenöl beträufeln, leicht salzen und im Ofen 12–14 Minuten rösten. Den Knoblauch herausnehmen und beiseitelegen; die Paprika weitere 5 Minuten rösten, bis die Haut geschwärzt und das Fruchtfleisch weich ist. Die Schote in einen Gefrierbeutel stecken und diesen fest verschließen.

Die Knoblauchzehen voneinander trennen, jedoch nicht schälen. Die abgekühlte Paprika enthäuten und von den Samen befreien; den ausgetretenen köstlichen Saft auffangen.

Das Olivenöl in eine ofenfeste Form gießen, in der beide Fische ausreichend Platz haben. Den Boden der Form mit den Kartoffelscheiben auslegen und Salz und den Thymian darüberstreuen. Die Fische leicht mit Olivenöl und Meersalz einreiben, auf das Kartoffelbett legen und etwa 12 Minuten im Ofen backen.

Die Form aus dem Ofen nehmen. Die Knoblauchzehen und die Oliven um die Meerbrassen herum verteilen. Die Tomaten über dem Fisch und den Kartoffeln auspressen und dann ebenfalls in die Form geben.

Die Paprika mit einem scharfen Messer in breite Streifen schneiden und rund um den Fisch verteilen. Alles mit dem aufgefangenen Paprikasaft beträufeln, mit der zerkrümelten Chilischote und den Weißbrotbröseln bestreuen und weitere 7–8 Minuten backen.

Auf jeden Teller einen Fisch legen und mit etwas Zitronensaft beträufeln. Die Kartoffeln mit gehackter frischer Petersilie bestreuen und in der Form dazu servieren.

Dorade *en papillote* mit Knoblauch, Chili und Rosmarin

Für 1 Person (bei mehreren Personen die Mengen entsprechend multiplizieren)

6 Knoblauchzehen, ungeschält
100 ml Olivenöl, plus Öl zum Beträufeln
Meersalz
1 Dorade (Meerbrassen) von 450 g
1 kleine getrocknete Bird's-Eye-Chilischote
2 Zweige frischer Rosmarin
50 ml trockener Weißwein

Zum Garnieren
1 TL fein gehackte frische Petersilie

BEIM FISCHHÄNDLER
Fragen Sie nach Dorade royale (Goldbrassen) oder Dorade grise (Streifenbrassen). Doraden aus Zuchtfarmen schmecken tadellos und sind absolut akzeptabel. Bitten Sie Ihren Händler, die Fische zu schuppen, auszunehmen und, wenn Ihnen das lieber ist, den Kopf zu entfernen.

Beim Garen in der Papierhülle *(en papillote)* bleibt der Fisch wunderbar saftig, zudem kommt das Aroma der anderen Zutaten hervorragend zur Geltung – das Ergebnis ist umwerfend. Knoblauch, Chili und Rosmarin ist eine bewährte Kombination, ebenso wie Thymian, Zitronensaft und Kreuzkümmel, doch experimentieren Sie auch mit eigenen Ideen.

Den Ofen auf 160 °C vorheizen.

Den Knoblauch in einer kleinen Bratenpfanne mit etwas Olivenöl beträufeln, leicht salzen und 10 Minuten im Ofen rösten. Abkühlen lassen.

Die Ofentemperatur auf 240 °C erhöhen.

Den Meerbrassen auf einen Bogen Back- oder Pergamentpapier legen, der groß genug ist, um den Fisch vollständig darin einzuwickeln. Die Chilischote über dem Fisch zerkrümeln und die Knoblauchzehen rundherum verteilen. Die Rosmarinzweige in die Bauchhöhle stecken, den Fisch salzen und mit dem Olivenöl übergießen; dann behutsam in das Papier einschlagen und die Ränder bis auf eine kleine Öffnung zum Versiegeln nach innen falten. An der offenen Stelle den Wein hineingießen und die Papierhülle vollständig verschließen.

Das Paket auf ein Backblech legen und den Fisch im Ofen 15 Minuten garen. Herausnehmen und das Papier vorsichtig aufschneiden. Den Fisch mit der gehackten Petersilie bestreuen und in der geöffneten Hülle servieren.

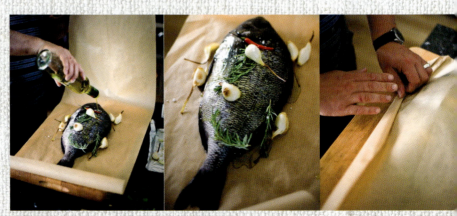

TIPP

Die Hülle muss fest versiegelt sein. Bei Fischen mit stacheligen Flossen wie Wolfsbarsch empfiehlt es sich, mit Alufolie (außen) und Pergamentpapier (innen) zu arbeiten.

Glattbutt *Scophthalmus rhombus*

Glattbutt ist ein vielseitiger Fisch, der schlicht zubereitet am besten schmeckt. Im 19. Jahrhundert noch als Armeleutefisch missachtet, steht er heute Seite an Seite mit seinem berühmten Verwandten, dem Steinbutt, auf vielen Speisekarten.

Glattbutt ähnelt dem Steinbutt (siehe Seite 184), ist jedoch dünner und wird mit 40–55 Zentimeter, in Ausnahmen bis zu 75 Zentimeter Länge nicht ganz so groß. Im Zweifelsfall fahren Sie mit dem Finger über die hell und dunkel gepunktete Haut. Ist sie mit Schuppen statt mit warzigen Knötchen bedeckt, handelt es sich um Glattbutt, umgekehrt ist es Steinbutt.

Wie viele Plattfische ist der Glattbutt ein Meister der Tarnung, der seine Farbe der Umgebung anpassen kann und vor unseren Augen mit einem einzigen Flossenschlag in einer Wolke aus Sand und Schlamm verschwindet. Im Alter von etwa vier Jahren bei rund 40 Zentimeter Körperlänge beginnen die Weibchen mit der Eiablage. Die Laichzeit im Frühling und Sommer verbringen die Fische in relativ flachem Wasser, wo man beim Paddeln oft die kleinen Jungfische aufschreckt. Sie ernähren sich zunächst von Plankton, später von Krebstieren und kleinen Bodenfischen. Einige der besten Glattbutte werden in Großbritannien angelandet und obwohl sein süßlich-aromatisches Fleisch mit dem des Steinbutts mithalten kann, ist Glattbutt deutlich preiswerter.

Geschmack
Beim Verzehr stellt sich augenblicklich ein leicht säuerlicher Eindruck ein, der jedoch sofort einem dezenteren und beständigeren Geschmack, der an den knusprigen Rand von Spiegelei erinnert, Platz macht (ein Nachhall des deutlich wahrnehmbaren Geruchs). Das feste, aber geschmeidige Fleisch ist saftig und erinnert an die gelatinöse Beschaffenheit des Steinbutts. Lassen Sie die dunkle Haut liegen, sie ist rau und bitter.

Verbreitung
Der Glattbutt ist besonders rund um die Britischen Inseln und Irland, vor allem in den südlichen Regionen, zu finden. Er lebt im gesamten Ostatlantik von Island bis nach Marokko sowie im Mittelmeer und im Schwarzen Meer.

Ökologie
Da der Glattbutt auf dem Meeresgrund lebt, wird er meist mit speziellen Grundschleppnetzen – den Baumkurren – gefangen; geringe Mengen fahren auch kleine Tageskutter ein. Meiden Sie die weniger als 40 Zentimeter langen, nicht laichreifen Fische.

Land	Name
Deutschland	*Glattbutt, Kleist*
GB	*Brill (im Südwesten Kite)*
Frankreich	*Barbue*
Italien	*Rombo liscio*
Spanien	*Rémol*
Portugal	*Rodovalho*
Griechenland	*Romvopisi*
Niederlande	*Griet*
Dänemark	*Slethvarre*
Schweden	*Slätvar*
Norwegen	*Slettvar*
Polen	*Naglad*
Tunesien	*M'dess moussa*
Türkei	*Çivisiz kalkan*

Ernährung & Gesundheit
Glattbutt ist reich an hochwertigen Proteinen und liefert die Vitamine B und E sowie Magnesium.
Nährwert pro 100 g: etwa 95 kcal, 2,7 g Fett.

Saison & Laichzeit
Obwohl Glattbutt ganzjährig Saison hat, sollte man in der Laichzeit von April bis Juni lieber darauf verzichten. Am besten schmeckt er von Oktober bis Februar.

Anteil an verwertbarem Fleisch
1 kg Glattbutt liefert 450 g (45 %) reines Filet.

Gebratene Glattbuttfilets mit Salbei und Limettenbutter

Für 4 Personen

Mehl zum Bestauben
4 Glattbuttfilets von je 180 g
Meersalz und frisch gemahlener schwarzer Pfeffer
75 g Butter
1 Schuss Olivenöl
8 frische Salbeiblätter
Saft von 2 Limetten
1 Handvoll fein gehackte frische Petersilie

BEIM FISCHHÄNDLER
Fragen Sie Ihren Fischhändler nach Filets aus dem hinter dem Kopf gelegenen dicken Teil der Augenseite (also der dunklen Seite), sie schmecken am besten, und bitten Sie ihn, die Haut zu entfernen. Mit dünneren Filets ist das Ergebnis einfach nicht das gleiche.

Versuchen Sie, Filets von einem möglichst großen Glattbutt zu bekommen – ein guter Fischhändler sollte in der Lage sein, einen mehrere Kilogramm schweren Fisch für Sie aufzutreiben, und wenn ihm das gelingt, steht Ihnen ein echtes Erlebnis bevor. Ich wende frischen Fisch nur ausnahmsweise vor dem Garen in Mehl, aber hier gefällt mir die leicht teigige Kruste. Mit Ausnahme vielleicht von Fettfischen wie Makrele und Lachs eignet sich praktisch jeder Fisch für dieses Rezept.

Salbei ist ein wunderbares Kraut, ideal für fleischige Fischsorten. Sie können bei diesem Gericht gerne auch ein paar Kapern oder getrockneten Chili hinzufügen, und wie bei jedem in Butter gebratenen Fisch liegen Sie mit einem Kartoffelpüree und grünem Gemüse als Beilage genau richtig. Ich serviere dazu gerne auch einen Salat aus klein geschnittenen Zwiebeln, reichlich frischem Thymian und etwas gehackter Minze, den ich mit Salz, Zitronensaft und Olivenöl anmache.

Das Mehl auf einen großen Teller geben oder auf die Arbeitsfläche streuen. Die Filets mit Salz und Pfeffer würzen und in dem Mehl wenden; überschüssiges Mehl abklopfen.

In einer Pfanne 25 Gramm der Butter zerlassen und etwas Olivenöl zugeben. Sobald das Fett heiß ist, die Filets einlegen und von der einen Seite in 6–7 Minuten goldgelb braten. Wenden, die Hälfte der Salbeiblätter in die Pfanne geben und den Fisch weitere 3–4 Minuten braten – er dürfte jetzt gar sein – zur Probe ein Filet an der Seite leicht anheben, sieht man deutlich seine blättrige Struktur, ist es fertig.

Die Glattbuttfilets auf Tellern anrichten. Die restliche Butter in der Pfanne aufschäumen, die verbliebenen Salbeiblätter, den Limettensaft und die Petersilie zugeben und kurz durchrühren. Den Fisch großzügig mit der Sauce überziehen und servieren.

Gebratener Glattbutt mit Sauce béarnaise

Für 4 Personen

4 Glattbutt-Tranchen von je etwa 275 g
2 EL Olivenöl
Meersalz und frisch gemahlener
 schwarzer Pfeffer
Einige kleine Zweige frischer Rosmarin
 (nach Belieben)

Für die Sauce

2 Eigelb
2 EL Estragon- oder Weißweinessig
150 g Butter, zerlassen
1 gehäufter EL getrockneter Estragon
Zitronensaft nach Geschmack

Zum Servieren

Zitronenspalten
Petersilienzweige

BEIM FISCHHÄNDLER
Lassen Sie den Fisch gleich von Ihrem Händler in Tranchen schneiden; die besten Stücke stammen aus dem oberen Teil gleich hinter dem Kopf.

Glattbutt ist ein herrlicher Plattfisch, genau das Richtige für ein Festessen. Hier wird der Fisch quer in dicke Tranchen geschnitten und an der Gräte gegart – so bleibt er besonders saftig und aromatisch. Außerdem sind Tranchen »verzehrfreundlich«. Zuerst isst man das Fleisch von der dickeren Oberseite ab, dann zieht man einfach die Mittelgräte heraus und genießt das dünne untere Filet mit der zarten, gelatinösen Haut.

Diese schnelle Sauce béarnaise lässt sich einfach zubereiten – der Estragon, der buttrige Geschmack und die Säure des Zitronensafts harmonieren perfekt.

Den Ofen auf 240 °C vorheizen.

Die Glattbutt-Tranchen sorgfältig mit Olivenöl, Salz und Pfeffer einreiben, in eine Bratenpfanne legen und 18–20 Minuten im Ofen garen. Sie können den Fisch auch zusätzlich mit etwas frischem Rosmarin bestreuen.

Inzwischen die Sauce zubereiten: Die Eigelbe in einer hitzebeständigen Schüssel mit dem Essig und einem Schuss Wasser verschlagen. Die Schüssel auf einen Topf mit köchelndem Wasser setzen und die Mischung aufschlagen, bis sie die Konsistenz von dicker Sahne angenommen hat. Unter ständigem Weiterschlagen in einem dünnen Strahl die zerlassene Butter zugießen, bis die Sauce dick wird. Den getrockneten Estragon unterrühren und die Béarnaise mit Salz, Pfeffer und einem kleinen Spritzer Zitronensaft abschmecken.

Den Fisch anrichten und mit Zitronenspalten und Petersilienzweigen garnieren. Die Sauce béarnaise über den Fisch gießen oder separat dazu reichen. Köstlich mit gedünstetem Lauch, Spinat und neuen Kartoffeln.

Glattbutt aus dem Ofen mit Tomaten, Thymian und Safran

Für 4–6 Personen

2 EL Olivenöl
1 Schalotte, fein gehackt
2 Knoblauchzehen, fein gehackt
4 reife Tomaten
1 EL frischer Thymian
1 großzügige Prise Safranfäden
1 kleine getrocknete Bird's-Eye-Chilischote (nach Belieben)
1 Schuss Pastis (vorzugsweise Pernod; nach Belieben)
125 ml trockener Weißwein
1 Glattbutt von etwa 1,5 kg
Meersalz und frisch gemahlener schwarzer Pfeffer
1 kleine Handvoll fein gehackte frische Petersilie

BEIM FISCHHÄNDLER
Kaufen Sie einen ganzen Glattbutt und bitten Sie Ihren Händler, die Schwanzflosse, den Flossensaum und den Kopf – wenn Ihnen das lieber ist – abzutrennen.

Wer nach etwas Außergewöhnlichem für vier bis sechs Personen sucht, ist hier genau richtig. Einen großen Fisch im Ganzen zu servieren, ist immer etwas Besonderes, vor allem wenn er wie hier in einem würzigen Sud gegart wurde. Wer dem Anisaroma des Pastis misstraut – keine Bange, er schmeckt überhaupt nicht vor, sondern verleiht dem Gericht Raffinesse. Wie man den Fisch zerlegt und serviert, sehen Sie auf der nächsten Doppelseite.

Den Ofen auf 200 °C vorheizen.

In einer Bratenpfanne, die ausreichend groß für den Fisch und etwa 600 Milliliter Flüssigkeit ist, das Olivenöl auf kleiner Stufe erhitzen. Die Schalotte und den Knoblauch hineingeben und behutsam anschwitzen, bis sie weich sind.

Die Tomaten mit den Händen über der Pfanne grob auspressen und dann mit dem Thymian und Safran hineingeben. Die zerkrümelte Chilischote, falls verwendet, hinzufügen und alles gründlich verrühren. Nach Belieben etwas Pastis zugießen und die Flüssigkeit vollständig verkochen lassen.

Den Wein zugeben und 1 Minute aufkochen. Dann den Glattbutt einlegen und 125 Milliliter Wasser zugießen. Salzen und den Fisch etwa 30 Minuten im Ofen garen; dabei regelmäßig mit dem Garsud überziehen. Bei Bedarf noch etwas Wasser zugießen.

Die Pfanne aus dem Ofen nehmen, die Petersilie einstreuen und den Sud abschmecken; eventuell etwas nachwürzen. Sorgfältiges Abschmecken ist ganz wichtig und bringt das Aroma der Sauce erst richtig zur Entfaltung. Den Fisch in der Pfanne servieren. Zum Portionieren die Filets mit einem Esslöffel entlang der Mittelgräte vom Kopf zum Schwanz voneinander trennen und dann mithilfe eines zweiten Löffels in Stücken abheben. Sobald die eine Seite ausgelöst ist, lässt sich die Mittelgräte abheben und das darunterliegende Fleisch servieren.

Falls Sie gerne Muscheln essen, können Sie auch einige frische Mies-, Venus- oder Herzmuscheln mitgaren. Als Beilage geeignet sind Aioli, knuspriges Brot und frisch blanchierter Spinat.

Mit zwei Esslöffeln den Fisch der Länge nach auf der Mittelgräte einschneiden, die Haut seitlich abschaben und die Filets ablösen. Dann die Mittelgräte abheben, um die unteren Filets freizulegen.

Die Sauce ist köstlich!

TIPP
Das Auslösen der Filets geht leichter, wenn sie – oder Ihr Fischhändler – vor dem Garen mit einer scharfen Schere rundherum den Flossensaum eng am Körper des Fischs abschneiden.

Kabeljau *Gadus morhua*

Kabeljau hat zartes, weißes Fleisch von blättriger Struktur. Er gehört zur Familie der Dorsche *(Gadidae)* – der Jungfisch und der kleinere Ostseekabeljau werden auch Dorsch genannt – und führt ein ruhiges Leben in Meeresbodennähe. Seine Muskulatur ist nur für kurze Anstrengungen geschaffen, etwa um nach Beute zu schnappen. Droht Gefahr, z. B. durch ein Schleppnetz, gibt er nach kurzer Zeit ermüdet auf.

Der Kabeljau ist von kräftiger Erscheinung mit großem, breitem Kopf und kantig geschnittener Schwanzflosse (siehe Zeichnung Seite 64). Sein Rücken ist von graugrüner bis beigebrauner Färbung und hat rötlich braune Flecken. Charakteristisch sind die helle, geschwungene Seitenlinie und der Bartfaden am Kinn, der als Tastorgan bei der Nahrungssuche dient. Der Kabeljau produziert sogar sein eigenes Frostschutzmittel, ein Protein, das ihn selbst bei Eiseskälte überleben lässt.

In der Laichzeit von Februar bis April wandern die Fische ins küstennahe Flachwasser, wo sie noch leichtere Beute sind. Nordseekabeljau erreicht nach vier bis fünf Jahren bei etwa 50 Zentimeter Körperlänge die Geschlechtsreife und kann bis zu 60 Jahre alt werden.

Kabeljau ist fettarm und mit einem Anteil von 18 Prozent für Fisch ungewöhnlich reich an Protein. Durch Wasserentzug beim Trocknen oder Salzen erhöht sich dieser Anteil auf stolze 80 Prozent.

Achten Sie beim Kauf auf reinweißes Fleisch von leicht glasigem Schimmer; die Haut sollte von leuchtender Farbe sein.

Geschmack

Wilder Kabeljau hat festes, perlmutterfarbenes Fleisch, das aus großen, blättrigen Segmenten besteht, die beim Garen leicht zerfallen. Die dichte und kompakte Struktur des saftigen, seidigen Fleisches sorgt beim Kauen für ein angenehmes Mundgefühl. Diese für Kabeljau typische Festigkeit ist bei fangfrischen Fischen besonders ausgeprägt, nach ein bis zwei Tagen wird das Fleisch weicher. Eine zarte Grundnote von mehligen Kartoffeln mit Anklängen von süßem Senf und frischen Erbsen kennzeichnet den Geruch. Der Geschmack ist unverkennbar – ein deutliches süßliches Dillaroma, gefolgt von einer delikaten Meerwassernote.

Zuchtkabeljau hat einen klaren Milchgeruch, der sich auch im Geschmack widerspiegelt. Diese anfangs markante laktische Note ebbt allmählich zu einer nachhaltigen synthetischen Süße mit einem nur eben wahrnehmbaren Anflug von Lebertran ab. Obwohl das Fleisch vordergründig saftig erscheint, ist es insgesamt zu trocken, um das leicht fibröse Mundgefühl beim Kauen auszugleichen.

(Fortsetzung Seite 64)

Land	Name
Deutschland	*Kabeljau, Dorsch*
GB	*Cod*
USA	*Atlantic cod oder Scrod (junger Kabeljau)*
Frankreich	*Cabillaud, Morue**
Italien	*Merluzzo bianco, Baccalà**
Spanien	*Bacalao**
Portugal	*Bacalhau**
Griechenland	*Gádos*
Niederlande	*Kabeljauw*
Dänem./Schweden/Norw.	*Torsk*

* Bezeichnung für den gesalzenen und/oder getrockneten Klipp- bzw. Stockfisch. In manchen Sprachen gibt es keinen Namen für den Frischfisch.

Ernährung & Gesundheit

Der aus Kabeljauleber gewonnene Lebertran ist eine gute Quelle für die Vitamine A und D.
Nährwert pro 100 g: etwa 83 kcal, 0,9 g Fett.

Saison & Laichzeit

Kabeljau wird ganzjährig angeboten und stammt aus unterschiedlichen Fanggebieten. Um die Bestände nicht unnötig zu belasten, sollte man jedoch von Februar bis April auf Kabeljau bzw. Dorsch aus der Nord- und Ostsee verzichten.

Anteil an verwertbarem Fleisch

1 kg Kabeljau liefert 700 g (70 %) Steaks und 500 g (50 %) reines Filet.

Verbreitung

Verbreitungsgebiet ist der gesamte Nordatlantik, von Nordamerika über die Südspitze Grönlands bis nach Island, die Färöer, Irland und Großbritannien, sowie die Nordsee, die Barentssee und das nördliche Polarmeer. Auch in der Ostsee ist der Kabeljau zu Hause.

Ökologie

Einer der Hauptgründe für den Zusammenbruch der Kabeljaubestände in den britischen Gewässern lag darin, dass man auch die gerade geschlechtsreifen Fische kurz vor oder während der Laichzeit, wenn sie in Küstennähe ziehen, abfischte. Mittlerweile hat sich vieles zum Besseren gewendet, nicht zuletzt dank dem gestiegenen Bewusstsein der Verbraucher, die heute abwechslungsreicher einkaufen, statt Woche für Woche zum gleichen Fisch zu greifen. Für chronisch überfischte Arten wie den Kabeljau eine gute Nachricht.

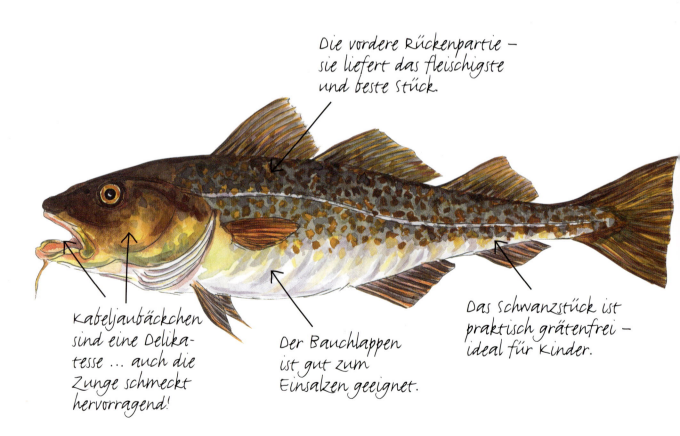

Die vordere Rückenpartie – sie liefert das fleischigste und beste Stück.

Kabeljaubäckchen sind eine Delikatesse ... auch die Zunge schmeckt hervorragend!

Der Bauchlappen ist gut zum Einsalzen geeignet.

Das Schwanzstück ist praktisch grätenfrei – ideal für Kinder.

Kabeljau mit Rucola und Sardellen-Vinaigrette

Für 4 Personen

6 Sardellenfilets
1 TL Kapern
1 kleine Knoblauchzehe
1 EL Weißweinessig
½ TL Dijonsenf
150 ml Pflanzenöl, plus Öl zum Braten
1 kleine Handvoll gehackte frische Petersilie
Worcestersauce nach Geschmack
Tabascosauce nach Geschmack
4 Kabeljaufilets von je etwa 180 g
Meersalz und frisch gemahlener schwarzer Pfeffer

Für den Salat

Rucola für 4 Personen (etwa 200 g)
50 ml Olivenöl
Saft von ½ Zitrone

BEIM FISCHHÄNDLER
Kaufen Sie Kabeljaufilet aus der dicken Rückenpartie hinter dem Kopf, es liefert besonders fleischige Stücke.

Kabeljaufilet besteht aus fleischigen, blättrigen Stücken. Ich glaube, das ist es, was dieses Gericht so edel macht. Ich bin absolut vernarrt in eingelegte Sardellen und mit Kapern kombiniert werden sie zum perfekten Dressing für fast jede Art von Fisch. Der leicht pfeffrige Rucola wird lediglich mit etwas Zitronensaft, Olivenöl und Salz angemacht, eine vielseitige Beilage auch zu anderen Gerichten – dieses ist die ideale Wahl für ein schnelles, einfaches Mittagessen.

Den Ofen auf 240 °C vorheizen.

Zuerst das Dressing zubereiten: Die Sardellen, die Kapern, den Knoblauch, den Essig und den Senf im Mixer pürieren. Bei laufendem Gerät langsam das Pflanzenöl zugießen, bis die Sauce glatt und emulgiert ist. Die Petersilie unterrühren und das Dressing mit einem Spritzer Worcestersauce und Tabascosauce abschmecken. Es sollte in etwa die Konsistenz von Sahne haben. Da ich das Dressing gern etwas feuriger mag, gebe ich immer noch ein oder zwei Extratropfen Tabascosauce hinzu.

In einer kleinen Pfanne zwei bis drei Esslöffel Pflanzenöl erhitzen. Die Filets mit Salz und Pfeffer würzen, mit der Fleischseite nach unten in das heiße Fett legen und in 2–3 Minuten goldgelb braten. Das Öl sollte sehr heiß sein, damit der Fisch nicht am Pfannenboden klebt. Die Pfanne, falls sie ofenfest ist, auf der oberen Einschubleiste in den Ofen schieben und den Fisch in weiteren 5–6 Minuten fertigstellen; falls sie nicht ofenfest ist, die Fischfilets zuvor in eine geeignete Form legen.

Den Rucola mit Salz, Olivenöl und Zitronensaft würzen und auf Tellern anrichten. Die gebratenen Kabeljaufilets daraufsetzen und großzügig mit der Sardellen-Vinaigrette überziehen.

Gegrillter Kabeljau mit Kapern-Avocadobutter

Für 2 Personen

2 Kabeljaufilets von je 200 g
Meersalz, fein und grob, und frisch gemahlener schwarzer Pfeffer
25 g Butter, zerlassen, zum Bestreichen

Für die Avocadobutter
1 reife Avocado
Abgeriebene Schale und Saft von 1 unbehandelten Zitrone
50 g weiche Butter
1 Knoblauchzehe, zerstoßen
Worcestersauce nach Geschmack
Tabascosauce nach Geschmack
1 EL Kapern, grob gehackt
1 TL gehackter frischer Dill

BEIM FISCHHÄNDLER
Fragen Sie Ihren Händler nach Stücken aus der dicken Rückenpartie hinter dem Kopf.

Avocados esse ich für mein Leben gern, vor allem gefüllt, mit frischen Garnelen in einer leichten Cocktailsauce – ein Klassiker, bei dem alles stimmt. Die beste Version ist mir auf Menorca gelungen, wo es die köstlichsten Garnelen der Welt gibt, wie ich finde. Es macht unglaublich Spaß, den Fischern zuzusehen, wie sie morgens um fünf Uhr ihren ersten Fang an die Eingeweihten verkaufen.

Bei diesem Rezept wird die Avocado mit Butter und Zitrone zu einer würzigen Paste verarbeitet und diese auf ein dickes Stück Kabeljaufilet gestrichen. Sie schmeckt aber auch zu jedem anderen Fisch und ist sehr vielseitig verwendbar.

Den Elektro- oder Backofengrill auf höchster Stufe vorheizen.

Die Kabeljaufilets in eine Schale oder auf einen großen Teller legen, mit zwei Esslöffeln grobem Salz bedecken und 10 Minuten ruhen lassen. Das Salz festigt das Filet und sorgt für eine extrafleischige Konsistenz, abgesehen von dem, was Salz immer tut – nämlich salzen!

Inzwischen die Avocadobutter zubereiten: Das geschälte und entsteinte Avocadofleisch mit dem Saft und der Schale der Zitrone und der weichen Butter zerdrücken. Den Knoblauch, Worcester- und Tabascosauce nach Geschmack, sowie die Kapern und den Dill zugeben, mit Salz und Pfeffer würzen und alles gründlich vermischen.

Die Kabeljaufilets vom Salz befreien, eventuell abwaschen, trocken tupfen, und mit der zerlassenen Butter einpinseln. Den Fisch auf oder unter dem Grill 5 Minuten garen, mit etwas Avocadobutter bestreichen und 1 weitere Minute grillen. Schmeckt je nach Saison hervorragend mit Grünkohl oder Brokkoli.

TIPP
Salz entzieht dem Fisch Wasser. Kurzes Einsalzen – bis zu 10 Minuten – festigt das Fleisch. Lässt man den Fisch mehrere Tage in dem Salz liegen, wird er zu haltbarem Klippfisch.

Kabeljau mit Petersiliensauce und gebuttertem Spitzkohl

Für 4 Personen

1 kleine Zwiebel
2 Lorbeerblätter
4 Gewürznelken
500 ml Milch
60 g Butter
3 EL Mehl
1 Handvoll gehackte frische Petersilie
1 EL fein gehackte Kapern
  (nach Belieben)
Meersalz und frisch gemahlener
  schwarzer Pfeffer
4 Kabeljaufilets von je etwa 180 g
2–3 EL Pflanzenöl

Zum Servieren
Spitzkohl für 4 Personen (etwa 500 g)
50 g Butter, zerlassen

BEIM FISCHHÄNDLER
Bitten Sie Ihren Fischhändler um Filets aus der dicken Rückenpartie hinter dem Kopf, es ist das beste Stück beim Kabeljau. Das Schwanzfleisch ist dünner und hervorragend für Fischstäbchen, Pasteten und Aufläufe geeignet – geschmacklich ist es keineswegs schlechter, nur hat es nicht diese wunderbar blättrige Beschaffenheit.

Dies ist eines der ersten Fischgerichte, an die ich mich erinnern kann. Es lag immer in kleinen quadratischen Schachteln im Tiefkühlregal, inklusive einem Beutel Petersiliensauce, den man nur kurz in kochendes Wasser legen und zum Servieren aufschneiden musste. Nicht dass es mich davor gegraust hätte, doch als richtig gut habe ich es auch nicht in Erinnerung. Woran ich mich aber gern erinnere, ist die cremige Petersiliensauce meiner Großmutter, die sie großzügig über den Kabeljau goss. Ich esse sie auch gern zu gebratenem Steinbutt, Glattbutt und ganz besonders zu Jakobsmuscheln, die ich mit Spitzkohl und zerlassener Butter wie den Kabeljau hier serviere.

Den Ofen auf 240 °C vorheizen.

Zuerst die Petersiliensauce zubereiten: Die Zwiebel mit einem scharfen Messer an zwei Stellen einkerben und in jeden Einschnitt ein Lorbeerblatt stecken. Die Knolle mit den Nelken spicken und in einen Topf legen. Die Milch zugießen, zum Kochen bringen und 5–6 Minuten sanft köcheln lassen. Vom Herd nehmen und 20 Minuten ziehen lassen. Die Zwiebel herausnehmen.

Die Hälfte der Butter in einem Topf bei schwacher Hitze zerlassen. Das Mehl einstreuen und beides zu einer glatten, cremigen Masse verrühren. Langsam die Milch zugießen und beständig weiterrühren, bis die Sauce geschmeidig ist und die Konsistenz von dicker Sahne angenommen hat. Die Petersilie und die Kapern, falls verwendet, unterrühren und mit Salz und Pfeffer abschmecken.

Das Öl mit der restlichen Butter in einer großen Pfanne mit schwerem Boden erhitzen. Die Kabeljaufilets würzen und in dem heißen Öl in 2–3 Minuten goldgelb braten. Die Pfanne, falls ofenfest, auf der oberen Einschubleiste in den Ofen schieben und den Fisch dort 5–6 Minuten garen; falls sie nicht ofenfest ist, die Filets zuvor in eine geeignete Form legen und dann im Ofen fertigstellen.

Den Kohl in Stücke geschnitten oder in Blätter zerteilt in reichlich kochendem Salzwasser garen und abtropfen lassen. In der zerlassenen Butter schwenken und mit Pfeffer kräftig abschmecken. Den Fisch mit dem Kohl anrichten, großzügig mit Petersiliensauce übergießen und servieren.

Seelachs *Pollachius virens*

Dieser Verwandte des Kabeljaus ist auf der Nordhalbkugel enorm populär, wo er unter zahllosen Regionalnamen bekannt ist, darunter auch als *green cod* – grüner Kabeljau – passend für einen Fisch, der als ökologisch vertretbare Alternative zum stark dezimierten Cousin gilt.

In Deutschland und Dänemark ist gesalzener, geräucherter und rot eingefärbter Seelachs ein beliebter Lachsersatz, daher der Name. Auf den Orkney-Inseln wird Seelachs zur Konservierung gesalzen und dann über Torffeuer getrocknet. In diesem Zustand ist das Fleisch leicht phosphoreszierend – angeblich kann man in diesem Licht sogar lesen!

Seelachs hat die für Fische aus der Dorschfamilie typische kräftige Statur, allerdings fehlt ihm der Kinnfaden. Der erwachsene Fisch wird 70–80 Zentimeter lang, einzelne Exemplare bis zu 130 Zentimeter. Seinem olivgrünen bis rußschwarzen Rücken verdankt er seinen eigentlichen Namen, »Köhler«; der Bauch schimmert silbrig-weiß. An seiner fast schnurgerade verlaufenden hellen Seitenlinie lässt sich Seelachs gut von einem weiteren nahen Verwandten, dem Pollack, unterscheiden. Er ist ein gefräßiger Räuber, der in Gruppen hinter Wracks und zwischen Felsen auf vorbeiziehende Beute lauert.

Seelachs erreicht nach vier bis fünf Jahren bei 60–70 Zentimeter Körperlänge die Geschlechtsreife und kann bis zu 25 Jahre alt werden. Er laicht von Januar bis März in relativ tiefen Gewässern. Die Jungfische wandern nahe an die Küste, wo man sie manchmal in Gezeitentümpeln zwischen Felsen sieht, doch ziehen die schnell wachsenden Seelachse schon bald wieder in tieferes Wasser.

Geschmack
Seelachs hat die gleiche kompakte, jedoch zarte und blättrige Struktur wie Kabeljau, was ihn zu einer guten Alternative zu jenem und auch zu Schellfisch macht. Sein Geruch erinnert an Hühnerbrühe mit einem Hauch von Meeresbrise; der Geschmack ist sauber und buttrig mit einem leicht metallischen Nachhall.

Verbreitung
Wie Kabeljau bevorzugt Seelachs die Kaltwasserregionen des Nordens. Man findet ihn im gesamten Nordatlantik von New Jersey bis zum Ärmelkanal, entlang der gesamten norwegischen Küste sowie im Kattegat, in der Nordsee und rund um die Britischen Inseln.

Ökologie
Meiden Sie die noch nicht laichreifen Fische mit einer Körperlänge von weniger als 50–60 Zentimeter.

Land	Name
Deutschland	*Seelachs, Köhler*
GB	*Coley, Coalfish, Saithe*
USA	*Pollock, Boston bluefish*
Frankreich	*Lieu noir*
Italien	*Merluzzo nero*
Niederlande	*Koolvis*
Dänemark	*Sej*
Schweden	*Sej, Gråsej*
Norwegen	*Sei*

Ernährung & Gesundheit
Seelachs ist reich an Vitamin B_{12} und Selen. Nährwert pro 100 g: etwa 82 kcal, 1 g Fett.

Saison & Laichzeit
In der Laichzeit von Januar bis März sollte man auf Seelachs verzichten.

Anteil an verwertbarem Fleisch
1 kg Seelachs liefert 750 g (75 %) Steaks oder 550 g (55 %) reines Filet.

Seelachs, pochiert in Knoblauch-Olivenöl

Für 2 Personen

2 Seelachsfilets von je 200 g
6 EL Steinsalz
Etwa 500 ml Olivenöl
3 Knoblauchzehen,
　in Scheiben geschnitten
2 Zweige frischer Thymian
1 EL sehr fein gehackte frische Petersilie
Zitronensaft nach Geschmack

BEIM FISCHHÄNDLER
Bitten Sie Ihren Händler um fleischige Stücke aus dem dicken Teil des Filets.

Dieses wunderbare Gericht hat mein guter Freund und Kollege Mark Hix einmal zu Hause für uns gekocht. Er nahm dafür ein Stück Pollack, das uns unser Nachbar Terry nach einem erfolgreichen Fischzug geschenkt hatte. Es ist so einfach und doch unglaublich lecker. Marks Methode funktioniert auch mit jedem anderen Fisch von grobblättriger Struktur, hier habe ich es mit Seelachsfilet probiert. Der Fisch wird noch immer weit unterschätzt, weil er früher einen durch und durch schlechten Ruf hatte, dabei kann Seelachs ein Hochgenuss sein, wie dieses Rezept beweist.

Die Seelachsfilets auf einen großen Teller oder in eine flache Schale legen, mit dem Salz bedecken und 30 Minuten ruhen lassen. Den Fisch gründlich abspülen und mit Küchenpapier abtrocknen.

So viel Olivenöl in einen Wok oder eine große Pfanne geben, dass der Fisch beim Garen vollständig damit bedeckt ist. Das Öl behutsam erwärmen, den Knoblauch und den Thymian hinzufügen und garen, bis sich der Knoblauch bräunlich färbt. Herausnehmen, den Fisch einlegen und 6–7 Minuten behutsam pochieren, bis er durchgegart ist.

Die Seelachsfilets herausheben und auf Küchenpapier abtropfen lassen. Anrichten, mit der Petersilie bestreuen und mit einem Spritzer Zitronensaft beträufeln. Dazu serviere ich gern neue Kartoffeln mit Minze oder in Butter gebratene Zucchini mit reichlich frisch gemahlenem schwarzem Pfeffer bestreut.

Fischeintopf mit Seelachs, Meerbarben und Paprika

Für 2 Personen

2 Seelachsfilets von je 200 g
200 g Steinsalz
1 rote Paprikaschote
1 grüne Paprikaschote
2 EL Olivenöl
2 Zwiebeln, in feine Streifen geschnitten
2 Knoblauchzehen, fein gehackt
1 EL Tomatenmark
125 ml trockener Weißwein
1 Prise Safranfäden
2 mittelgroße Kartoffeln, geschält und in 2,5 cm große Würfel geschnitten
1 Zweig frischer Thymian
2 Lorbeerblätter
2 kleine Rot- oder Streifenbarben, filetiert und von den kleinen Stehgräten befreit
1 Dose (400 g) italienische Eiertomaten von guter Qualität
1 EL fein gehackte frische Petersilie
6–7 schwarze Oliven, entsteint
Meersalz und frisch gemahlener schwarzer Pfeffer

Zum Servieren
Knuspriges Brot

BEIM FISCHHÄNDLER
Bitten Sie Ihren Händler, den Fisch zu häuten und die kleinen Stehgräten zu entfernen. Fragen Sie nach Filets von möglichst großen Fischen.

Ein sättigender Eintopf mit Seelachs, Kartoffeln und gerösteten Paprikaschoten, bei dem Meerbarben noch für eine Extraportion Geschmack sorgen. Die wunderbaren kleinen Fische gehören wohl zu den aromatischsten aller Weltmeere, sicher aber zu den schönsten (siehe Seite 154). Bei diesem Rezept werden die Seelachsfilets über Nacht eingesalzen, damit sich das Fleisch verfestigt und das für die Mittelmeerküche so typische Aroma von Klippfisch entwickelt.

Am Vortag den Seelachs auf einen Teller oder in eine flache Schale legen, mit dem Salz bedecken und über Nacht in den Kühlschrank stellen. Am nächsten Tag das Salz gut abspülen und den Fisch 30 Minuten in kaltes Wasser geben.

Den Ofen auf 200 °C vorheizen.

Die Paprikaschoten in eine Bratenpfanne legen und 10–15 Minuten im Ofen rösten, bis sich die Haut schwarz färbt. Die Schoten in einen Gefrierbeutel stecken und diesen fest verschließen. Sobald man die Schoten anfassen kann, die Haut abziehen, die Samen entfernen und das Fruchtfleisch grob hacken.

Das Olivenöl in einer großen Pfanne mit schwerem Boden erhitzen, die Zwiebeln und den Knoblauch darin bei schwacher Hitze 10 Minuten behutsam braten, bis sie weich sind. Das Tomatenmark zugeben und 1 Minute anschwitzen; mit dem Wein ablöschen und 1 Minute kochen lassen. Den Safran, die gehackten Paprika, die Kartoffeln, den Thymian, die Lorbeerblätter sowie die Meerbarbenfilets und die Tomaten zugeben und alles vermengen – es macht nichts, wenn der Fisch leicht zerfällt, genau das soll er auch.

Den Seelachs einlegen und so viel Wasser zugießen, dass er eben bedeckt ist. Zugedeckt 15 Minuten köcheln lassen, bis die Kartoffeln gar sind. Den Eintopf mit Salz und Pfeffer abschmecken und die Lorbeerblätter sowie den Thymianzweig entfernen. Die Petersilie und Oliven unterrühren.

Den Eintopf mit knuAsprigem Brot servieren.

Wer Chili mag, darf eine zerkrümelte getrocknete Bird's-Eye-Chilischote mitgaren.

Seezunge *Solea solea*

Die Seezunge ist der Inbegriff für edlen Fisch und heiß begehrt; in England heißt sie *Dover sole*, benannt nach dem Hafen, wo im 19. Jahrhundert die meisten Seezungen angelandet wurden. Heute müsste sie eigentlich *Brixham sole* heißen, denn von dort stammen mittlerweile die besten Fische.

Die Seezunge gehört zur Familie der *Soleidae*. Sie ist ein rechtsäugiger Plattfisch von ovaler, zungenähnlicher Form mit rundherum durchgehend verlaufender Rückenflosse. Die Augenseite ist graubraun, die Blindseite weiß. Charakteristisch ist der schwarze Punkt an der Spitze der Brustflosse. Seezungen wachsen langsam – sie erreichen im Alter von etwa fünf Jahren rund 35 Zentimeter Länge. In Einzelfällen begegnet man Exemplaren von 60–70 Zentimeter Größe, die bis zu 40 Jahre alt sein können.

Die nachtaktiven Räuber sind Einzelgänger und bevorzugen relativ flache Gewässer, wo sie sich im Sand vergraben, sodass nur ihre kleinen Augen herauslugen und auf Beute lauern. Das kleine, unterständige Maul ist ideal, um auf dem Meeresgrund lebende Würmer, kleine Muscheln und Krebstiere aufzunehmen. Die Fische ziehen im Winter, wenn sich das Wasser abkühlt, aufs offene Meer in tiefere Zonen und kehren im Frühling zum Laichen zurück.

Seezunge erreicht erst einige Tage nach dem Fang ihren geschmacklichen Höhepunkt. Verantwortlich ist eine chemische Substanz im Muskelfleisch, die sich auch bei der Scholle findet. Doch während bei Scholle der typische Geschmack nur im fangfrischen Zustand auftritt und sich dann verflüchtigt, entwickelt er sich bei Seezunge erst nach ein bis zwei Tagen.

Auf der Auktion in Brixham ist Seezunge einer der gefragtesten Fische. Der Preis wird gewöhnlich von der Nachfrage auf dem europäischen Festland bestimmt, die besonders in Spanien, Holland und Frankreich sehr groß ist. Am beliebtesten sind Portionsseezungen von rund 450 Gramm. Größere Exemplare, wie sie im Februar, März auftauchen (wir nennen sie scherzhaft *doormats* – »Fußabtreter«), erzielen oft geringere Preise, dabei sind es hervorragende Pfannenfische für zwei, drei oder auch vier Personen. In dieser Größe lassen sie sich auch leicht filetieren und etwa wie auf Seite 79 mit Schinken und Salbei zubereiten.

Geschmack

Seezunge hat überraschend elastisches Fleisch von sehr dichter, feinblättriger Struktur, das wunderbar saftig ist. Beim Hineinbeißen erinnert die dichte Maserung an das Fruchtfleisch von reifer Birne oder Pfirsich – das Fleisch gibt zwar nach, bietet jedoch genügend Widerstand für einen angenehm festen Biss. Der Geruch erinnert an das pikant-würzige Aroma von gegrilltem

(Fortsetzung Seite 64)

Land	Name
GB	*Sole, Dover sole*
Frankreich	*Sole*
Italien	*Sogliola*
Spanien	*Lenguado*
Portugal	*Linguado legítimo*
Griechenland	*Glóssa*
Niederlande	*Tong*
Dänemark	*Tunge*
Norwegen	*Tunge*
Schweden	*Tunga*

Ernährung & Gesundheit
Nährwert pro 100 g: etwa 89 kcal, 1,8 g Fett.

Saison & Laichzeit
In der Laichzeit von April bis Juni sollte man auf frische Seezunge verzichten. Nach dem Ablaichen im Juni und Juli ist der Fisch von eher durchschnittlicher Qualität; ihren geschmacklichen Höhepunkt erreichen Seezungen im Herbst und Winter.

Anteil an verwertbarem Fleisch
1 kg Seezungen liefern 480 g (48 %) reines Filet.

Frische Seezunge sollte von einer intakten Schleimschicht überzogen sein.

Meiden Sie Seezungen, die voller Rogen sind, sie sind zwar billiger, doch ist ihre Fleischausbeute deutlich geringer (es sei denn, Sie essen die köstlichen Fischeier gern, wie ich!).

Speck, der Geschmack ist satt, vollmundig und vielschichtig mit Anklängen von Haselnüssen.

Verbreitung

Die Seezunge lebt im gesamten Ostatlantik von Norwegen bis zum Senegal (in amerikanischen Gewässern kommt sie nicht vor), in der Nord- und Ostsee sowie im Mittelmeer, im Marmarameer, im Bosporus und im Schwarzen Meer. Besonders reich sind die Vorkommen vor der Westküste Englands, im Bristolkanal und in der nordostirischen See.

Ökologie

Fanggrößen unter 28 Zentimeter – die noch nicht geschlechtsreifen Fische – sollte man ebenso meiden wie Seezungen, die in der Laichzeit von April bis Juni gefangen wurden. Die Bestände im westlichen Ärmelkanal und in der Biskaya sind zurückgegangen, doch gibt es Bestrebungen, sie zu regenerieren. Als gesund und umweltverträglich bewirtschaftet gelten die Bestände in der Nordsee. Die Hastings Fleet Dover Sole Fishery im östlichen Ärmelkanal wurde vom Marine Stewardship Council (MSC) als nachhaltige Fischerei zertifiziert.

Die meisten Restaurants verlangen nach Portionsseezungen mit 450 Gramm Gewicht. Die nächstkleineren Fanggrößen liegen bei 300 Gramm; noch kleinere Fische werden in England ›slip soles‹ genannt – sie schmecken wunderbar süßlich, allerdings sollte man auf Fische unter 28 Zentimeter verzichten, da diese Fische noch nicht geschlechtsreif sind.

Gebratene Seezungenfilets mit Schinken und Salbei

Für 2 Personen

2 EL Mehl zum Bestauben
Meersalz und frisch gemahlener schwarzer Pfeffer
2 Seezungen von je etwa 450 g, filetiert
50 g Butter
8–9 frische Salbeiblätter
6–7 dünne Scheiben roher Schinken
1 Schuss trockener Weißwein
1 Spritzer Zitronensaft
1 kleine Handvoll fein gehackte frische Petersilie

BEIM FISCHHÄNDLER
Bitten Sie Ihren Fischhändler, die Seezungen abzuziehen und zu filetieren. Für dieses Gericht sind größere Fische besser geeignet.

Das salzige Schinkenaroma harmoniert ausgezeichnet mit dem aromatischen Salbei, ein gutes Gespann für die Zubereitung von Seezungenfilets.

Das Mehl auf einen großen Teller geben oder auf die Arbeitsfläche streuen und mit ein wenig Salz und Pfeffer würzen. Die Seezungenfilets rundherum darin wenden; überschüssiges Mehl behutsam abklopfen.

In einer großen Pfanne, in der alle Filets Platz haben, die Butter zerlassen (Sie können auch ein großes Ofengeschirr, z. B. eine Bratenpfanne, verwenden). Sobald die Butter aufschäumt, die Filets einlegen und von jeder Seite 2–3 Minuten behutsam braten. Den Salbei zugeben, den Schinken in je zwei bis drei Stücke zerpflücken und um den Fisch herum verteilen, sodass er in der Butter knusprig wird (das geht sehr schnell).

Die Filets und den knusprig gebratenen Schinken auf Tellern anrichten. Die Pfanne mit einem Schuss Weißwein und etwas Zitronensaft ablöschen, die Petersilie einrühren und die Sauce über den Fisch ziehen. Dieses einfache Gericht schmeckt hervorragend mit gekochten neuen Kartoffeln.

Frittierte Seezungen mit Tatarensauce

Für 4 Personen

150 g Mehl
50–60 g feine Semmelbrösel
2 Eier, verquirlt
8 Seezungen von je etwa 250 g
Pflanzenöl zum Frittieren

Für die Tatarensauce

2 ganz frische Eigelb
1 TL Dijonsenf
1 Schuss Weißweinessig
300 ml Pflanzenöl
Meersalz und frisch gemahlener
    schwarzer Pfeffer
Zitronensaft nach Geschmack
1 Schalotte, sehr fein gehackt
1 EL fein gehackter frischer Estragon
2 Cornichons, fein gehackt
2 EL Kapern, fein gehackt

Zum Servieren
Zitronenspalten

BEIM FISCHHÄNDLER
Bitten Sie Ihren Fischhändler, die Fische von beiden Seiten abzuziehen, die Köpfe zu entfernen sowie den Flossensaum und den Schwanz abzuschneiden.

Ich mag Fisch aller Größen und Güteklassen und häufig schmecken die vermeintlich schlechteren sogar besser als die Spitzenqualität. Das gilt zum Beispiel für kleine Seezungen, die in England *slip soles* heißen und 250–300 Gramm auf die Waage bringen (aus ökologischen Gründen sollte man jedoch auf noch nicht geschlechtsreife Exemplare verzichten). Enthäutet, von Kopf und Flossen befreit und frittiert, lassen sich ihre angenehm süßlichen Filets ganz leicht am Rückgrat entlang teilen und von der Gräte lösen. Mein Fischhändler Ian Perkes ist ein Spezialist in dieser Zubereitung.

Zuerst die Tatarensauce zubereiten: Die Eigelbe, den Senf und den Essig verquirlen. Langsam, in einem steten Strahl unter ständigem Schlagen, das Öl zugießen, sodass sich eine cremige Emulsion bildet. Die Sauce mit Salz, Pfeffer und einem Spritzer Zitronensaft abschmecken und die Schalotte, den Estragon, die Cornichons und die Kapern unterrühren. Die Sauce sollte recht pikant schmecken und von dicker Konsistenz mit kleinen Stücken darin sein.

Das Mehl und die Semmelbrösel auf zwei getrennte Teller und die verquirlten Eier in eine Schale geben. Die Fische in dem Mehl wenden, sodass sie rundherum gut bedeckt sind, anschließend durch das Ei ziehen und sorgfältig mit den Semmelbröseln panieren.

Das Öl in einer Fritteuse oder einem anderen geeigneten Topf auf etwa 180 °C erhitzen. Jeweils zwei Seezungen behutsam hineingeben und in 4–5 Minuten goldbraun und knusprig frittieren. Wenn Sie zu viele Fische auf einmal hineingeben, kühlt das Öl zu stark ab und die Panade wird nicht knusprig. Die Filets mit einem Schaumlöffel herausheben und auf Küchenpapier abtropfen lassen.

Sobald sämtlicher Fisch frittiert ist, je zwei Seezungen nebeneinander auf Tellern anrichten und mit Tatarensauce und Zitronenspalten garnieren. Ein einfacher Salat der Saison ist alles, was dieser köstliche Fisch noch braucht.

Gegrillte Seezunge mit Zitronen-Kapern-Sauce

Für 2 Personen

2 Seezungen von je etwa 450 g
25 g Butter, zerlassen
Meersalz und frisch gemahlener schwarzer Pfeffer

Für die Sauce

100 ml natives Olivenöl extra
1 Schuss Weißweinessig
Fein abgeriebene Schale von 2 unbehandelten Zitronen
Saft von 1 Zitrone
1 EL in Salz eingelegte Kapern, abgespült und grob gehackt
1 kleine Handvoll fein gehacktes frisches Basilikum

BEIM FISCHHÄNDLER
Bitten Sie Ihren Fischhändler, die dunkle Augenseite der Seezungen abzuziehen und, wenn Ihnen das lieber ist, auch den Kopf zu entfernen.

Dieses Rezept ist ideal für ein Essen zu zweit, da unter den meisten Grills ohnehin kaum mehr als zwei Seezungen bequem Platz haben. Die Zitronen-Kapern-Sauce geht ganz einfach – ein paar Zutaten verrühren, schon fertig. Wenn Sie sich mal einen kleinen Luxus gönnen möchten, es aber schnell gehen muss, liegen Sie bei diesem Gericht genau richtig.

Den Backofengrill auf höchster Stufe vorheizen.

Die weiße Hautseite der Seezungen mit etwas zerlassener Butter einpinseln und mit der Haut nach unten auf die Grillplatte oder ein Blech legen. Die Fleischseite ebenfalls mit Butter bestreichen und mit Salz und Pfeffer würzen. Die Fische unter dem heißen Grill 10–12 Minuten grillen, dabei gelegentlich mit ein wenig weiterer Butter überziehen, damit sich eine goldbraune, knusprige Kruste bildet.

Für die Sauce in einer Schüssel das Olivenöl und einen kräftigen Schuss Essig verrühren (die fertige Sauce sollte eine deutlich säuerlich-pikante Note haben). Den Saft und die Schale der Zitronen, die Kapern und das Basilikum zugeben und alles noch einmal gründlich verrühren.

Die Seezungen auf Tellern anrichten und etwas von der Sauce darübergeben – inklusive Kapern, Zitronenschale und Basilikum, die restliche Sauce separat dazu reichen. Als Beilage passt ein Salat aus dünn geschnittenem Gemüsefenchel, gewürzt mit Zitronensaft, Meersalz und Petersilie.

Dünnlippige Meeräsche

Liza ramada

Ein unterbewerteter Fisch, der eine größere Fangemeinde verdient. Im Mai, wenn die Fische vom Meer in die Mündungsgebiete der Flüsse ziehen, schmeckt die Dünnlippige Meeräsche am besten. In der Mittelmeerküche genießt sie große Wertschätzung.

Meeräschen sieht man oft im Sommer in gespenstisch huschenden Schwärmen in Hafenbecken und seichten Buchten. Sie halten sich gern in Mündungsgebieten auf und wandern erstaunlich weit die Flüsse hinauf, wo sie ihre grauen, durch die Wasseroberfläche schnellenden Rückenflossen verraten.

Die Dünnlippige Meeräsche hat einen stromlinienförmigen, graublauen Körper mit silbrig glänzenden Flanken und blassgrauen Längsstreifen sowie einem schwarzen Punkt an der Basis der Brustflossen. Das kleine, mürrisch aussehende Maul ist dicht mit winzigen Zähnen besetzt, ideal für ihre bevorzugte Kost aus Algen und organischen Stoffen aus dem schlammigen Meeresgrund. Diese genügsame Ernährung ist verantwortlich für das langsame Wachstum der Fische, die bis zu 60 Zentimeter Länge erreichen; durchschnittliche Fanggrößen messen 20–40 Zentimeter. Meeräschen sind Feinden schutzlos ausgeliefert, dafür haben sie einen ausgeprägten Instinkt für Gefahren und fliehen mit erstaunlicher Geschwindigkeit – wenn nötig, auch mit weiten Sprüngen aus dem Wasser.

Äußerlich sehr ähnlich ist die Dicklippige Meeräsche (*Chelon labrosus*), abgesehen von den fülligeren Lippen und dem etwas rundlicheren Körper. Beide Arten laichen im Frühling im Mittelmeer und rund um die Iberische Halbinsel, wo man die Jungfische im Flachwasser der Buchten beobachten kann.

Geschmack
Frisches Leder und eine würzig-süßliche Note, ähnlich Muscovado-Zucker, bestimmen den Geruch. Dieser Eindruck klingt auch im Geschmack an, doch anstelle der Süße treten das moschusartige Aroma von frisch aufgebrochener Haselnussschale sowie eine Note von gegrillten Tomaten. Das Fleisch ist von bissfester Konsistenz.

Verbreitung
Meeräschen halten sich bevorzugt in brackigen Küstenregionen und seichten Buchten mit wechselndem Salzgehalt auf, sie kommen im Mittelmeer, an der Nordwestküste des Schwarzen Meeres sowie im Ostatlantik von Südnorwegen bis Südafrika vor. Im Sommer sind sie ein häufiger Besucher vor der Südküste der Britischen Inseln und in der Nordsee.

Ökologie
Verschmutzte Küstengewässer und der schlechte Zustand vieler Seichtwassergebiete bedrohen die Art.

Land	Name
GB	*Thin-lipped grey mullet*
Frankreich	*Mulet porc*
Italien	*(Cefalo), Botolo*
Spanien	*Morragute*
Portugal	*Tainha-fataça*
Griechenland	*Mavráki*
Niederlande	*Dunlipharder*
Dänemark	*Tyndlæbet multe*
Schweden	*Tunnläppad multe*

Ernährung & Gesundheit
Meeräsche ist reich an Jod und Omega-3-Fettsäuren. Nährwert pro 100 g: etwa 115 kcal, 4 g Fett.

Saison & Laichzeit
In der Laichzeit im Frühling (manche Fische laichen auch im Herbst) sollte man Meeräsche meiden.

Anteil an verwertbarem Fleisch
1 kg Meeräsche liefert 500 g (50 %) reines Filet.

Meeräschen mit Austernfüllung

Für 2 Personen

25 g Butter, plus Butter zum Einfetten
1 kleine Schalotte, fein gehackt
1 Knoblauchzehe
½ Stange Sellerie, fein gehackt
2 Scheiben geräucherter Speck, grob gehackt
150 g blanchierter Spinat
1 EL fein gehackte frische Minze
1 EL fein gehackte frische Petersilie
50 g frische Weißbrotbrösel
4 Austern, ausgelöst, mit ihrem Saft
Meersalz und frisch gemahlener schwarzer Pfeffer
1 Spritzer Worcestersauce, oder nach Geschmack
1 Eigelb
2 Meeräschen von je 350 g, geschuppt und ausgenommen
Olivenöl zum Einreiben

BEIM FISCHHÄNDLER
Lassen Sie die Fische am besten gleich von Ihrem Fischhändler schuppen und ausnehmen.

Meeräschen haben einen schlechten Ruf, denn sie können ein wenig modrig schmecken, wenn sie aus schlammigen Flussmündungen stammen, doch die auf dem offenen Meer gefangenen Fische sind tadellos. Große Exemplare lassen sich gut filetieren und wie Wolfsbarsch zubereiten – ihr Fleisch ist von ähnlicher Konsistenz mit diesem leicht öligen Anklang. Ich fülle die kleineren Fische gern mit Kräutern wie Salbei, Rosmarin und Thymian und brate sie dann in der Pfanne, doch auch diese altenglisch inspirierte Zubereitung mit Austernfüllung ist reizvoll.

Den Ofen auf 200 °C vorheizen und eine Bratenpfanne buttern.

Für die Füllung die Butter in einer Pfanne zerlassen, die Schalotte, den Knoblauch und den Sellerie hineingeben und vorsichtig goldgelb anschwitzen.

Die Schalottenmischung mit dem Speck, dem Spinat, den Kräutern, den Weißbrotbröseln und dem Austernsaft in der Küchenmaschine 1 Minute grob zerkleinern. Die Masse mit Salz, Pfeffer und Worcestersauce würzen, das Eigelb zugeben und alles gründlich vermengen. Ist die Mischung zu feucht, weitere Brotbrösel einarbeiten, ist sie zu trocken, einige Tropfen Wasser zugeben. Zuletzt das Austernfleisch untermengen.

Die Meeräschen in die gebutterte Pfanne legen und mit der vorbereiteten Masse füllen – darauf achten, dass in jedem Fisch zwei Austern landen.

Die Fische würzen, rundherum mit Olivenöl einreiben und 15–18 Minuten im Ofen backen. Dazu schmeckt ein Romanasalat, gewürzt mit Rotweinessig, Öl und Schalotten.

Meeräsche in der Hülle mit Weinbrand und Dill

Für 2 Personen

1 Meeräsche, geschuppt und ausgenommen, oder 2 dicke Filets von je etwa 180 g
1 Schuss Weißwein
1 EL Weinbrand
1 Schuss Olivenöl
1 Prise gemahlener Kreuzkümmel
1 Handvoll fein gehackter frischer Dill
Meersalz und frisch gemahlener schwarzer Pfeffer

Zum Servieren
Zitronensaft (nach Belieben)

BEIM FISCHHÄNDLER
Falls sie Filets nehmen, bitten sie Ihren Händler um Stücke von einem größeren Fisch.

Bei diesem ganz einfachen Gericht kommt es einzig auf das Zusammenspiel der Hauptaromen an und das gelingt in der Hülle wunderbar.

Den Ofen auf 200 °C vorheizen.

Einen Bogen Alufolie von etwa 45 Zentimeter Kantenlänge (der Fisch sollte sich komplett darin einwickeln lassen) mit der glänzenden Seite nach unten auf die Arbeitsfläche legen und mit einem gleich großen Stück Pergamentpapier bedecken. Die Ränder etwa 2,5 Zentimeter breit nach innen falten, sodass beide Bögen zusammenhalten. Man kann außen noch eine zweite Lage Alufolie verwenden, was den Vorteil hat, dass die Hülle nicht so leicht verletzt wird.

Den Fisch diagonal auf das Pergamentpapier legen und die Seiten der Hülle hochklappen. Den Wein, den Weinbrand, das Olivenöl und den Kreuzkümmel verrühren und über den Fisch gießen; mit dem Dill bestreuen und mit Salz und Pfeffer würzen.

Die Ränder der Hülle zum Versiegeln ineinanderfalten. Den Fisch in einem Bräter oder auf einem Blech im Ofen 15–18 Minuten backen.

Den Fisch in der Hülle servieren und diese am Tisch öffnen. Nach Belieben mit Zitrone beträufeln. Dazu esse ich am liebsten in Butter geschwenkte neue Kartoffeln.

Meeräsche mit Miesmuscheln, Knoblauch und Oregano

Für 4 Personen

2 Meeräschen von je 300–400 g, geschuppt und ausgenommen
2 Knoblauchknollen, ungeschält
150 ml gutes Olivenöl, plus Olivenöl zum Braten und Beträufeln
Meersalz
1 Zwiebel, fein gehackt
1 Stange Sellerie, fein gehackt
250 ml trockener Weißwein
500 g reife Tomaten, grob zerkleinert
1 Prise Safranfäden
1 gehäufter EL getrockneter Oregano
10 Miesmuscheln, entbartet und gesäubert

Zum Garnieren
1 EL fein gehackte frische Petersilie

BEIM FISCHHÄNDLER
Bitten Sie Ihren Händler, den Fisch zu schuppen und auszunehmen.

Oregano ist eines meiner Lieblingskräuter, es zaubert einen Hauch von Mittelmeer in die Küche. Ich verwende lieber getrockneten Oregano, den ich bevorzugt in ganzen Zweigen kaufe. Einfach ein paar Scheiben Tomaten mit etwas Rotweinessig würzen und mit Oregano bestreuen – ein Hochgenuss zu gebratenem Fisch. Bei diesem leichten Gericht aus dem Ofen macht sich die Kombination aus geröstetem Knoblauch und Oregano unglaublich gut.

Den Ofen auf 120 °C vorheizen.

Die Köpfe der Meeräschen abtrennen und wegwerfen; die Fische quer in etwa fünf Zentimeter dicke Tranchen schneiden. Am besten Sie beginnen 7,5 Zentimeter vom Schwanzende entfernt und arbeiten sich Scheibe für Scheibe in Richtung Kopf vor, so erhalten Sie auch ein schönes Schwanzstück.

Zuerst den Knoblauch rösten: Die Knollen an der Oberseite kappen, sodass die einzelnen Zehen freiliegen. Auf ein Blech setzen, mit Olivenöl beträufeln und leicht salzen. Den Knoblauch etwa 20 Minuten im Ofen rösten, bis er weich ist und sich die Zehen mühelos aus der Schale lösen lassen. Abkühlen lassen, die Zehen behutsam schälen und beiseitelegen.

In einem Topf zwei Esslöffel Olivenöl erhitzen, die Zwiebel und den Sellerie hineingeben und sanft braten, bis beides weich ist. Die Hälfte des Weins zugießen, 1 Minute aufkochen, dann die Tomaten und den Safran hinzufügen und alles zugedeckt 30–40 Minuten bei schwacher Hitze garen, bis die Tomaten fast vollständig zerfallen sind. Wird die Mischung zu trocken, einen Schuss Wasser zugeben. Die Tomatensauce durch ein Spitzsieb passieren und das Gemüse mit einem Löffelrücken gut ausdrücken. Die im Sieb verbliebenen Reste wegwerfen.

Eine Bratenpfanne erhitzen und 150 Milliliter Olivenöl hineingießen. Den Knoblauch zugeben und sechs oder sieben der Zehen zerdrücken. Den restlichen Wein zugießen und 1 Minute aufkochen. Die Tomatensauce und den Oregano dazugeben und alles gründlich verrühren. Den Fisch einlegen.

Die Pfanne zudecken und den Fisch 12–14 Minuten im Ofen schmoren. Dann die Miesmuscheln zugeben und 5 Minuten garen, bis sie sich geöffnet haben. Aus dem Ofen nehmen, ungeöffnete Muscheln wegwerfen. Den Fisch mit der Petersilie bestreuen und servieren. Dazu esse ich am liebsten gekochten Reis.

Knurrhahn

Aspitrigla cuculus/Trigla lucerna/Eutrigla gurnardus

Die Fische aus der Knurrhahnfamilie *(Triglidae)* verdanken ihren Namen der Fähigkeit, mit ihrer Schwimmblase knurrende Töne zu erzeugen. Im Englischen haben sie den charmanten Beinamen *sea robins* – »Meeresrotkelchen«.

Es gibt drei wirtschaftlich bedeutende Knurrhahnarten. Sie alle haben die gleiche prähistorische, an Fossile erinnernde Erscheinung – kleiner, spindelförmiger Körper mit großem Kopf, der mit knöchernen Plättchen gepanzert ist. Die drei vorderen Strahlen der Brustflossen sind zu fingerartigen Tastorganen ausgebildet, mit denen die Fische im Schlamm oder Sand des Meeresbodens kleine Fische und Krebse aufspüren.

Der Seekuckuck *(Aspitrigla cuculus)*, unverkennbar an seiner leuchtend roten Farbe, ist mit maximal 40–50 Zentimeter Länge der kleinste Vertreter der Knurrhähne, der mit bis zu 75 Zentimeter größte ist der Rote Knurrhahn *(Trigla lucerna)*. Er ist ein ausgesprochen schöner Fisch mit pinkfarben bis rötlich getöntem Rücken und großen, fächerähnlichen Brustflossen mit schillernden pfauenblauen Tupfen und orangerotem Saum.

Der durchschnittlich 40 Zentimeter große Graue Knurrhahn *(Eutrigla gurnardus)* ist von einheitlich grauer Färbung mit hellen Flecken. Manche haben einen Anflug von Röte, als hätten sie ein bisschen zu viel getrunken, daher ihr spanischer Name borracho – »Trunkenbold«.

Die Laichzeit der Knurrhähne ist relativ lang, sie beginnt mitunter bereits im Februar und dauert bis in den August hinein, Höhepunkt ist der Juni.

Knurrhähne sind sehr gesellige und kommunikative Fische, die sich mittels knurrender Geräusche verständigen, erzeugt von einem speziellen Muskel in der Schwimmblase, die ihrerseits als Resonanzkörper dient. Dieses Knurren hat zu Spekulationen über den Ursprung der Sirenen geführt. Vernahmen die Seefahrer im Altertum etwa gar nicht den Gesang schöner Meerjungfrauen unter ihrem Schiff, sondern das knurrende Grunzen eines Schwarms von Knurrhähnen? Wir werden es wohl nie herausfinden.

Geschmack

Knurrhahn hat ähnlich festes, muskulöses Fleisch wie Seeteufel und ist eher von neutralem, dezentem Geruch. Dies spiegelt sich auch in dem verhaltenen Geschmack wider, der Anklänge von Mies- und Venusmuscheln und einen Hauch von Mandeln verrät. Das Fleisch neigt etwas zur Trockenheit, jedoch nicht in unangenehmer Weise.

Land	Name
Deutschland	*Seekuckuck, Roter Knurrhahn, Grauer Knurrhahn*
GB	*Red gurnard, Tub gurnard, Grey gurnard*
USA	*Sea robin*
Frankreich	*Grondin rouge, G. perlon, G. gris*
Italien	*Capone imperiale, C. gallinella, C. gorno*
Spanien	*Arete (Cuco), Bejel (Rubio), Borracho*
Portugal	*Cabra vermelha, C. cabaço, C. morena*
Griechenland	*Aspidokapóni, Chelidonás, Grizokapóni*
Niederlande	*Engelse poon, Rode poon, Grauwe poon*
Schweden	*Rödknot, Fenknot, Knot (Knorrhane)*
Norwegen	*Tverrstripet knurr, Rødknurr, Vanlig k.*

Ernährung & Gesundheit

Knurrhahn ist eine gute Quelle für Omega-3-Fettsäuren. Nährwert pro 100 g: etwa 129 kcal, 5 g Fett.

Saison & Laichzeit

Seekuckuck laicht von Juni bis August, Roter Knurrhahn von Mai bis Juli und Grauer Knurrhahn von April bis August. In dieser Zeit sollte man die Fische schonen.

Anteil an verwertbarem Fleisch

1 kg Knurrhahn liefert 320 g (32 %) reines Filet.

Verbreitung

Der Lebensraum des Grauen Knurrhahns erstreckt sich von der Südspitze Islands bis in die Barentssee und die Ostsee sowie die europäische Westküste hinab über das Mittelmeer bis ins Schwarze Meer. Der Seekuckuck bevorzugt wärmere Gewässer und kommt im Mittelmeer sowie im Ostatlantik von Südnorwegen und rund um die Britischen Inseln bis hinab nach Senegal vor. Sehr ähnlich ist das Verbreitungsgebiet des Roten Knurrhahns, den man auch bis nach Russland hinauf sowie in der Ostsee und im Schwarzmeergebiet findet.

Ökologie

Seekuckuck ist ein schnell wachsender Fisch, der recht früh bei einer Länge von 20 Zentimeter geschlechtsreif ist. Kleinere Exemplare sollte man meiden. Beim Grauen Knurrhahn liegt das Mindestmaß bei 24 Zentimeter. Roter Knurrhahn ist größer und daher stärker durch Überfischung bedroht. Auch hier sollte man noch nicht geschlechtsreife, kleinere Fische meiden. In der Laichzeit, die von Februar bis August dauern kann, sollte man auf alle drei Arten verzichten.

Knurrhahnfilets mit Zitronen-Petersilien-Butter

Für 2 Personen

Mehl zum Bestauben
2 Knurrhahnfilets von je etwa 200 g
Meersalz und frisch gemahlener schwarzer Pfeffer
100 g Butter
1 kleine Handvoll frische Petersilie
Zitronensaft nach Geschmack

BEIM FISCHHÄNDLER
Bitten Sie Ihren Fischhändler, die Stehgräten herauszuziehen (das sind die kleinen nadelähnlichen Gräten, die vom Rückgrat aus ins Filet eingewachsen sind). Für ihn ist das ein Kinderspiel, das er gerne für Sie erledigt.

Wir vom Fischmarkt lassen uns nie das Vergnügen entgehen, uns einen Fisch von der Auktion von Christine und ihrem Team von der Fishermen's Mission zum Frühstück zubereiten zu lassen. Sie wendet den Fisch nur ganz leicht in Mehl und brät ihn dann perfekt auf den Punkt. Ich runde dieses einfache Gericht gern mit etwas weißem Pfeffer und Essig ab und serviere dazu eine Mischung aus Ketchup und Mayonnaise, die ich zu einer Art Seafood-Dip verrühre – schmeckt großartig. Wenn mein Freund und Marktkollege Sean Perkes mich zum Frühstück mitnimmt, hat er regelmäßig ein paar Filets vom Roten Knurrhahn dabei, obwohl er auch prächtige Seezungen, Steinbutt, Jakobsmuscheln oder Petersfisch zur Auswahl hätte. Er hält Roten Knurrhahn für den besten Fisch auf dem Markt und ich kann ihm nur zustimmen – er schmeckt köstlich. Damals, als ich Sean kennenlernte, hielt ich ihn schlicht für genügsam, heute kenne ich sein Geheimnis.

Bei diesem Rezept bleibt das Fleisch wunderbar saftig – aber es geht sowieso nichts über frischen, in Butter gebratenen Fisch, wenngleich es nicht die gesündeste Option ist. Doch ab und zu kann ja wohl nicht schaden.

Das Mehl auf einem großen Teller verteilen oder auf die Arbeitsplatte streuen. Die Knurrhahnfilets mit Salz und Pfeffer würzen und in dem Mehl wenden; überschüssiges Mehl behutsam abklopfen.

In einer Pfanne drei Viertel der Butter erhitzen. Sobald sie aufschäumt, die Hitze reduzieren, die Filets einlegen und 6–7 Minuten behutsam braten; dabei immer wieder mit der Butter überziehen. Den Fisch wenden – die Unterseite sollte jetzt goldgelb sein – und von der anderen Seite weitere 4–5 Minuten garen.

Die Filets auf eine Platte heben und warm stellen. Die restliche Butter in die Pfanne geben und bei etwas stärkerer Hitze aufschäumen, bis sie einen nussigen Duft verströmt. Die Petersilie und einen großzügigen Spritzer Zitronensaft hinzufügen, kurz durchrühren und die Sauce über den Fisch ziehen. Dazu esse ich am liebsten Salzkartoffeln und Kohlgemüse.

Gebratener Knurrhahn mit Speck und Salbei

Für 2 Personen

4 Scheiben Pancetta oder kräftig durchwachsener Speck
2 Knurrhahnfilets von je etwa 160 g, enthäutet
6 frische Salbeiblätter
50 g Butter, zerlassen
Meersalz und frisch gemahlener schwarzer Pfeffer

BEIM FISCHHÄNDLER
Bitten Sie Ihren Händler, die kleinen Stehgräten zu entfernen.

Knurrhahn gehört zu meinen Lieblingsfischen, leider wird er in den Restaurants oft auf den preiswerten Mittagstisch verbannt oder zum Eintopffisch degradiert. Vermutlich liegt das schlicht an unseren dürftigen Kenntnissen über diesen Fisch. Wer seine Bekanntschaft erst einmal gemacht hat, wird ihn jedoch in Ehren halten. In Familien, die in irgendeiner Weise in der Fischerei arbeiten, kommt Knurrhahn seit jeher regelmäßig auf den Tisch, und das traditionelle Fischeressen in Brixham (Devon) bestand aus einem ganzen Knurrhahn, der in Speck eingewickelt und dann gebraten wurde – man nannte ihn »Brixham Ham«. Hier ist meine aufgefrischte Version.

Die Speckscheiben auf die Arbeitsfläche legen und nacheinander mit dem Rücken eines schweren Messers mit leichtem Druck vom Körper weg ziehen, sodass sie gedehnt und dünner werden. Anschließend quer halbieren.

Ein Stück Frischhaltefolie von etwa 40 Zentimeter Kantenlänge auf der Arbeitsfläche ausbreiten und halbe Speckscheiben nebeneinander darauflegen. Auf den unteren Speckrand quer ein Knurrhahnfilet platzieren, mit zwei Salbeiblättern belegen und mit zerlassener Butter bestreichen. Den Fisch mithilfe der Folie fest in den Speck einwickeln und diesen dabei nach innen einschlagen. Die Enden der Folie wie bei einem Bonbon in entgegengesetzter Richtung verdrehen und etwas auseinanderziehen, sodass die Folie spannt und das Paket eine gleichmäßige wurstähnliche Form annimmt. Den Vorgang mit dem anderen Knurrhahnfilet wiederholen und beide Pakete 30 Minuten kalt stellen.

Den Ofen auf 200 °C vorheizen.

Den Fisch aus der Frischhaltefolie wickeln und auf ein großes Blech legen. Jede Rolle mit einem Salbeiblatt belegen und mit etwas zerlassener Butter bestreichen. Mit Salz und Pfeffer würzen und 10 Minuten im Ofen braten. Schmeckt wunderbar mit Petersiliensauce (siehe Seite 69) und mit einer großen Schüssel Buttererbsen.

Weißfleischige Meeresfische

Knurrhahn-Erbsen-Risotto

Für 4 Personen

2 EL Olivenöl
1 Stange Lauch, fein gehackt
2 Stangen Sellerie, fein gehackt
2 Knoblauchzehen, fein gehackt
200 ml trockener Weißwein
1 kg Knurrhähne
150 g tiefgefrorene Tiefseegarnelen (Grönlandshrimps), ungeschält
1 Lorbeerblatt
1 Zweig frischer Thymian
25 g Butter
1 Zwiebel, fein gehackt
400 g Risottoreis (Arborio oder Carnaroli)
Meersalz und frisch gemahlener schwarzer Pfeffer
100 g frische oder tiefgefrorene Erbsen

Zum Servieren

4–5 kalte Butterwürfel von etwa 1 Zentimeter Kantenlänge
1 kleine Handvoll gehacktes frisches Fenchelkraut oder Petersilie

BEIM FISCHHÄNDLER
Bitten Sie Ihren Fischhändler, die Fische auszunehmen und die Köpfe zu entfernen.

Dieses Rezept ist von einem der besten Fischrestaurants, die ich kenne, inspiriert, dem »Al Gatto Nero« in Burano in der Lagune von Venedig. Max, der Sohn des Besitzers, und ich wurden gute Freunde. Das Essen dort ist einfach, doch immer tipptopp zubereitet, wenn ich zu Besuch bin, was etwa zweimal pro Jahr passiert, falls ich die Zeit erübrigen kann; doch die Reise lohnt sich. Ruggero und seine Frau Anna, die in der Küche das Zepter führen, wissen die Qualität und Frische des Fischs, den ihnen die Inselfischer liefern, zu schätzen und auch zielsicher, wie man ihn je nach Art und Saison richtig zubereitet. Sie machen einen weißen Risotto mit dem Fond kleiner Grundeln, die sie bei Niedrigwasser im Schlick der Lagune fangen. Ich verwende kleine Knurrhähne und Erbsen – köstlich. Ich bin sicher, er würde Ruggero, Anna und Max schmecken.

Zuerst den Fond zubereiten: Das Olivenöl in einem großen Topf mit schwerem Boden, in dem der gesamte Fisch Platz hat, erhitzen. Den Lauch, den Sellerie und eine Knoblauchzehe hineingeben und in 3–4 Minuten glasig schwitzen. Drei Viertel des Weins zugießen, die Fische, die Garnelen, den Lorbeer und den Thymian hinzufügen und alles mit Wasser bedecken. Bei schwacher Hitze 40 Minuten leise köcheln lassen, bis der Fisch zu zerfallen beginnt.

Den Fond Kelle für Kelle durch ein Spitzsieb in einen sauberen Topf passieren und den Fisch und das Gemüse mit dem Rücken der Kelle dabei gut auspressen. Die im Sieb verbliebenen festen Rückstände wegwerfen. Den Fond bei geringer Hitze auf den Herd stellen.

Für den Risotto die Butter in einem weiten Topf zerlassen. Die Zwiebel und den restlichen Knoblauch darin anschwitzen, den Reis einstreuen und 1–2 Minuten braten, bis er glasig wird und die Körner gleichmäßig mit einem Fettfilm überzogen sind. Den restlichen Wein zugießen und fast vollständig verkochen lassen. Nach und nach, unter ständigem Rühren, kellenweise den heißen Fond dazugeben, den Risotto dabei würzen und bissfest garen.

Wenige Minuten bevor der Reis gar ist, die Erbsen unterrühren. Den Risotto vom Herd nehmen und noch einige Minuten quellen lassen.

Zum Fertigstellen die kalten Butterwürfel einarbeiten, das Fenchelkraut oder die Petersilie unterziehen und abschmecken. Ich mag Risotto lieber etwas feuchter – wenn man einen Teller mit einem Klecks Risotto hin- und herbewegt und der Reis dabei langsam zerfließt und sich über den Teller verteilt, ist er perfekt.

Schellfisch *Melanogrammus aeglefinus*

Schellfisch erkennt man an den schwarzen Punkten über den Brustflossen und der schwarzen Seitenlinie. Sein silbergrauer Rücken ist dunkler als der Bauch.

Der Schellfisch ist ein naher Verwandter des Kabeljaus, wird mit 70–100 Zentimeter Länge jedoch nicht ganz so groß. Er hat einen bläulich schwarzen Rücken, silberne Flanken mit leicht geschwungener dunkler Seitenlinie und einen kurzen Kinnfaden, mit dem er den Meeresboden nach Nahrung abtastet. Schellfisch bevorzugt die kälteren Gewässer des Nordens, zieht im Sommer zur Nahrungssuche unter die Küsten und wandert im Winter zum Laichen in pelagische Tiefseeregionen. Die meisten Fische erreichen im dritten Lebensjahr die Geschlechtsreife, die Weibchen wachsen oft schneller als die Männchen. Schellfisch kann über 20 Jahre alt werden.

Die Laichzeit dauert von Februar bis Juni und erreicht zwischen März und April ihren Höhepunkt. Nach dem Laichen kehren die Fische in seichtere Gewässer zurück, wo sie in Schwärmen den Meeresgrund nach Muscheln, Krebsen, Würmern und Sandaalen absuchen.

Untersuchungen in der Nordsee haben gezeigt, dass die Jungfische, die durch die groben Maschen der Schleppnetze noch entkommen konnten, aus ihren Erfahrungen lernen und später den herannahenden Trawlern gezielt ausweichen. Wie auch immer – mit der Handleine geangelte Schellfische liefern weit bessere Qualität als mit dem Schleppnetz gefangene.

Geschmack
Der Duft von Schellfisch ist wie das Aroma des Meeres – mit Anklängen von Tang und frischer Seeluft. Dieser Eindruck setzt sich auch in dem feinen Geschmack fort, der an Muschelschalen und Frühlingsgemüse erinnert. Das magere, saftige Fleisch ist weiß mit hellgrünen Reflexen und besteht aus kompakten, blättrigen Segmenten, die sich gut zerteilen lassen. Nach Möglichkeit sollte man Schellfisch mit Haut kaufen und zubereiten. Sie ist dünn und zart.

Verbreitung
Der Lebensraum des Schellfischs erstreckt sich vom nördlichen Polarkreis über den gesamten Nordatlantik. Häufig trifft man ihn rund um die Britischen Inseln, vor allem in der Nordsee.

Ökologie
Die Bestände westlich von Schottland sowie in der Nordsee, im Skagerak und im Kattegat gelten als gesund und nachhaltig befischt. Dagegen sind die isländischen Gründe und die Bestände um die Färöer durch Überfischung bedroht. Die Fanggründe im nordöstlichen Polarmeer (Barentssee und Nordmeer) sind intakt, allerdings ist die Sterblichkeitsrate des Schellfischs unbekannt.

Land	Name
GB/USA	*Haddock*
Frankreich	*Églefin*
Italien	*Asinello*
Spanien	*Eglefino*
Portugal	*Arinca*
Niederlande	*Schelvis*
Dänemark	*Kuller*
Schweden	*Kolja*
Norwegen	*Hyse*

Ernährung & Gesundheit
Schellfisch liefert hochwertiges Protein sowie Vitamin B_{12} und Selen. Nährwert pro 100 g: etwa 81 kcal, 0,6 g Fett.

Saison & Laichzeit
In der Laichzeit von Februar bis Juni sollte man Schellfisch meiden.

Anteil an verwertbarem Fleisch
1 kg Schellfisch liefert 500 g (50 %) reines Filet.

Achten Sie auf ein intaktes Schuppenkleid – ein Zeichen für Schellfisch von der Angel.

Kartoffelsalat mit Schellfisch, Zwiebeln und Chili

Für 2 Personen als Vorspeise

250 g Schellfischfilet
150 g Steinsalz
Natives Olivenöl zum Bestreichen
1 rote Zwiebel, fein gehackt
200 g kleine neue Kartoffeln,
    gegart und halbiert

Für die Mayonnaise
1 TL Dijonsenf
25 ml Weißweinessig
1 Eigelb
150 ml Pflanzenöl
Meersalz und frisch gemahlener
    schwarzer Pfeffer
1 EL natives Olivenöl extra
1 EL feine Schnittlauchröllchen
1 EL Kapern, gehackt
1 milde frische Chilischote, fein gehackt

BEIM FISCHHÄNDLER
Bitten Sie Ihren Fischhändler, das Filet zu häuten und von etwaigen Stehgräten zu befreien.

Ich liebe den einzigartigen Geschmack von gesalzenem Fisch. Kabeljau ist der am häufigsten gesalzene und getrocknete Fisch, der in dieser Form als Klippfisch eine feste Größe in der portugiesischen Küche ist. Doch auch Schellfisch bekommt das Einsalzen. Das Prinzip besteht darin, dem Fisch Wasser zu entziehen, bevor man ihn trocknet, so ist er besonders lange haltbar. Salzfisch schmeckt hervorragend unter dem Grill zubereitet, mit Essig beträufelt und mit Zwiebeln und Petersilie serviert. Für dieses Rezept lege ich den Schellfisch über Nacht in Salz ein. Am nächsten Tag wird er gekocht und dann mit Kartoffeln und Mayonnaise zu einem Salat verarbeitet – schmeckt vorzüglich.

Das Schellfischfilet auf eine Platte oder in eine flache Schale legen und vollständig mit dem Salz bedecken. Zugedeckt für mindestens 24 Stunden in den Kühlschrank stellen.

Den Backofengrill auf höchster Stufe vorheizen.

Das Wasser, das sich in der Schale oder auf der Platte gesammelt hat, weggießen, den Fisch sorgfältig abspülen und mit Küchenpapier abtrocknen.

Das Filet mit Olivenöl einpinseln und für 5 Minuten unter den heißen Backofengrill schieben, bis es durchgegart ist. Abkühlen lassen.

Inzwischen die Mayonnaise zubereiten: Den Senf, den Essig und das Eigelb in einer Schüssel verrühren. Unter ständigem Weiterrühren nach und nach in einem dünnen, steten Strahl das Pflanzenöl zugießen, bis sich eine dicke, cremige Emulsion gebildet hat. Mit Salz und Pfeffer abschmecken und das Olivenöl, den Schnittlauch, die Kapern und den Chili unterrühren.

In einer weiteren Schüssel die Zwiebel mit den Kartoffeln vermengen. Den zerpflückten Fisch zugeben und ein bis zwei Esslöffel der Mayonnaise unterheben – nur so viel, dass die Kartoffeln eben überzogen sind. Mit Roggenbrot und einem jungen Blattsalat, gewürzt mit Olivenöl und Zitrone, servieren. Auch grüner Spargel passt ausgezeichnet zu diesem Salat.

Thai-Fischküchlein aus Schellfisch und Garnelen

Für 4 Personen

300 g rohe Riesengarnelen, geschält
500 g Schellfischfilet
1 EL rote thailändische Currypaste, oder nach Geschmack
½ TL fein gehackter Ingwer
2 Schalotten, fein gehackt
Saft von 1 Limette
10 frische Kaffirlimettenblätter, in feine Streifen geschnitten
1 Spritzer Fischsauce (Nam pla)
1 Ei, verquirlt
150 g grüne Bohnen, bissfest blanchiert und in 5 mm lange Stücke geschnitten
3 EL Mehl
200–300 ml Pflanzenöl

BEIM FISCHHÄNDLER
Bitten Sie Ihren Fischhändler, das Filet zu häuten und von etwaigen Stehgräten zu befreien.

Thailändische Aromen duften ungemein würzig-frisch und das zarte süßliche Fleisch des Schellfischs in Verbindung mit den ebenfalls süßlichen Garnelen ist für diese Fischküchlein wie geschaffen. Ich serviere sie gern als kleine Appetizer auf einer Grillparty.

Bevor ich die gesamte Masse zu Küchlein forme, backe ich immer eines zur Probe, um zu sehen, ob die Masse auch zusammenhält und gut schmeckt, eine sinnvolle Sache, denn falls nicht, so ist jetzt immer noch Gelegenheit für Korrekturen – vielleicht etwas mehr Mehl oder Fischsauce, für den Geschmack …

Der unten beschriebene Dip schmeckt sehr gut zu diesen Küchlein, doch können Sie auch eine fertige süße Chilisauce dazu servieren, die es in den meisten Supermärkten oder im Asialaden zu kaufen gibt.

Die Garnelen und das Schellfischfilet in den Mixer geben, die Currypaste, den Ingwer, die Schalotten, den Limettensaft, die Limettenblätter, die Fischsauce und das Ei zufügen und pürieren, bis die Mischung glatt ist. Die Masse in eine Schüssel geben und die grünen Bohnen untermengen.

Die Masse mit den Händen zu runden Küchlein von fünf Zentimeter Durchmesser und einen Zentimeter Dicke formen. Das Mehl auf einen großen Teller geben und die Küchlein vorsichtig darin wenden.

Das Öl in einer großen Pfanne mit schwerem Boden erhitzen. Die Fischküchlein portionsweise hineingeben und einige Minuten von beiden Seiten braten, bis sie rundherum goldbraun und knusprig sind. Auf Küchenpapier abtropfen lassen und servieren.

Sie können einen ganz einfachen Dip zu diesen Fischküchlein servieren, der wie folgt zubereitet wird: Den Saft von drei Limetten mit etwas Zucker verrühren, dann einige Stängel fein gehacktes Zitronengras, eine fein geschnittene Schalotte, ein bis zwei gehackte rote Chilischoten, einen Spritzer Fischsauce und etwas Wasser zugeben und alles gründlich vermengen.

Geräucherter Schellfisch mit Lauch-Kartoffel-Gemüse

Für 2 Personen

500 ml Milch
2 geräucherte Schellfischfilets von je etwa 180 g
2 Lorbeerblätter
1 Stange Lauch, in sehr feine Streifen geschnitten
Etwa 400 g Kartoffeln, gegart und zerstampft
1 EL körniger Senf
1 TL fein gehackter frischer Estragon
Meersalz und frisch gemahlener schwarzer Pfeffer

Für mich ist geräucherter Schellfisch das perfekte Frühstück. Der beste, den ich je gegessen habe, stammte aus einer alten Räucherei, Alfred Enderby, in Grimsby, südlich von Kingston-upon-Hull am Fluss Humber. Dort wird der Fisch noch auf traditionelle Weise eingelegt und in uralten Trockenöfen geräuchert. Nach den vielen Dienstjahren verströmen die Öfen einen herrlichen Duft, von dem, da bin ich sicher, auch der Geschmack der geräucherten Fische profitiert. Sie verwenden nur großen Schellfisch und das Ergebnis ist die perfekte Balance zwischen rauchig und süßlich. Mit einem pochierten Entenei und reichlich schwarzem Pfeffer kann ich mühelos ein ganzes Filet verdrücken.

Die Milch in eine Bratenpfanne gießen und den geräucherten Schellfisch mit der Fleischseite nach unten einlegen; er sollte vollständig mit Flüssigkeit bedeckt sein. Die Lorbeerblätter zugeben, die Milch zum Kochen bringen und den Fisch bei schwacher Hitze 6–7 Minuten sanft pochieren. Den Fisch herausheben; die Haut sollte sich jetzt ganz leicht abziehen lassen.

Inzwischen den Lauch in einem Topf ohne Zugabe von Flüssigkeit zugedeckt behutsam erhitzen, bis er weich wird. Zeitgleich lassen sich die Stampfkartoffeln zubereiten.

Den Lauch mit ein bis zwei Esslöffeln der heißen Milch unter die Kartoffeln mengen und rühren, bis das Gemüse von cremiger Konsistenz ist. Bei Bedarf noch weitere Milch einarbeiten. Den Senf und den Estragon unterziehen und das Gemüse mit Salz und Pfeffer abschmecken. Den Fisch und das Gemüse auf Tellern anrichten, mit reichlich schwarzem Pfeffer bestreuen und servieren.

TIPP
Verwenden Sie für die Stampfkartoffeln die Milch, in der Sie den Schellfisch pochiert haben – schmeckt fantastisch.

Seehecht

Europäischer Seehecht *Merluccius merluccius*
Kap-Seehecht *Merluccius capensis*

Ich liebe Seehecht – sein Fleisch ist zart und schmackhaft, ein echter Leckerbissen – allerdings sieht man ihn selten in unseren Fischläden, vor allem, weil die Nachfrage in Spanien so groß ist. Halten Sie gelegentlich Ausschau nach Seehecht und fackeln Sie nicht lange, wenn Sie ihn finden.

Europäischer Seehecht

Der Europäische Seehecht hat cremefarbenes, blättriges Fleisch von süßlichem Aroma – die Spanier, Portugiesen, Franzosen und Italiener sind verrückt danach. Leider hat die Natur seine Überlebenschancen nicht begünstigt – das Männchen wird erst nach drei bis vier Jahren bei 29–50 Zentimeter Länge geschlechtsreif, das Weibchen nach fünf bis sechs Jahren mit rund 50 Zentimeter, schlechte Voraussetzungen, den Fortbestand der Art zu sichern. Seehecht hat einen lang gestreckten grauschwarzen Körper und einen großen Kopf mit sehr scharfen Zähnen in seinem schwarzen Maul. Der gefräßige Raubfisch wird 100–180 Zentimeter lang. Bei Tag sammeln sich in der Tiefe hungrige Schwärme, die bei Nacht aufsteigen, um an der Wasseroberfläche Kalmare und andere Fische zu jagen. Die Laichzeit verbringt er in nördlichen Gewässern.

Kap-Seehecht

Der Kap-Seehecht lebt in den tieferen Zonen des Kontinentalschelfs vor der Küste Südafrikas. Von der Statur ähnelt er dem europäischen Cousin, wird mit maximal 120 Zentimeter jedoch nicht ganz so groß; durchschnittliche Fanggrößen messen 40–60 Zentimeter. Er ist von silberglänzender Farbe, hat einen bräunlichen Rücken und einen weißen Bauch. Die Weibchen sind mit 45–60 Zentimeter Länge geschlechtsreif. Die Laichzeit dauert von Mitte des Frühlings bis zum Frühsommer, in südlicheren Gefilden von Oktober bis Dezember. Der Kap-Seehecht wandert im Frühling in südliche Regionen und zieht im Herbst wieder nordwärts. Die Jungfische ernähren sich von Krebsen und kleinen Tiefseefischen, müssen sich allerdings vor den älteren Artgenossen in Acht nehmen, die neben Bastardmakrelen auch gern mal die eigene Brut verspeisen.

Land	Name
Deutschland	Seehecht (Hechtdorsch), Kap-Seehecht
GB/USA	Hake, Cape hake
Frankreich	Merlu commun (Colin), Merlu blanc du Cap
Italien	Nasello (Merluzzo), Nasello del Capo
Spanien	Merluza, Merluza del Cabo
Portugal	Pescada, Pescada-branca-do-Cabo
Griechenland	Bakaliáros
Niederlande	Heek, Zuid-Afrikaanse Heek
Dänemark	Europæisk Kulmule, Sydafrikansk Kulmule
Schweden	Kummel, Kapkummel
Norwegen	Lysing

Ernährung & Gesundheit

Nährwert pro 100 g: etwa 92 kcal, 2,2 g Fett.

Saison & Laichzeit

Den Europäischen Seehecht sollte man in der Laichzeit von Februar bis Juli schonen, den Kap-Seehecht zudem von Oktober bis Dezember.

Anteil an verwertbarem Fleisch

1 kg Seehecht liefert 750 g (75 %) Steaks und 540 g (54 %) reines Filet.

Weißfleischige Meeresfische

Geschmack

Europäischer Seehecht

Der Geruch erinnert an das Stärkearoma von Back- oder Bratkartoffeln. Der Geschmack ist verhalten, aber vielschichtig mit Anklängen von Zitronenmelisse, einem zarten, süßlichen Vanilleton, einer farnartigen pflanzlichen Note und dem erdigen Ton von Waldpilzen. Das zarte milchig-graue Fleisch ist angenehm saftig und erzeugt ein ergiebiges Mundgefühl von zartem Schmelz.

Kap-Seehecht

Kap-Seehecht hat einen frischen Stärkegeruch, der an mit Schale gegarte Frühkartoffeln erinnert. Der volle Geschmack verbindet die cremige Süße von Sahne mit einem Hauch von Salz. Das Fleisch ist zart und weich wie in Milch getränktes Weißbrot, jedoch überhaupt nicht teigig; auch die dünne Haut ist gut essbar. Sein subtiles Aroma und sein vollmundiges Fleisch machen ihn zum idealen Kandidaten für leichte Saucen.

Verbreitung

Der Europäische Seehecht lebt im Nordostatlantik von Norwegen bis nach Westafrika, rund um die Britischen Inseln, besonders im Westen und Nordwesten, sowie im Mittelmeer. Der Kap-Seehecht kommt vor der Süd- und Südwestküste Afrikas vor.

Ökologie

Europäischer Seehecht

Seehecht aus stark dezimierten Beständen und unreife Fische unter 50 Zentimeter Länge sollte man meiden. Während der Laichzeit von Februar bis Juli sollte man auf Seehecht verzichten.

Kap-Seehecht

Die »Cape Hake Fishery« wurde unlängst vom Marine Stewardship Council als umweltverträgliche Fischerei zertifiziert, halten Sie also Ausschau nach Kap-Seehecht mit dem MSC-Siegel.

Frittierter Seehecht mit Oregano-Chili-Kruste

Für 2 Personen

Pflanzenöl zum Frittieren
4 EL Mehl
Meersalz und frisch gemahlener
    schwarzer Pfeffer
75 g frische feine Weißbrotbrösel
1 EL getrockneter Oregano, zu Pulver
    zerrieben
1 kleine getrocknete Bird's-Eye-
    Chilischote, zu Pulver zermahlen
2 Eier
2 Seehechtfilets von je etwa 180 g

Zum Servieren
Zitronenspalten
Mayonnaise, selbst gemacht
    (siehe Seite 286)

BEIM FISCHHÄNDLER
Fragen Sie Ihren Fischhändler nach Filets aus dem Mittelstück eines etwa zwei Kilogramm schweren Fischs.

Jedes Land hat seine eigene Art, frittierten Fisch zuzubereiten. Für mich ist ein saftiges Stück Fisch, umhüllt von einer knusprigen Kruste aus frischen Weißbrotbröseln, mit nichts als einem Spritzer Zitronensaft und etwas Salz, kaum zu toppen. Ob Seehecht, Kabeljau oder Pollack – praktisch jeder weißfleischige Fisch wird auf diese Weise zubereitet zu einem ganz besonderen Genuss.

Oregano und Chili passen hervorragend zusammen, aber Sie können natürlich auch zu Kräutern und Gewürzen Ihrer Wahl greifen. Eine gute Beilage sind Pommes frites, doch ein einfacher Tomatensalat mit Zwiebeln, ein paar Salatblättern und einem Klecks selbst gemachter Mayonnaise (siehe Seite 286) passt ebenso gut.

Das Pflanzenöl in einer Fritteuse oder einem anderen geeigneten Topf auf 190 °C erhitzen (die Temperatur ist erreicht, wenn ein Brotwürfel, den Sie hineinwerfen, an die Oberfläche steigt).

Das Mehl in eine flache Schale geben und mit Salz und Pfeffer würzen. In einer weiteren Schale die Weißbrotbrösel, den Oregano und den Chili sorgfältig vermengen und in einer dritten Schale die Eier verquirlen.

Die Seehechtfilets zuerst in dem Mehl wenden, dann durch das Ei ziehen und mit der Bröselmischung panieren; darauf achten, dass sie rundherum gleichmäßig bedeckt sind. Die panierten Filets vorsichtig in das heiße Öl gleiten lassen und in 6–7 Minuten goldbraun frittieren. Herausheben und auf Küchenpapier abtropfen lassen.

Den Fisch anrichten und mit Zitronenspalten und etwas selbst gemachter Mayonnaise servieren – ein wunderbar einfaches Gericht.

Gebratener Seehecht auf Rahmgrünkohl mit Kapern

Für 2 Personen

½ Zwiebel

2 Lorbeerblätter

6 Gewürznelken

500 ml Milch

350 g Grünkohl

Meersalz und frisch gemahlener schwarzer Pfeffer

2 EL Pflanzenöl zum Braten

2 Seehechtfilets von je etwa 180 g mit Haut

40 g Butter

40 g Mehl

1 kleiner TL fein gehackte Kapern

75 ml Sahne

1 kleine Handvoll fein gehackte frische Petersilie

Zitronensaft nach Geschmack

BEIM FISCHHÄNDLER
Wählen Sie vorzugsweise Filets von einem größeren Fisch von etwa zwei Kilogramm.

Grünkohl erinnert mich an Meeresgemüse, sein kräftiger Geschmack harmoniert ausgezeichnet mit den meisten Fischarten und ganz besonders gut passt er zu dem leicht süßlichen Aroma von Seehecht. Grünkohl ist auch roh genießbar – er ist reich an Vitaminen, vor allem Vitamin C, und an Eisen. Mit Kapern, fein gehackten Zwiebeln und Zitronensaft vermengt, schmeckt er zudem vorzüglich zu Lachs.

Den Ofen auf 240 °C vorheizen.

Die Zwiebel an zwei Stellen mit einem scharfen Messer einritzen und die Lorbeerblätter in die Einschnitte stecken. Die Knolle mit den Gewürznelken spicken und in einen Topf legen. Die Milch zugießen, zum Kochen bringen und 4–5 Minuten köcheln lassen. Den Herd ausschalten und die Zwiebel etwa 30 Minuten in der Milch ziehen lassen. Herausnehmen.

Den Grünkohl in reichlich kochendem Salzwasser 10 Minuten garen. Abgießen, abtropfen lassen und hacken. Beiseitestellen.

Das Öl in einer ofenfesten Pfanne erhitzen und die Seehechtfilets von der Hautseite leicht mit Salz und Pfeffer würzen. Kurz bevor das Öl zu rauchen beginnt, die Filets mit der Haut nach unten hineinlegen und in 4–5 Minuten goldgelb und knusprig braten. Vorsichtig wenden und die Pfanne für 3–4 Minuten in den Ofen schieben. Falls Sie keine ofenfeste Pfanne haben, den Fisch in ein geeignetes Geschirr umsetzen und wie beschrieben im Ofen fertigstellen.

In einem Topf die Butter bei schwacher Hitze zerlassen. Das Mehl einstreuen und goldgelb anschwitzen. Unter Rühren die aromatisierte Milch zugießen und die Sauce langsam zum Kochen bringen, sie sollte die Konsistenz von dicker Sahne annehmen. Den Grünkohl, die Kapern, die Sahne und die Petersilie unterrühren und mit Salz, Pfeffer und einem Spritzer Zitronensaft abschmecken. Den Rahmgrünkohl auf Tellern anrichten und die Seehechtfilets darauf arrangieren. Sofort servieren.

Seehecht mit Venusmuscheln in grüner Sauce

Für 4 Personen

Mehl zum Bestauben
4 Seehechtfilets von je etwa 180 g
Meersalz und frisch gemahlener schwarzer Pfeffer
100 ml Olivenöl
2 Knoblauchzehen
50 g frische Petersilie, sehr fein gehackt
2 Kartoffeln, in ganz dünne Scheiben geschnitten
1 Schuss trockener Weißwein
1 getrocknete Bird's-Eye-Chilischote
1 Lorbeerblatt
200 g frische Venus- oder Miesmuscheln, entbartet und gründlich gewaschen

In Barcelona, wo ich regelmäßig den legendären Mercat de Sant Josep, besser bekannt als La Boqueria, besuche, steht dieses Gericht praktisch auf jeder Speisekarte. Ich habe es schon in zig Versionen probiert und ebenso häufig selbst gekocht. Die Sauce verdankt ihre Farbe der Petersilie, hier in der klassisch katalanischen Verbindung mit Knoblauch, die nicht nur diesem Gericht gut bekommt. Die Muscheln steuern eine angenehm salzige Note bei – man schmeckt förmlich das Meer. Ein erstklassiger spanischer Wein, etwa ein Albariño oder Cava, ist alles, was Sie jetzt noch brauchen.

Das Mehl auf einen großen Teller geben. Den Seehecht darin wenden, überschüssiges Mehl abklopfen und kräftig mit Salz und Pfeffer würzen.

Das Öl in einer Auflaufform oder einer Pfanne erhitzen, den Knoblauch darin 1 Minute bräunen, herausnehmen und abkühlen lassen. Die Zehen im Mörser zerstoßen und mit der so fein wie möglich gehackten frischen Petersilie vermengen.

Die Seehechtfilets in das heiße Öl legen und von beiden Seiten bräunen. Herausheben und beiseitestellen. Die Kartoffelscheiben in demselben Öl rundherum goldbraun anbraten und dann einen Schuss trockenen Weißwein zugießen. Den Fisch auf die Kartoffeln legen, die Knoblauch-Petersilien-Mischung darüber verteilen und so viel Wasser zugießen, dass die Kartoffeln bedeckt sind.

Die Chilischote, das Lorbeerblatt und die Venus- oder Miesmuscheln dazugeben und alles mit einem Deckel zugedeckt 7–8 Minuten behutsam garen, bis sich die Muscheln geöffnet haben (Muscheln, die sich nicht öffnen, wegwerfen). Der Fisch sollte jetzt gar, aber noch saftig sein und die dünnen Kartoffelscheiben sollten beim Servieren leicht zerfallen. Dieses Gericht verlangt nach reichlich Pfeffer, für den Salzgeschmack dürften die Muscheln ausreichend gesorgt haben.

TIPP
Falls sie keine Filets bekommen, nehmen sie das Schwanzstück mit Gräte.

Heilbutt *Hippoglossus hippoglossus/Hippoglossus stenolepis*

Dieser festfleischige, mildaromatische Plattfisch gehört zur rechtsäugigen Familie der Schollen *(Pleuronectidae)*. Der langsam wachsende Heilbutt kann bis zu 50 Jahre alt werden und gigantische Ausmaße annehmen. Norwegische Fischereien berichteten über Atlantischen Heilbutt von fast vier Meter Länge und rund 300 Kilogramm Gewicht, und im 19. Jahrhundert kursierten Gerüchte über »Killer«-Heilbutte, die Männern die Beine gebrochen und Boote zertrümmert haben sollen, als diese versuchten, die Ungetüme an Bord zu ziehen.

Heilbutt hat einen länglich-ovalen, dickfleischigen Körper mit grünlich brauner Augen- und weißer Blindseite. Der Raubfisch hat einen unstillbaren Appetit und frisst praktisch alles, was in sein Maul passt.

Früher war Heilbutt an Fastentagen oder zu religiösen Anlässen, vor allem an Heiligentagen, beliebt, daher sein Name. Trotz dieses sakralen Stellenwerts wurde der Fisch im 19. Jahrhundert nur angeboten, wenn es partout nichts anderes gab. Heute genießt er ähnlich hohes Ansehen wie der Glattbutt und die gute Nachricht ist, dass sein nicht minder schmackhafter Bruder, der Pazifische Heilbutt, vor der Westküste Nordamerikas nachhaltig befischt wird.

Geschmack
Atlantischer Heilbutt
Obwohl sauber und subtil im Geruch, hat Atlantischer Heilbutt einen markanten Geschmack, der an ein erstklassiges, blutiges Steak erinnert. Die Konsistenz des elfenbeinfarbenen Fleischs verstärkt diesen steakähnlichen Eindruck noch – muskulös, fest und gleichzeitig zart und sehr saftig – Qualitäten, die für ein auffallend seidiges Mundgefühl sorgen. Da die Bestände stark gefährdet sind, sollte man beim Atlantischen Heilbutt Zurückhaltung üben.

Pazifischer Heilbutt
Wie schon der Geruch – eine kaum wahrnehmbare pflanzliche Note von gedämpften frischen Sojabohnen – ist der Geschmack eher unaufdringlich und neutral mit einem Anflug von Sonnenblumenöl. Auffälliger ist die Konsistenz: Die blättrigen Segmente des reinweißen Fleischs wirken groß und saftig, entpuppen sich im Mund jedoch als kleiner, kompakter und von eher gelatinöser als saftiger Beschaffenheit, die etwas längeres Kauen erfordert. Es ist angenehm zu essen und durchaus gehaltvoll. Seine Konsistenz und der dezente Geschmack vertragen sich gut mit kräftigen Zutaten wie Zitrusfrüchten oder Fenchel, aber auch mit Buttersaucen. Die Haut des Heilbutts ist sehr fett und sollte besser nicht gegessen werden.

(Fortsetzung Seite 112)

Land	Name
GB/USA	*Halibut*
Frankreich	*Flétan*
Italien / Spanien	*Halibut**
Portugal	*Alabote*
Griechenland	*Hippóglossa**
Niederlande	*Heilbot*
Dänemark	*Helleflynder*
Schweden	*Hälleflundra*
Norwegen	*Kveite*

*Im Mittelmeer kommt der Heilbutt nicht vor.

Ernährung & Gesundheit
Heilbutt ist reich an den Vitaminen D und A und eine gute Quelle für Omega-3-Fettsäuren.
Nährwert pro 100 g: etwa 103 kcal, 1,9 g Fett.

Saison & Laichzeit
Meiden Sie Heilbutt in der Laichzeit vom späten Winter bis zum beginnenden Frühling.

Anteil an verwertbarem Fleisch
1 kg Heilbutt liefert 750 g (75 %) Steaks und 500 g (50 %) reines Filet.

Weißfleischige Meeresfische

Verbreitung

Heilbutt bevorzugt die kalten Gewässer des Nordatlantiks und des Polarmeers; im Süden erstreckt sich sein Lebensraum bis nach New Jersey und Schottland.

Ökologie

Bei dem als »Heilbutt« angebotenen Fisch handelt es sich oft um Pazifischen Heilbutt *(Hippoglossus stenolepis)*, der aus den riesigen Fischgründen vor der Westküste Kanadas und der USA stammt. Dank zahlreicher günstiger Faktoren sind die Bestände in gutem Zustand. Der Pazifische Heilbutt ist früher geschlechtsreif als der atlantische Verwandte – die Männchen im Alter von fünf Jahren, die Weibchen mit sieben Jahren.

Der Pazifische Heilbutt wird nach den strengen Richtlinien der International Pacific Halibut Commission (IPHC) befischt. Die Langleinenfischereien des Heilbutts in den Gewässern der US-Staaten Alaska, Washington und Oregon wurden im April 2006 mit dem Umweltverträglichkeitssiegel des Marine Stewardship Councils (MSC) ausgezeichnet. Die Langleinenfischereien vor der Küste Britisch-Kolumbiens werden gegenwärtig vom MSC geprüft.

Heilbutt aus Zuchtfarmen – eine Erfolgsgeschichte

Kürzlich habe ich die Otter Ferry Halibut Farm in Schottland besucht, eine bemerkenswerte Zuchtanlage für Heilbutt. Die Fische leben in klarem Wasser, das ununterbrochen durch die Becken gepumpt wird. Allein diese Farm produziert rund 200 Tonnen Fisch jährlich. Da Heilbutt aus Aquakulturen immer populärer wird, rechnet man bis 2010 mit einem jährlichen Ausstoß von 1200 Tonnen.

Die Heilbuttzucht hat kaum umweltbelastende Folgen, da die Fische ihr natürliches Futter in weit größerem Maße in körpereigenes Fleisch umwandeln als andere Arten. Wie sie da in dem Ersatzmeer auf dem Land elegant ihre Bahnen zogen, wirkten die Fische muskulös und ausgesprochen »glücklich«. Ihr Fleisch schmeckte vorzüglich und ließ nichts zu wünschen übrig, ich kann es nur empfehlen.

Aquakulturen werden in Zukunft eine wichtige Rolle spielen – gut zu wissen, dass es schon jetzt Erzeuger gibt, die ihr Fach verstehen und hochwertigen Zuchtfisch auf den regionalen Märkten anbieten, statt ihn von weit her zu importieren.

Heilbutt mit Dicken Bohnen und Sardellenpaste

Für 4 Personen

Pflanzenöl zum Einfetten
4 Heilbuttfilets von je etwa 180 g mit Haut
20 g Butter, zerlassen
Meersalz und frisch gemahlener schwarzer Pfeffer
1 kg frische Dicke Bohnen, enthülst
6 gesalzene Sardellenfilets
1 Knoblauchzehe
3–4 EL natives Olivenöl extra
25 g Pecorino oder Parmesan, frisch gerieben
1 EL fein gehackte frische Minze
1 Spritzer Zitronensaft

BEIM FISCHHÄNDLER
Wählen Sie möglichst dicke Filets aus dem Stück gleich hinter dem Kopf des Fischs. Falls Ihr Händler nur kleinere Exemplare von vier bis fünf Kilogramm anbietet, lassen Sie sich lieber Tranchen (Steaks) daraus schneiden.

Viele schätzen den Heilbutt wegen seines saftigen, zarten Fleischs und der dicken Filets. Er hat einen delikaten Geschmack und am liebsten serviere ich ihn mit einem einfachen Salat oder schlicht mit Sauce. Eine schmackhafte Beilage sind die im Frühling und Sommer allgegenwärtigen Dicken Bohnen, verfeinert mit Knoblauch, Sardellen und Pecorino. Die Konsistenz der Sauce erinnert an ein grobes Pesto – sie ist äußerst vielseitig und passt auch gut zu Lammkeule, gegrilltem Seeteufel oder gebratenem Wolfsbarsch.

Den Ofen auf 240 °C vorheizen und ein Backblech leicht einölen.

Die Filets mit der Fleischseite nach oben auf das Blech legen und mit der zerlassenen Butter bestreichen. Mit Salz und Pfeffer würzen und 8–10 Minuten im Ofen garen.

Die Dicken Bohnen in kochendem Wasser etwa 1 Minute blanchieren, abgießen und abkühlen lassen. Sobald man sie anfassen kann, die Bohnen enthäuten: Die Haut an einer Seite mit dem Fingernagel oder einem scharfen Messer leicht einritzen und den Bohnenkern mit Daumen und Zeigefinger herausdrücken. Beiseitestellen.

Die Sardellen und den Knoblauch im Mörser zerstoßen. Die Hälfte der Bohnenkerne zugeben und alles zu einer Paste zermahlen; dabei nach und nach das Olivenöl und den Käse einarbeiten. Die restlichen Dicken Bohnen zugeben und gründlich untermengen. Die Minze und einen Spritzer Zitronensaft untermischen. Den Fisch anrichten, mit einem großzügigen Löffel der Sauce garnieren und servieren.

Heilbutt mit Sauce béarnaise

Für 4 Personen

4 Heilbuttfilets von je etwa 190 g
Meersalz
2–3 EL Pflanzenöl

Für die Sauce béarnaise
1 gehäufter EL fein gehackte Schalotten
3 EL Estragonessig
1 Schuss Weißwein
3 Eigelb
200 g Butter, zerlassen
1 Prise Cayennepfeffer
1 gehäufter EL getrockneter Estragon
1 kleine Handvoll gehackter frischer Estragon
Zitronensaft nach Geschmack

BEIM FISCHHÄNDLER
Sie können sowohl zu Heilbutt-Tranchen als auch zu Filets, vorzugsweise aus dem dickeren Kopfstück, greifen. Ich verwende für dieses Rezept Filets von einem fünf bis sieben Kilogramm schweren Heilbutt; Fische dieser Gewichtsklasse liefern die besten Portionsstücke.

Heilbutt überzeugt durch seine Konsistenz – sein Fleisch ist weich und saftig. Heutzutage steht er nicht allzu oft auf der Speisekarte und wenn, dann meist in traditionellen Fischrestaurants. Dank seiner zarten Beschaffenheit harmoniert Heilbutt sehr gut mit Buttersaucen wie Hollandaise oder Béarnaise. Ich verwende Hollandaise häufig als Grundsauce, die ich auf unterschiedliche Weise, etwa mit Sardellen, Knoblauch oder frischen Kräutern, abwandle. Der Estragon in der Sauce béarnaise ist für Plattfische wie Heilbutt und Steinbutt ebenso geschaffen wie für das gute alte Steak vom Grill.

Achten Sie darauf, dass das Öl in der Pfanne richtig heiß ist, bevor Sie den Fisch einlegen, sonst klebt er am Pfannenboden.

Den Ofen auf 240 °C vorheizen und die Heilbuttfilets salzen.

In einer ofenfesten Pfanne das Öl erhitzen. Sobald es heiß ist, die Filets einlegen und 3–4 Minuten braten, bis sie goldbraun sind. Die Filets wenden, in der Pfanne in den Ofen schieben und weitere 5–6 Minuten garen. Falls Sie keine ofenfeste Pfanne haben, den Heilbutt in eine Auflaufform umsetzen und wie beschrieben fertigstellen.

Inzwischen die Sauce béarnaise zubereiten: Die Schalotten, den Essig und den Wein in einem Topf mit schwerem Boden zum Kochen bringen und auf zwei bis drei Esslöffel Flüssigkeit einkochen lassen. Die Reduktion durch ein Sieb gießen und beiseitestellen.

In einem Topf Wasser erhitzen. Die Eigelbe in einer hitzebeständigen Glasschüssel mit einem Schuss Wasser verquirlen. Die Schüssel auf den Topf mit dem leicht siedenden Wasser setzen und die Eigelbe hellgelb und schaumig schlagen; nicht zu heiß werden lassen, sonst gerinnt das Ei. Die Schüssel vom Topf nehmen und nach und nach unter ständigem Rühren die zerlassene Butter zugießen, sodass sich eine dicke Emulsion bildet. Den Cayennepfeffer, die Reduktion sowie den getrockneten und den frischen Estragon gründlich unterrühren. Die Sauce mit Zitronensaft säuerlich abschmecken. Sie sollte die Konsistenz von dicker Sahne und einen kräftigen Estragongeschmack haben.

Die Heilbuttfilets auf Tellern anrichten und mit einigen Esslöffeln Béarnaise überziehen oder die Sauce separat dazu servieren. Ich esse dazu am liebsten frisches Lauchgemüse, Spinat oder Fenchel.

Petersfisch *Zeus faber*

Dies ist einer meiner Lieblingsfische auf unserem Markt. Häufig bringe ich ein paar davon hinüber zur Fishermen's Mission, wo sie die Damen bemehlen und in der Pfanne braten – eines der besten Frühstücke, die man sich vorstellen kann.

Der auffällige Fisch mit seiner zotteligen Rückenflosse und dem grimmigen Blick trägt den lateinischen Namen *Zeus faber*, weil er keinem Geringeren als Zeus geweiht war. Seinen christlichen Namen »Sankt Petersfisch« verdankt er dem goldumrandeten dunklen Punkt an den Flanken, angeblich die Fingerabdrücke des Apostels Petrus, der den Fisch aus dem See Genezareth gezogen und ihm zur Begleichung seiner Steuerschuld eine Goldmünze aus dem Maul gezogen haben soll. Dass noch nie ein Petersfisch im See Genezareth gesichtet wurde, ist dabei eher Nebensache!

Im Profil betrachtet erinnert der bronzefarbene, scheibenförmige Körper des Petersfischs an einen ovalen Teller. Seitlich ist er so stark abgeflacht, dass er von vorne kaum auszumachen ist, ideal, um sich unbemerkt seiner Beute zu nähern. Sein nach unten gezogenes, mit scharfen Zähnen gespicktes Maul schnellt mit erstaunlicher Geschwindigkeit vor, um wie durch ein Saugrohr kleine Fische und Tintenfische zu verschlingen. Der Petersfisch wird über 60 Zentimeter lang und etwa drei Kilogramm schwer, doch sein riesiger Kopf und die Innereien machen fast zwei Drittel seines Gewichts aus. Die grätenfreien Filets sind jedoch hoch geschätzt.

Geschmack

Petersfisch zeichnet sich durch einen sehr feinen, subtilen Geruch nach frischen Algen und gekochten Kartoffeln aus. Sein kaum kräftigerer Geschmack erinnert an die milchige Note von Omelett, die er überwiegend seiner dünnen, festen, aber gut essbaren Haut schuldet. Das Fleisch ist zugleich fest und geschmeidig mit blättrigen Segmenten von angenehm gelatinösem Biss.

Verbreitung

Der Petersfisch lebt in den gemäßigten und warmen Regionen des Ostatlantiks, von Norwegen bis nach Südafrika, sowie in Südostasien und rund um Australien. Sein amerikanisches Gegenstück kommt im Westatlantik von Nova Scotia bis nach North Carolina vor.

Ökologie

Petersfisch unterliegt keinen Fangquoten und wird nur selten gezielt befischt. Meist ist er ein willkommener, da wertvoller, Beifang im Schleppnetz; jedoch landen dort vielfach auch kleine, unreife Exemplare. Meiden Sie Petersfische unter 35 Zentimeter Körperlänge und während der Laichzeit von Mai bis August.

Was ist dein Lieblingsfisch?
»Eindeutig der Petersfisch, er ist wirklich köstlich – erstklassiger Geschmack. Wann immer ich einen fange, lege ich ihn für mich zur Seite. Ein Genuss!«
Graham Perkes, Schleppnetzfischer in dritter Generation aus Brixham

Petersfisch ist vermutlich der teuerste Fisch, der im Meer schwimmt, weil die Fleischausbeute so gering ist und er hervorragend schmeckt. Größere Fische, die man ohnehin bevorzugen sollte, lassen sich gut filetieren.

Land	Name
Deutschland	*Petersfisch, Heringskönig*
GB/USA	*John Dory, Dory*
Frankreich	*Saint-Pierre, Dorée, Poule de mer*
Italien	*Pesce San Pietro*
Spanien	*Pez de San Pedro*
Portugal	*Peixe-galo*
Griechenland	*Christópsaro*
Niederlande	*Zonnevis*
Dänemark	*Sankt Petersfisk*
Schweden	*Sankt Pers fisk*
Norwegen	*St. Petersfisk*

Ernährung & Gesundheit
Nährwert pro 100 g: etwa 89 kcal, 1,4 g Fett.

Saison & Laichzeit
Petersfisch wird ganzjährig angeboten, je nachdem, in welchem Teil der Welt man sich befindet. In der Laichzeit – in Europa etwa von Mai bis August – sollte man ihn meiden.

Anteil an verwertbarem Fleisch
1 kg Petersfisch liefert 330 g (33 %) reines Filet.

Weißfleischige Meeresfische

Petersfisch mit Sardellen-Vinaigrette und Fenchel

Für 4 Personen

150 ml Olivenöl,
  plus Öl zum Bestreichen
150 ml Weißweinessig
150 ml Weißwein
2 Lorbeerblätter
1 TL Fenchelsamen
1 TL Koriandersamen
1 unbehandelte Zitrone, in Scheiben
  geschnitten
1 kleine Zwiebel, in feine Streifen
  geschnitten
3 Knoblauchzehen, in dünne Scheiben
  geschnitten
3 Knollen Fenchel, geputzt und in
  Spalten geschnitten
700 g Petersfischfilet (etwa 180 g pro
  Person) mit Haut
Meersalz

Für die Sardellen-Vinaigrette

6 gesalzene Sardellenfilets
1 TL Dijonsenf
3 EL Weißweinessig
100 ml Olivenöl
100 ml Sahne
1 EL fein gehackte frische Petersilie
Zitronensaft nach Geschmack
Frisch gemahlener schwarzer Pfeffer

Fenchel und Sardellen sind wie geschaffen für Seafood – eine bewährte Aromenkombination, die praktisch zu jedem Fisch passt.

Am besten schmeckt der Fenchel lauwarm zu dieser cremigen Sardellen-Vinaigrette. Ich serviere ihn gern als Beilage zu Fisch, doch er schmeckt auch ausgezeichnet zu gebratener Lammkeule.

Den Ofen auf 180 °C vorheizen.

Das Olivenöl, den Essig, den Wein, die Lorbeerblätter sowie die Fenchel- und Koriandersamen in einem Schmortopf oder einer ofenfesten Form auf kleiner Stufe erhitzen. Die Zitrone, die Zwiebel, den Knoblauch und den Fenchel zugeben und zugedeckt im Ofen etwa 1 Stunde schmoren, bis der Fenchel weich ist. Das Gemüse in der Schmorflüssigkeit auf Raumtemperatur abkühlen lassen.

Den Backofengrill auf hoher Stufe vorheizen.

Für die Vinaigrette die Sardellenfilets im Mörser zerstampfen. In einer Schüssel den Senf mit dem Essig verrühren und langsam unter ständigem Rühren das Olivenöl zugießen, sodass eine Emulsion entsteht. Die zerstampften Sardellen zugeben und vorsichtig die Sahne unterrühren. Die Petersilie untermengen und die Vinaigrette mit etwas Zitronensaft und reichlich Pfeffer abschmecken.

Die Fischfilets mit etwas Olivenöl bestreichen, salzen und mit der Haut nach oben unter dem Backofengrill in 6–7 Minuten goldgelb grillen.

Auf jeden Teller etwas Gemüse geben und mit Schmorflüssigkeit beträufeln. Den Fisch daneben anrichten, mit Vinaigrette überziehen und servieren.

BEIM FISCHHÄNDLER
Bitten Sie Ihren Fischhändler, den Fisch zu filetieren und die Bauchlappen abzutrennen. Zerteilen Sie jedes Filet in drei Stücke – das Filet vom Petersfisch setzt sich aus drei gut zu erkennenden Teilstücken zusammen, die vor dem Garen häufig getrennt werden.

Petersfisch mit Knoblauch-kartoffeln und Salsa verde

Für 4 Personen

1 großer Petersfisch von etwa 1,5 kg
Meersalz und frisch gemahlener
    schwarzer Pfeffer
Olivenöl zum Einreiben und Braten
4 große Knoblauchknollen
1 kg mehligkochende Kartoffeln, geschält
200 g weiche Butter
Muskatnuss, frisch gerieben,
    nach Geschmack
1 kleine Handvoll Schnittlauchröllchen

Für die Salsa verde
1 TL Dijonsenf
100 ml Rotweinessig von guter Qualität
100 ml natives Olivenöl extra
Je 1 kleine Handvoll frische Petersilie,
    frischer Estragon, frisches Basilikum
    und frische Minze, fein gehackt
2 gesalzene Sardellenfilets, fein gehackt
1 EL Kapern, fein gehackt

BEIM FISCHHÄNDLER
Bitten Sie Ihren Fischhändler, den Kopf, die Flossen und den Schwanz des Fischs zu entfernen.

Dies ist eine wunderbare Art, einen großen Fisch im Ganzen zuzubereiten. Das Rezept gelingt auch mit Glattbutt, Steinbutt und sogar mit Rotzunge. Als Beilage käme vielleicht saisonales Gemüse wie Rosen-, Spitz- oder Grünkohl infrage, das kurz blanchiert und mit Butter und schwarzem Pfeffer abgerundet wird.

Den Ofen auf 240 °C vorheizen.

Den Petersfisch von beiden Seiten mehrmals schräg bis auf die Karkasse einschneiden, salzen und mit etwas Olivenöl einreiben.

Die Knoblauchzehen voneinander trennen, jedoch nicht schälen, in eine kleine Bratenpfanne legen und 125 Milliliter Wasser angießen. Einen guten Schuss Olivenöl zugeben und die Zehen 15–20 Minuten im Ofen garen, bis sie sich leicht aus der Schale drücken lassen.

Sobald man sie anfassen kann, die Zehen aus der Schale drücken und beiseitestellen. So vorbereiteter Knoblauch schmeckt milder als roher.

Die Kartoffeln in Salzwasser kochen, bis sie fast zerfallen. Abgießen und im Topf ausdampfen lassen. Die trockenen Kartoffeln in einem sauberen Topf grob zerstampfen; dabei nach und nach die Butter einarbeiten. Mit Salz, Pfeffer und Muskatnuss würzen. Das Püree sollte leicht stückig sein. Den Schnittlauch und den pürierten Knoblauch unterrühren.

Für die Salsa verde den Senf und den Essig in einer Schüssel vermengen, langsam das Olivenöl einrühren und mit Salz und Pfeffer würzen. Die Kräuter, die Sardellen und die Kapern untermischen; ist die Sauce zu dick, noch etwas Olivenöl unterrühren. Abschmecken.

Den Fisch in eine große ofenfeste Form legen und im vorgeheizten Ofen 25–30 Minuten braten. Kurz vor Ende der Garzeit beginnt eine milchige Flüssigkeit aus den Einschnitten auszutreten – ein Zeichen, dass der Fisch auf den Punkt gar und noch saftig ist.

Den Fisch auf eine Servierplatte heben. Die Kartoffeln unter Rühren mit einem Holzlöffel behutsam aufwärmen. Die Kartoffeln und die Salsa verde in getrennten Schüsseln anrichten und alles servieren.

Sautierter Petersfisch mit Artischocken-Estragon-Sauce

Für 4 Personen

3–4 EL Olivenöl

1 Zwiebel, fein gehackt

2 Knoblauchzehen, fein gehackt

8 junge Artischocken, geputzt, von der Spitze zur Basis in Spalten geschnitten und in Zitronenwasser mit dem Saft von ½ Zitrone gelegt

750 g Petersfischfilets mit Haut (siehe Anteil an verwertbarem Fleisch, Seite 117, also beim Preis nicht erschrecken!)

Meersalz und frisch gemahlener schwarzer Pfeffer

1 Prise getrockneter Oregano

70 ml trockener Weißwein

100 ml Crème double

1 kleine Handvoll fein gehackter frischer Estragon

Zitronensaft nach Geschmack

BEIM FISCHHÄNDLER
Bitten sie Ihren Fischhändler, die Fische zu filetieren, vom Bauchlappen zu befreien und in ihre drei natürlich gewachsenen Stücke zu zerteilen.

In der Gastronomie genießt Petersfisch ähnlich hohes Ansehen wie Steinbutt, Seezunge und Wolfsbarsch. Vermutlich ist es der teuerste Fisch, der in den Weltmeeren herumschwimmt. Die besten Filets stammen von großen Exemplaren, doch auch die Filets kleinerer Fische machen sich auf einer gemischten Fischplatte oder in einer Fischsuppe in Gesellschaft von Muscheln, Seeteufel und Knurrhahn ausgezeichnet. Petersfisch hat keine Saison, er taucht einfach auf, also sollte man spontan zugreifen, wenn sich die Gelegenheit bietet – nur während der Laichzeit von Mai bis August sollte man auf ihn verzichten.

Wegen ihrer kurzen Garzeit verwende ich am liebsten die noch zarten jungen Artischocken, doch können Sie genauso gut mit den Böden größerer Knospen Vorlieb nehmen oder zu gegrillten und in Öl eingelegten Artischocken greifen, die Feinkostgeschäfte anbieten. Denken Sie bei der Vorbereitung frischer Artischocken daran, sie bis zum Garen in Zitronenwasser zu legen, damit sie sich nicht braun färben.

In einer großen Pfanne zwei Esslöffel Olivenöl erhitzen, die Zwiebel und den Knoblauch darin behutsam farblos anschwitzen. Die abgetropften Artischocken mit einem Schuss Wasser hinzufügen und 4–5 Minuten garen, bis sie zart sind. Das Gemüse aus der Pfanne heben und beiseitestellen.

In derselben Pfanne ein bis zwei weitere Esslöffel Olivenöl erhitzen. Die Petersfischfilets mit etwas Salz und Pfeffer würzen und in dem heißen Öl von jeder Seite in 3–4 Minuten goldgelb braten.

Das gegarte Gemüse zugeben und mit dem Oregano bestreuen. Den Wein zugießen und bei starker Hitze mindestens um die Hälfte einkochen lassen. Die Crème double und den Estragon hinzufügen und die Sauce mit Salz, Pfeffer und etwas Zitronensaft abschmecken. Sie sollte relativ dick sein.

Petersfisch und Artischocken sind ein perfektes Duo, darum serviere ich dieses Gericht am liebsten schlicht und schnörkellos, wie es ist. Je nach Saison gebe ich eventuell auf halber Strecke noch einige frische Erbsen oder Dicke Bohnen hinzu.

Rotzunge *Microstomus kitt*

Die Rotzunge ist nicht etwa mit der Seezunge verwandt, wie man denken könnte, sondern gehört wie der Heilbutt (siehe Seite 110) zur Familie der Schollen (*Pleuronectidae*).

Die Rotzunge hat einen ovalen Körper von unterschiedlicher Färbung, die je nach Umgebung von Rot- bis Graubraun mit gelblich orangefarbener Marmorierung reicht – die perfekte Tarnung, um mit ihrem bevorzugt kieseligen Untergrund zu verschmelzen. Sie hat eine glatte Augenseite mit gerader Seitenlinie, die über der Brustflosse einen kleinen Bogen beschreibt; die Blindseite ist weiß. Wie die meisten Schollen trägt die Rotzunge ihre vorstehenden Augen auf der rechten Körperseite. Ihrem winzigen Mund in dem kleinen Kopf verdankt sie ihren lateinischen Namen *Microstomus* »kleiner Mund«, mit dem sie bei Nacht nach Krebsen, Würmern und Seepocken schnappt.

Die Rotzunge wird bis zu 70 Zentimeter lang, durchschnittliche Größen messen 20–30 Zentimeter, und bis zu 17 Jahre alt. Die Männchen sind nach drei bis vier, die Weibchen nach vier bis sechs Jahren geschlechtsreif. Die Laichzeit dauert, je nach Verbreitungsgebiet, von April bis September.

Geschmack
Obwohl weniger kräftig im Geschmack als Seezunge, zeichnet sich Rotzunge durch ein ausgeprägtes Aroma von Weich- und Krustentieren aus – vor allem Jakobsmuscheln und Garnelen –, verbunden mit einer unterschwelligen Note von Haferflocken und mildem Sherry. Das Fleisch ist nicht übermäßig saftig und recht fest, nimmt im Mund aber eine zartschmelzende Beschaffenheit an. Leicht bemehlt, in Butter gebraten und mit etwas Zitronensaft und Petersilie serviert, ist Rotzunge ein ebenso einfaches wie schmackhaftes Essen.

Verbreitung
Rotzunge kommt in den küstennahen Gewässern des gesamten Nordostatlantiks von Norwegen bis zum Golf von Biskaya vor. Im Nordosten ist sie auch im Weißmeer zu finden, im Nordwesten rund um die Färöer, Rockall und südlich von Island. Auch in der Ostsee taucht sie auf.

Ökologie
Meiden Sie die unreifen Fische von weniger als 25 Zentimeter Länge. Die Befischung der Rotzunge ist weitgehend ungeregelt, lediglich für die Bestände vor Norwegen und in der Nordsee gelten Fangquoten. In Cornwall gilt eine Mindestfanggröße von 25 Zentimeter, bei der die Fortpflanzung erfolgt ist.

Land	Name
Deutschland	*Rotzunge, Limande*
GB/USA	*Lemon sole, English sole*
Frankreich	*Limande sole*
Italien	*Sogliola limanda*
Spanien	*Mendo limón*
Portugal	*Solha-limão*
Niederlande	*Tongschar*
Dänemark	*Rødtunge*
Schweden	*Bergtung, Bergskädda*
Norwegen	*Lomre, Bergflyndre*

Ernährung & Gesundheit
Nährwert pro 100 g: etwa 83 kcal, 1,5 g Fett.

Saison & Laichzeit
Meiden Sie Rotzunge in der Laichzeit von April bis September und kurz danach, wenn der ausgezehrte Fisch von eher mäßiger Qualität ist. Am besten schmeckt er im Herbst und Winter.

Anteil an verwertbarem Fleisch
1 kg Rotzunge liefert 550 g (55 %) reines Filet.

Überbackene Rotzungen mit Zucchinigemüse

Für 4 Personen

Pflanzenöl zum Einfetten

4 Rotzungen von je 450 g

Meersalz und frisch gemahlener schwarzer Pfeffer

150 g Butter

5–6 junge Zucchini, in dünne runde Scheiben geschnitten

1 getrocknete Bird's-Eye-Chilischote (nach Belieben)

Fein abgeriebene Schale und Saft von 1 unbehandelten Zitrone

1 Handvoll fein gehackte frische Petersilie

75 g frische Weißbrotbrösel

Zum Servieren
Zitronenspalten

BEIM FISCHHÄNDLER
Bitten Sie Ihren Fischhändler, den Kopf und die Haut der Rotzungen zu entfernen und die Flossen dicht am Fleisch abzuschneiden. Falls es ihm Schwierigkeiten bereitet, die Fische zu häuten, soll er die Haut einfach dranlassen – sie ist absolut genießbar –, aber bitten Sie ihn, die Fische mit einem Fischschupper abzuschaben.

Jedes Jahr freue ich mich auf die ersten Zucchini in meinem Garten. Ich schneide sie einfach in dünne Scheiben, brate sie in Butter und würze sie kräftig mit schwarzem Pfeffer und Zitronensaft. Ich liebe das zarte Fruchtfleisch und seinen delikaten Geschmack. Das Gleiche kann ich für Rotzunge behaupten, also habe ich beides kombiniert, mit Semmelbröseln knusprig überbacken und mit Zitronenspalten serviert. Das Ergebnis hat mich überzeugt und hier ist das Rezept.

Das Gericht lässt sich problemlos für vier bis sechs Personen zubereiten, da es im Ofen gegart und direkt daraus serviert wird. Dazu stelle ich einfach eine große Schüssel Salat auf den Tisch.

Den Ofen auf 240 °C vorheizen und ein großes Blech leicht einölen.

Die Rotzungen auf das Blech legen, mit Salz und Pfeffer würzen und mit 25 Gramm zerlassener Butter einpinseln.

50 Gramm Butter in einer Pfanne aufschäumen und die Zucchinischeiben darin behutsam braten, bis sie weich sind. Mit dem zerkrümelten Chili, falls verwendet, sowie reichlich Pfeffer und Salz nach Geschmack würzen und vom Herd nehmen. Die Schale und den Saft der Zitrone sowie die gehackte Petersilie untermischen. Die Fische gleichmäßig mit dem Gemüse bedecken und mit den Weißbrotbröseln bestreuen. Die restliche Butter würfeln und darüber verteilen.

Die Rotzungen im Ofen 10 Minuten backen, bis sich eine knusprige Kruste gebildet hat und der Fisch auf den Punkt gar, aber noch saftig ist. Sobald eine milchige Flüssigkeit aus dem Fleisch austritt, ist der Gargrad erreicht.

Die Rotzungen auf Tellern anrichten und mit den Zitronenspalten servieren.

Rotzungen-Goujons mit Fenchel-Krautsalat

Für 2 Personen

2 Rotzungen von je 450 g, filetiert
75 g Mehl
3 Eier, verquirlt
75 g feine Semmelbrösel
Pflanzenöl zum Frittieren
Feines Salz

Für den Fenchel-Krautsalat

1 EL Weißweinessig
½ TL Dijonsenf
1 TL feinster Zucker
1 Eigelb
100 ml Pflanzenöl
Meersalz und frisch gemahlener schwarzer Pfeffer
¼ Weißkohl, in feine Streifen geschnitten
1 EL Salz
1 Knolle Fenchel, geputzt, von den äußeren Blättern befreit und in feine Streifen geschnitten
1 kleine Orange, sauber geschält und filetiert
1 rote Zwiebel, in feine Streifen geschnitten

BEIM FISCHHÄNDLER
Bitten Sie Ihren Fischhändler, die Fische zu filetieren und zu häuten. Die Filets von der dunklen Augenseite sind am dicksten und besten.

Sowohl Seezunge als auch Rotzunge eignen sich hervorragend für Goujons – schmale Streifen Fisch, die mit Semmelbröseln paniert und frittiert werden – und dass, obwohl beide Fische recht verschieden sind. Seezunge ist festfleischig, während Rotzunge von eher cremig-zarter Konsistenz ist. Der Fenchel-Krautsalat setzt einen knackig-frischen Akzent.

Zuerst die Salatsauce zubereiten: Den Essig, den Senf und den Zucker verrühren. Das Eigelb mit dem Schneebesen gründlich unterschlagen. Langsam in einem dünnen Strahl das Öl zugießen und beständig weiterschlagen, bis die Sauce die Konsistenz von dicker Sahne hat. Die Sauce abschmecken; sie sollte leicht süßlich sein.

Den Weißkohl in einem Durchschlag mit dem Esslöffel Salz bestreuen und 20 Minuten ziehen lassen. Abspülen und abtrocknen.

Den Fenchel, den Kohl, die Orangenfilets und die Zwiebel in einer Schüssel vermengen. Die Sauce sorgfältig unterheben und den Salat 20–30 Minuten im Kühlschrank ziehen lassen.

Die Fischfilets der Länge nach in fingerdicke Streifen schneiden. Das Mehl, die verquirlten Eier und die Semmelbrösel auf drei separate Schalen verteilen. Den Fisch erst in dem Mehl wenden, dann durch das Ei ziehen und rundherum mit den Semmelbröseln panieren.

In eine Fritteuse oder einen großen Topf mit schwerem Boden 5–7,5 Zentimeter hoch Pflanzenöl füllen und auf etwa 190 °C erhitzen. Die Goujons einzeln in das heiße Fett gleiten lassen und darauf achten, dass sie nicht aneinander oder am Frittierkorb haften bleiben. Das lässt sich vermeiden, indem man den Korb bei der Hineingabe kurz rüttelt. Die Goujons in 3–4 Minuten goldbraun und knusprig frittieren, auf Küchenpapier abtropfen lassen und mit etwas feinem Salz bestreuen.

Die Goujons auf Tellern anrichten und mit dem noch einmal sorgfältig abgeschmeckten Fenchel-Krautsalat garnieren. Je nach Lust und Laune gebe ich gern noch ein wenig frisch gehackten Estragon, etwas Zitronen- oder Limettensaft und einige schwarze Oliven hinzu.

In Butter gebratene Rotzunge mit Nordseekrabben

Für 2 Personen

2 EL Olivenöl
20 g Mehl
2 Rotzungen von je 450 g
125 g Butter, in kleine Würfel geschnitten
1 Prise gemahlene Muskatblüte
1 Prise frisch gemahlener weißer Pfeffer
75 g geschälte Nordseekrabben
1 kleine Handvoll fein gehackte frische Petersilie
1 Spritzer Zitronensaft
Meersalz und frisch gemahlener schwarzer Pfeffer

BEIM FISCHHÄNDLER
Bitten Sie den Fischhändler, den Kopf zu entfernen, den Flossensaum inklusive Schwanz rundherum abzuschneiden und die Fische eventuell zu häuten oder – falls Sie die Fische mit Haut zubereiten – von der dunklen Seite zu schuppen.

Rotzunge hat eine angenehm zarte Konsistenz. Ist sie auf Müllerinart in Mehl gewendet und in schäumender Butter gebraten bereits ein Genuss, so wird mit »Nordseekrabben« (so heißen die kleinen Sandgarnelen in Deutschland) und etwas Muskatblüte aus diesem wunderbaren Fisch ein außergewöhnlicher und, wie ich finde, sehr britischer Gaumenschmaus. Dieses Gericht steht regelmäßig in unserem Restaurant auf der Karte und jedes Mal ist es restlos ausverkauft.

In einer großen Pfanne, in der beide Fische Platz haben, das Olivenöl erhitzen (gegebenenfalls mit zwei Pfannen arbeiten). Das Mehl auf einen großen Teller geben und die Rotzungen darin wenden. Die Fische zwischen zwei Fingern halten und das überschüssige Mehl behutsam abklopfen – sie sollen nur mit einer ganz dünnen Mehlschicht überzogen sein.

Falls die Haut noch dran ist, die Rotzungen mit der dunklen Seite nach unten in die Pfanne legen und 1–2 Minuten braten. Zwei Butterwürfel zugeben und die Fische einige weitere Minuten braten; dann die restliche Butter hinzufügen und die Rotzungen wenden. Sobald die Butter aufschäumt, die Muskatblüte und den weißen Pfeffer zugeben. Die Rotzungen weitere 6–7 Minuten braten und dabei mit einem großen Löffel beständig mit der schäumenden Butter übergießen. Ohne Haut ist die Garzeit eventuell etwas kürzer.

Die Nordseekrabben zugeben und den Fisch noch 1 weitere Minute mit dem Bratfett überziehen. Die Petersilie einstreuen und alles mit Zitronensaft, Pfeffer und etwas Salz würzen. Die Rotzungen anrichten und mit den Krabben garnieren. Mit etwas Butter beträufeln und servieren.

Leng *Molva molva*

In Geschmack und Fleischstruktur ist der Leng dem Kabeljau sehr ähnlich, und da die Kabeljaubestände stark zurückgegangen sind, muss er immer häufiger einspringen.

An der Küste von Yorkshire nennt man den kleinen Leng *drizzle* – »Nieselregen« – ein treffender Name für diesen griesgrämig dreinblickenden Fisch. Der Leng ist ein Einzelgänger, der in dunklen Winkeln von Wracks und in Felsspalten auf Beute lauert. Jeder Fisch oder Krebs, der sich leichtfertig in seine Nähe wagt, endet in seinem geräumigen, dicht bezahnten Maul. Selbst sein Äußeres wirkt düster: langer, aalförmiger Körper mit grünlich-braun marmoriertem Rücken und silbrig-cremefarbenem Bauch. An seinem Kinn trägt er einen feinen Bartfaden, mit dem er im Meeresboden verborgene Fische aufspürt. Mit bis zu zwei Meter Länge ist der Leng der größte Vertreter aus der Familie der Dorsche. Er wird bis zu 25 Jahre alt.

Doch mit dem Wachstum lässt sich der Leng Zeit. Die Männchen sind nach fünf bis acht Jahren mit rund 80 Zentimeter Länge geschlechtsreif, die Weibchen erst bei 90–100 Zentimeter. Zwischen März und August versammeln sich die Fische zum Laichen, wobei die Weibchen bis zu 60 Millionen Eier ablegen.

Geschmack
Leng hat schneeweißes Fleisch von fester und zugleich elastischer Beschaffenheit, eine Folge der unregelmäßigen Struktur der Muskelfasern. Eine scharfe Malzessignote mit einem leichten Anflug von Vanille kennzeichnet den Geruch. Der Geschmack verrät eine milde Honignote, die an Butterkeks erinnert und im Nachgeschmack einen sauberen, runden Eindruck hinterlässt. Die dicke Haut hängt fest am Fleisch, ist aber gut essbar. Da das Fleisch relativ unempfindlich ist und beim Garen nicht so leicht zerfällt, ist Leng optimal für Suppen und Eintöpfe geeignet.

Verbreitung
Er bevorzugt die kühleren Breiten des Nordostatlantiks. Man findet ihn rund um Island, entlang der Küste Nordskandinaviens und gelegentlich um Neufundland. Auch rund um die Britischen Inseln, besonders im Südwesten und an der Westküste Irlands und Schottlands, ist der Leng anzutreffen.

Ökologie
Der Leng bewohnt häufig Gebiete, die stark von der Schleppnetzfischerei in Mitleidenschaft gezogen sind. Die Tiefseebestände gelten als überfischt und die Maßnahmen werden als nicht ausreichend erachtet. Meiden Sie Fische aus Tiefseeregionen.

Land	Name
GB	*Ling*
Frankreich	*Grand lingue, Julienne*
Italien	*Molva*
Spanien	*Maruca*
Portugal	*Donzela, Maruca*
Griechenland	*Pontikópsaro*
Niederlande	*Leng*
Dänemark	*Lange*
Schweden	*Långa*
Norwegen	*Lange*

Ernährung & Gesundheit
Nährwert pro 100 g: etwa 82 kcal, 0,7 g Fett.

Saison & Laichzeit
Meiden Sie Leng während der Laichzeit von März bis August und kurz danach, damit er genügend Zeit hat, sich zu regenerieren. Am besten schmeckt er in den Wintermonaten.

Anteil an verwertbarem Fleisch
1 kg Leng liefert 750 g (75 %) Steaks und 500 g (50 %) reines Filet.

Leng schmeckt sowohl in Steak- als auch in Filetform, die besten Steaks stammen aus diesem Stück.

Fischfrikadellen mit Petersilie

Für 4 Personen

300 ml Milch
1 Lorbeerblatt
½ Zwiebel
Einige Petersilienstängel
300 g Lengfilet
300 g gekochte Kartoffeln, zerstampft
20 g Butter
50 g Mehl, plus 2 EL extra
1 kleine Handvoll gehackte frische Petersilie
2 Eier
80 g Semmelbrösel
Meersalz und frisch gemahlener schwarzer Pfeffer
Pflanzenöl zum Braten

BEIM FISCHHÄNDLER
Fragen Sie nach Lengfilet ohne Haut und Stehgräten.

Leng ist hervorragend für Fischfrikadellen geeignet, die ich am liebsten ganz schlicht zubereite – nur Fisch und Kartoffeln, vermischt mit etwas Béchamelsauce und ein paar frischen Kräutern. Durch die Béchamel werden sie zart und locker – wann immer es bei uns Fisch mit Petersiliensauce gibt, behalte ich ein bisschen Béchamel für die Frikadellen zurück. Dazu serviere ich einen Salat der Saison mit Sardellen-Vinaigrette (siehe Seite 119) und Mayonnaise (siehe Seite 286).

In einem kleinen Topf mit schwerem Boden die Milch mit dem Lorbeerblatt, der Zwiebel und den Petersilienstängeln langsam nur eben zum Kochen bringen. Die Lengfilets in 2,5 Zentimeter große Stücke schneiden und 2–3 Minuten in der siedenden Milch garen. Den Topf vom Herd nehmen und den Fisch in der Milch 30 Minuten ziehen lassen. Herausnehmen, zerpflücken und unter das Kartoffelpüree mengen. Die Milch aufbewahren.

In einem weiteren Topf die Butter zerlassen, zwei Esslöffel Mehl einstreuen und unter Rühren kurz anschwitzen. Nach und nach unter Rühren so viel von der aufbewahrten Milch zugießen, bis die köchelnde Sauce dick und cremig ist. Einige Löffel der Sauce unter die Fischmasse ziehen und die Petersilie zugeben. Alles mit Salz und Pfeffer würzen und gut vermengen; die Masse sollte geschmeidig, jedoch nicht zu feucht sein und sich gut formen lassen. Die restliche Sauce können Sie, mit einem Spritzer Zitronensaft abgerundet, separat zu den Frikadellen reichen.

Die Masse zu vier gleich großen, flachen Frikadellen formen. Praktisch für diesen Zweck ist ein Teigausstechring; er lässt sich leicht füllen und die Frikadellen erhalten eine gleichmäßige Form. Die Frikadellen für 30 Minuten in den Kühlschrank stellen.

Die Eier in einer Schale verquirlen, das Mehl und die Semmelbrösel auf zwei weitere Teller geben. Die Frikadellen zunächst in dem Mehl wenden, dann durch das Ei ziehen und rundherum mit den Semmelbröseln panieren.

Sie können die Frikadellen in der Pfanne von jeder Seite goldbraun anbraten und dann im vorgeheizten Ofen fertigstellen oder, wie ich es gerne mache, schwimmend im 190 °C heißen Fett 4–5 Minuten frittieren.

Lengsteaks mit Speck in Knoblauch-Sahnesauce

Für 4 Personen

2 ganze Knoblauchknollen, in Zehen zerteilt und geschält
3–4 EL Olivenöl
Mehl zum Bestauben
800 g Lengsteaks (Tranchen)
1 kleine Zwiebel, fein gehackt
1 Stange Sellerie, fein gehackt
1 Stange Lauch, in feine Streifen geschnitten
4 dicke Scheiben durchwachsener geräucherter Speck, halbiert
1 Schuss Weißweinessig
1 Schuss Wermut
50 ml Weißwein
50 ml Sahne
1 Zweig frischer Thymian
2 frische Lorbeerblätter
1 kleine Handvoll gehackte frische Petersilie
Meersalz und frisch gemahlener schwarzer Pfeffer

BEIM FISCHHÄNDLER
Fragen Sie nach Steaks ohne Bauchlappen aus dem Mittelstück des Fischs.

Leng ist gut zum Schmoren geeignet und dieses Gericht ist im Winter ein richtiger Seelentröster – vor allem, wenn es mit einem cremigen Kartoffelpüree oder mit Grünkohl serviert wird.

Die Knoblauchzehen in einem Topf nur eben mit Wasser bedecken, zum Kochen bringen und bei reduzierter Hitze 5 Minuten leise köcheln lassen. Das Wasser wechseln und die Zehen ein weiteres Mal garen, bis sie weich sind, jedoch noch nicht zerfallen.

Das Öl in einer feuerfesten Form oder einer großen Pfanne erhitzen. Das Mehl auf einen großen Teller geben, die Lengsteaks darin wenden und überschüssiges Mehl abschütteln. Den Fisch in dem heißen Öl von beiden Seiten goldgelb anbraten, herausheben und beiseitestellen.

Die Zwiebel, den Sellerie, den Lauch, den Speck und den vorgegarten Knoblauch in demselben Öl glasig schwitzen. Den Essig zugießen und 1 Minute aufkochen, dann den Wermut zugeben und 1 Minuten garen, zuletzt den Wein angießen und alles 1 weitere Minute kochen.

Die Hitze herunterstellen. Die Sahne, den Thymian und die Lorbeerblätter hinzufügen, den Fisch wieder einlegen und zugedeckt 8–10 Minuten garen. Die Petersilie untermengen und alles mit Salz und Pfeffer würzen. Der Knoblauch dürfte jetzt völlig zerfallen sein, falls nicht, die Zehen mit einer Gabel zerdrücken. Den Lorbeer und Thymian aus der Sauce entfernen und den Fisch in der Form servieren.

Flügelbutt lässt sich wie jeder andere Plattfisch zubereiten.

Flügelbutt *Lepidorhombus whiffiagonis*

In England wird dieser linksäugige Plattfisch immer häufiger als *Cornish sole* angeboten, um sein Image etwas aufzupolieren. Denn sein Name *megrim*, ein anderes Wort für *migraine* – »Migräne« – ist nicht gerade eine Zier. Auch in anderen Sprachen schmeichelt man ihm nicht. So nennen die Fischer in Boulogne den Flügelbutt *salope* – »Miststück«. Dennoch ist er in Frankreich und Spanien sehr beliebt.

Der Flügelbutt ist ein erstklassiger Plattfisch, der leider immer noch im Schatten seiner hochkarätigen Verwandtschaft wie Steinbutt und Glattbutt steht. Er wird 35–45 Zentimeter lang und bis zu einem Kilogramm schwer. Seine sandfarbene, leicht transparente Erscheinung verschwindet nahezu in dem sandigen oder schlammigen Meeresgrund, in den er sich eingräbt. Nur seine Augen lugen heraus und lauern auf einen schmackhaften Imbiss – kleine Tintenfische, Fische oder Krebse.

Zum Laichen zwischen Januar und April zieht der Flügelbutt entlang dem Festlandsockel südwestlich und westlich der Britischen Inseln. Im Frühling laicht er auch in der Tiefsee des Islandbeckens.

Geschmack
Flügelbutt hat weißes Fleisch von delikatem, leicht pflanzlichem Geschmack, der wie bei vielen Plattfischen auf der dünneren Blindseite besonders ausgeprägt ist und von einer erdigen Note begleitet wird. Dieses Aromaprofil klingt auch im Geruch an, der an gegarten Lauch oder Kohl erinnert. Das auf den ersten Eindruck sehr saftige Fleisch erzeugt ein relativ trockenes Mundgefühl von eher flockigem Charakter, ein Kontrast zur dünnen Haut, die gegart den knusprigen Biss von gebratenem Speck und ein Karamellaroma entwickelt.

Verbreitung
Der Flügelbutt lebt im Nordostatlantik von Islands Südspitze bis ins westliche Mittelmeer in Tiefen von 100–700 Meter. Besonders häufig findet man ihn südwestlich von Cornwall und in der Irischen See.

Ökologie
Im Allgemeinen sind die Bestände in gutem Zustand, insbesondere die westlich von Irland und im westlichen Ärmelkanal gelegenen Gründe. Obwohl mit dem Grundschleppnetz gefangen, gilt der Flügelbutt als verträglich bewirtschaftet. Meiden Sie ihn während der Laichzeit von Januar bis April und die noch nicht geschlechtsreifen Fische unter 25 Zentimeter Länge.

Land	Name
Deutschland	*Flügelbutt, Schefsnut*
GB	*Megrim, Cornish sole*
Frankreich	*Cardine franche*
Italien	*Rombo, Limanda salope*
Spanien	*Líseria, Gallo del nort*
Portugal	*Aeeiro*
Griechenland	*Kitrinozagéta*
Niederlande	*Scharretong*
Dänemark	*Glashvarre*
Schweden	*Glasvar*
Norwegen	*Glasvar*

Ernährung & Gesundheit
Nährwert pro 100 g: etwa 79 kcal, 1,4 g Fett.

Saison & Laichzeit
Flügelbutt ist am fleischigsten und besten vom Herbst bis in den Winter, nachdem er einen ganzen Sommer lang gefressen hat. Während der Laichzeit von Januar bis April sollte man auf ihn ebenso verzichten wie kurz nach dem Ablaichen, wenn die Fische ausgezehrt sind.

Anteil an verwertbarem Fleisch
1 kg Flügelbutt liefert 500 g (50 %) reines Filet.

Gegrillter Flügelbutt mit Kräuter-Knoblauchbutter

Für 2 Personen

50 g Butter
2 Flügelbutte von je etwa 500 g
Meersalz und frisch gemahlener schwarzer Pfeffer
2 Knoblauchzehen, fein gehackt
1 kleine Handvoll gehackte frische Petersilie
1 kleine Handvoll gehackte frische Minze
1 Spritzer Zitronensaft

BEIM FISCHHÄNDLER
Bitten Sie Ihren Händler, die Fische von Köpfen und Flossen zu befreien und zu schuppen.

Als ich 1996 in das Fischgeschäft einstieg, hatte ich das Glück, einen Mann wie Robert Wing zu treffen, vermutlich Cornwalls führender Fischhändler und mittlerweile ein enger Freund. Er führte mich damals auf den Markt in Newlyn ein und machte mich mit vielen Fischern und Einkäufern bekannt. Ich bat ihn immer, die Kiste mit dem übrig gebliebenen Flügelbutt zu kaufen, den wir dann im Restaurant als »Scilly Isle soles« anboten, weil das Fanggebiet rund um die Scilly-Inseln im Westen von Cornwall liegt. Meine Gäste liebten den Fisch.

Flügelbutt hat zartes, ungemein wohlschmeckendes Fleisch und wenngleich es nicht annähernd so fest ist wie Seezunge, bietet es doch eine durchaus gute Alternative. Dieser wunderbare Fisch verdient es, häufiger gegessen zu werden.

Den Backofengrill auf hoher Stufe vorheizen.

In einer ofenfesten Pfanne, in der beide Fische Platz haben, die Hälfte der Butter erhitzen. Die Flügelbutte mit der hellen Seite nach unten einlegen und 4–5 Minuten behutsam braten. Die Fische mit der heißen Butter überziehen und für 5–6 Minuten unter den vorgeheizten Grill schieben, bis die Oberseite knusprig zu werden beginnt und brutzelt. Falls Sie keine geeignete Pfanne haben, die Fische vorsichtig in einen Bräter oder auf ein Blech umsetzen und wie beschrieben grillen. Die Flügelbutte mit Salz und Pfeffer würzen und auf einer Platte oder auf Einzeltellern anrichten.

Die restliche Butter in der Pfanne auf dem Herd aufschäumen, den Knoblauch hineingeben und in 1 Minute goldgelb braten. Die Petersilie, die Minze und etwas Zitronensaft hinzufügen und kurz umrühren. Die Fische mit der Kräuter-Knoblauchbutter überziehen und servieren.

Petersilienkartoffeln sind die perfekte Beilage zu diesem Gericht, ideal zum Aufnehmen der leckeren Knoblauchbutter. Außerdem finde ich, dass sich Salzkartoffeln und der zarte Fisch optimal ergänzen.

Flügelbutt mit Miesmuscheln in Knoblauchsahne

Für 4 Personen

20 g Butter, plus Butter zum Einfetten
4 Flügelbutte von je etwa 500 g
  (Gewicht vor dem Säubern)
16–20 Miesmuscheln, gesäubert und
  entbartet
1 Spritzer Zitronensaft
1 großzügige Handvoll grob gehackte
  frische Petersilie
Frisch gemahlener schwarzer Pfeffer

Für die Knoblauchsahne

8 Knoblauchzehen, ungeschält
400 ml Sahne
1 großzügige Prise Cayennepfeffer
1 großzügige Prise geriebene Muskatnuss
  oder Muskatblüte
1 Prise weißer Pfeffer

BEIM FISCHHÄNDLER
Bitten Sie Ihren Händler, die Flossen, den Kopf und den Schwanz abzuschneiden und die Fische zu schuppen.

Sahne, Miesmuscheln und Knoblauch sind unbestreitbar eine großartige Kombination – die Idee, Fisch in Sahne zu garen, hatte schon die legendäre Köchin und Autorin Eliza Acton im 19. Jahrhundert, der ich die Inspiration zu diesem Rezept verdanke. Neben dem geradlinigen Geschmack ist sein großer Vorteil, dass es sich einfach zubereiten lässt. Das Gericht gelingt übrigens auch mit anderen Plattfischen wie Rotzunge, Scholle oder Seezunge.

Den Ofen auf 200 °C vorheizen und eine große Bratenpfanne buttern.

Zuerst die Knoblauchsahne zubereiten: Die Knoblauchzehen in einem Topf mit Wasser bedecken, zum Kochen bringen und 10 Minuten garen. Das Wasser weggießen, den Knoblauch mit frischem Wasser bedecken und weitere 5–6 Minuten garen, bis er weich ist. Die Zehen abtropfen lassen, schälen und mit der Sahne, dem Cayennepfeffer, der Muskatnuss oder -blüte und dem weißen Pfeffer im Mixer pürieren.

Die Fische nebeneinander in die gefettete Pfanne legen, mit der Knoblauchsahne übergießen und 8–10 Minuten im Ofen backen. Die Miesmuscheln zugeben und weitere 3–4 Minuten garen oder bis sie sich geöffnet haben. Muscheln, die sich nicht öffnen, wegwerfen.

Die Flügelbutte auf Tellern anrichten und die leeren Deckelschalen der Muscheln entfernen. Den Muschelsud unter die Sauce rühren, einen Spritzer Zitronensaft und die Petersilie zugeben und mit Salz und schwarzem Pfeffer abschmecken. Jeden Fisch mit Sauce und Muscheln überziehen und servieren.

Frittierte Flügelbuttfilets mit Romesco-Sauce

Für 4 Personen

200 g Mehl

Meersalz und frisch gemahlener schwarzer Pfeffer

4 Eier, verquirlt

200 g frische Weißbrotbrösel

4 Flügelbutte von je etwa 450 g (Gewicht vor dem Säubern)

Pflanzenöl zum Frittieren

Für die Sauce

2 rote Paprikaschoten

1 oder 2 milde frische rote Chilischoten

150 ml Olivenöl von guter Qualität, plus Öl zum Beträufeln

1 Knoblauchzehe

75 g enthäutete Mandeln

75 g Walnusskerne

3 Tomaten, enthäutet und von den Samen befreit

4–5 EL Rotweinessig von guter Qualität

1 Prise geräuchertes Paprikapulver

40 g frische Weißbrotbrösel oder 1 Scheibe altbackenes Weißbrot, entrindet und fein zerpflückt

1 kleine Handvoll gehackte frische Petersilie

Zum Servieren

1 kleine Handvoll fein gehackte frische Petersilie

4 Zitronenspalten

BEIM FISCHHÄNDLER
Bitten Sie Ihren Händler, die Fische zu schuppen und zu filetieren.

Flügelbuttfilets sind vergleichsweise dünn und darum ideal zum Frittieren geeignet. Da die Spanier den Fisch lieben, habe ich ihm hier eine Romesco-Sauce verordnet, die in Spanien von mild und cremig bis feurig-scharf in unzähligen Varianten und zu den verschiedensten Gerichten serviert wird. Die Standardversion wird aus Mandeln, Paprika, Knoblauch, Brot, Essig und Olivenöl zubereitet. Probieren Sie die Sauce auch zu gegrilltem Seeteufel, gebratenem Knurrhahn oder Meerbarbe.

Den Ofen auf 240 °C vorheizen.

Für die Sauce die Paprika- und Chilischoten in einer Bratenpfanne mit etwas Olivenöl beträufeln und 25–30 Minuten im Ofen rösten, bis sie weich und geschwärzt sind. Die Schoten in einen Gefrierbeutel stecken, diesen fest verschließen und die Schoten etwa 1 Stunde abkühlen lassen. Dabei garen die Schoten ein wenig nach und der Beutel bläht sich auf. Die Schoten enthäuten und von den Samen befreien. Austretenden Saft auffangen.

Das Fruchtfleisch der Paprika- und Chilischoten samt ihrem Saft sowie den Knoblauch, die Mandeln, die Walnüsse, die Tomaten, den Essig, das Paprikapulver, die Weißbrotbrösel und die Petersilie im Mixer pürieren. Bei laufendem Gerät langsam das Olivenöl zugießen, bis die Sauce eindickt; abschmecken und beiseitestellen.

Das Mehl auf einem Teller verteilen und mit Salz und Pfeffer würzen. Die verquirlten Eier und die Semmelbrösel auf zwei weitere Teller geben. Die Filets in dem Mehl wenden – sie sollten rundherum gut bedeckt sein –, durch das Ei ziehen und sorgfältig panieren; dann nebeneinander auf Pergamentpapier oder Frischhaltefolie legen.

In einer Fritteuse oder einem geeigneten Topf ausreichend Pflanzenöl auf 190 °C erhitzen. Jeweils zwei Filets in das heiße Öl gleiten lassen und knusprig ausbacken. Auf Küchenpapier abtropfen lassen und auf Tellern anrichten. Mit der Sauce überziehen, mit der Petersilie bestreuen und mit Zitronenspalten servieren.

Die Haut und die dünne Membran müssen vor dem Garen entfernt werden.

In der Regel wird Seeteufel in Filetform angeboten, größere Fische lassen sich auch in Steaks schneiden. Ich brate gern das komplette Schwanzstück an der Gräte.

Seeteufel *Lophius piscatorius*

Das feste, milde Fleisch des Seeteufels ist wie geschaffen für kräftige Aromen. Es ist weit weniger empfindlich und blättrig als das anderer weißfleischiger Fische, perfekt zum Grillen, zum Beispiel mit Zitrone auf Rosmarinzweige gespießt.

Das fleischige, spindelförmige Schwanzstück ist alles, was vom Seeteufel auf dem Brett des Fischhändlers landet. Sein riesiger Kopf mit dem breiten Maul wird gewöhnlich bereits auf See entsorgt. Der Seeteufel ist ein Meister der Tarnung; seine schuppenlose, bräunlich gefleckte Haut verschmilzt nahezu mit dem sandigen Meeresgrund und sein Körper und Maul sind rundherum mit Hautanhängseln gesäumt, die an Algen erinnern. Er liegt ständig auf der Lauer, um sich sprichwörtlich die nächste Mahlzeit zu »angeln«, daher sein Beiname »Anglerfisch«. Als Köder dient ihm der verlängerte erste Strahl der Rückenflosse, der vor seinem Maul verlockend hin und her zittert und manchmal chemische Lockstoffe absondert oder leuchtet.

Seeteufel können bis zu 24 Jahre alt werden. Allerdings erreichen sie erst spät die Geschlechtsreife – die Weibchen nach neun bis elf Jahren bei 70–90 Zentimeter Länge, die Männchen nach sechs Jahren mit rund 50 Zentimeter Länge. Weibchen werden bis zu zwei Meter lang, die Männchen selten größer als ein Meter. Die Mutterfische laichen vom Frühling bis in den Frühsommer in der Tiefsee am Rande des Festlandsockels ihre Eier ab, die wie Schleier in gelatinösen Bändern im Wasser treiben.

Geschmack
Muskat, Zimt und Demerara-Zucker – der Geruch des Seeteufels wird von süßlich-würzigen Aromen bestimmt, die ein wenig an Glühwein erinnern. Der Geschmack fällt deutlich zurückhaltender aus, ist von mildem, leicht süßlichem Charakter und wenig anhaltend. Doch ebendiese Flüchtigkeit im Geschmack macht den Seeteufel zu einem der vielseitigsten Fische überhaupt. Er ist zum Braten ebenso geeignet wie zum Backen, Frittieren und Grillen. Dabei kommt ihm auch die feste Beschaffenheit seiner Muskulatur zugute, die relativ unempfindlich ist und einen durchgehend angenehmen Biss von gleichbleibender Saftigkeit erzeugt.

Verbreitung
Der Seeteufel lebt im gesamten Nordostatlantik bis zu den Azoren sowie im Mittelmeer und im Schwarzen Meer. Auch in Nord- und Ostsee ist er verbreitet. Verwandte Arten sind auch in den amerikanischen Gewässern zu Hause.

(Fortsetzung auf Seite 142)

Land	Name
Deutschland	*Seeteufel, Anglerfisch*
GB/USA	*Monkfish, Anglerfish*
Frankreich	*Baudroie, Lotte*
Italien	*Rana pescatrice, Pescatrice*
Spanien	*Rape*
Portugal	*Peixe diabo, Tamboril*
Griechenland	*Vatrachópsaro*
Niederlande	*Zeeduivel, Hozemond*
Dänemark	*Bretflab, Havtaske*
Schweden	*Marulk*
Norwegen	*Breiflabb*

Ernährung & Gesundheit
Nährwert pro 100 g: etwa 66 kcal, 0,4 g Fett.

Saison & Laichzeit
Meiden Sie Seeteufel in der Laichzeit vom Frühling bis zum Frühsommer.

Anteil an verwertbarem Fleisch
1 kg Seeteufel (ohne Kopf) liefert 800 g (80 %) Steaks und 700 g (70 %) reines Filet.

Ökologie

Da der riesige Kopf wertlos ist und sich lediglich das Schwanzstück vermarkten lässt, gelten für Seeteufel keine Mindestfanggrößen, auch die Laichbestände stehen unter keinem Schutz. Meiden Sie Seeteufel aus überfischten Regionen wie den schottischen Fischgründen und dem Mittelmeer sowie aus Beständen mit unklarer Sachlage. Der Einsatz von großmaschigen (22 Zentimeter) Stellnetzen ermöglicht eine selektivere Befischung der Art als die Grundschleppnetzmethode. Im Sinne einer nachhaltigen Befischung sollte man nur Seeteufel aus gesunden Beständen wie jenen im Südwesten der Britischen Inseln kaufen – die einzigen im Nordostatlantik, die nachweislich die volle Reproduktionskapazität erreichen.

In Neuengland in den USA wurde 1999 ein Bewirtschaftungsplan zur Wiederherstellung der heimischen Seeteufelbestände *(Lophius americanus)* innerhalb von zehn Jahren erstellt. Obwohl die Bestandszahlen das angestrebte Ziel noch nicht erreicht haben, gilt der Seeteufel in beiden betroffenen Regionen nicht mehr als überfischt, der Wiederherstellungsplan zeigt also Wirkung. Die Bestände werden eng überwacht, außerdem gelten Schutzmaßnahmen wie Mindestfanggrößen und Fangverbote während der Laichzeit.

Im Südwesten Großbritanniens haben die Fischer die Sache offenbar selbst in die Hand genommen. Angeblich kennen sie die lokalen Laichgründe des Seeteufels und halten sich freiwillig von ihnen fern.

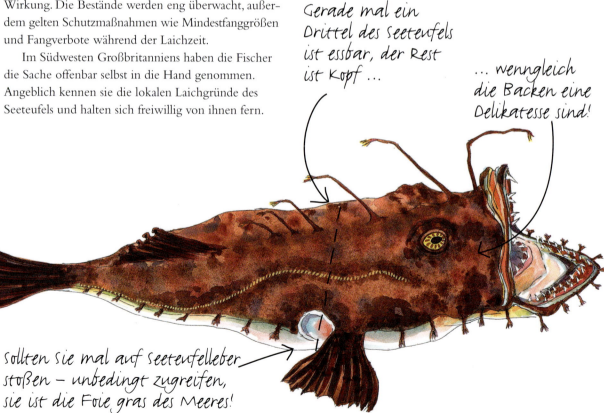

Gerade mal ein Drittel des Seeteufels ist essbar, der Rest ist Kopf ...

... wenngleich die Backen eine Delikatesse sind!

Sollten Sie mal auf Seeteufelleber stoßen – unbedingt zugreifen, sie ist die Foie gras des Meeres!

Seeteufel mit Knoblauch, Oliven und Basilikum

Für 4 Personen

1 Knolle Fenchel, in dünne Streifen geschnitten
125 ml trockener Weißwein
250 ml natives Olivenöl extra
50 Knoblauchzehen, ungeschält
2 TL Fenchelsamen, fein gemahlen
1 EL Koriandersamen, leicht geröstet und zerstoßen
1 getrocknete Bird's-Eye-Chilischote
50 g entsteinte schwarze Oliven
6 Tomaten, halbiert
1 Seeteufelschwanzstück von etwa 1 kg
Meersalz und frisch gemahlener schwarzer Pfeffer
1 Handvoll fein gehacktes frisches Basilikum

BEIM FISCHHÄNDLER
Bitten Sie Ihren Fischhändler, die Haut und die dünne Membran zu entfernen, das Schwanzstück jedoch ganz zu lassen.

Als Alternative zum klassischen Sonntagsbraten kommt Fisch selten in die engere Wahl, zum Teil sicherlich aus Tradition, doch auch, weil viele nicht wissen, wie man einen großen Fisch im Ganzen serviert. Es ist ein besonderes Erlebnis – wie dieses Gericht – und ein ideales Mittagessen für vier oder mehr Personen. Lassen Sie sich von den 50 Knoblauchzehen nicht abschrecken, sie verlieren beim Garen ihre Schärfe, werden mild und süß und harmonieren ausgezeichnet mit dem Seeteufel. Außerdem ist es Teil des Vergnügens, die weichen Zehen aus der Schale auf den Teller zu drücken. Das warme Öl nimmt das Aroma der anderen Zutaten auf und schmeckt hervorragend über einem cremigen Kartoffel- oder Kürbispüree.

Den Ofen auf 220 °C vorheizen.

Den Fenchel in einer großen Bratenpfanne verteilen. Den Wein, das Olivenöl und die Knoblauchzehen zugeben und einen Teelöffel der Fenchelsamen und den zerstoßenen Koriander darüberstreuen. Den zerkrümelten Chili und die Oliven hinzufügen. Die Tomaten über der Pfanne leicht ausdrücken und dann hineingeben.

Den Seeteufel mit Salz und Pfeffer würzen und mit den restlichen Fenchelsamen einreiben. Den Fisch auf das Gemüsebett in die Pfanne legen und 30–35 Minuten im Ofen garen. Aus dem Ofen nehmen und 4–5 Minuten ruhen lassen. Während des Ruhens tritt ein milchiger Saft aus dem Fleisch aus, das Fischeiweiß, das beim Garen auf natürliche Weise ausgeschwemmt wird.

Das Basilikum unter die Ölsauce rühren, diese etwas abkühlen lassen und abschmecken. Den Seeteufel in der Pfanne servieren.

Sie können die Sauce auch mit ein wenig Zitronensaft abrunden. Beim Portionieren werden Sie feststellen, dass sich das Fleisch ganz leicht von dem knorpeligen Rückgrat des Fischs lösen lässt. Dazu serviere ich Kartoffel- oder Kürbispüree und Spinat oder gedünsteten Fenchel.

Seeteufel-Ossobuco

Für 4 Personen

3 große, dicke Knoblauchzehen, fein gehackt

1 große Handvoll fein gehackte frische glatte Petersilie

Fein abgeriebene Schale von 2 unbehandelten Zitronen

2–3 EL Olivenöl

4 große Seeteufelsteaks (Tranchen) von je etwa 200 g

75 g Staudensellerie, fein gewürfelt

1 Schalotte, fein gehackt

1 EL frische Thymianblätter

1 kleine Möhre, sehr fein gewürfelt

1 EL Tomatenmark

1 EL Sardellenpaste

175 ml trockener Weißwein

4 Eiertomaten, grob zerkleinert

Meersalz und frisch gemahlener schwarzer Pfeffer

BEIM FISCHHÄNDLER
Lassen Sie die Steaks aus dem dicken Teil eines großen enthäuteten Schwanzstücks von wenigstens 1,5 Kilogramm schneiden.

Das berühmte italienische Ossobuco wird mit Kalbshaxe zubereitet; dazu serviert man traditionell einen Safranrisotto, der mit Knochenmark und Parmesan fertiggestellt wird – ich esse es für mein Leben gern. Bei dieser maritimen Variante kommt gesalzene Sardellenpaste zum Einsatz. Die Seeteufelstücke sind den Kalbshaxenscheiben nicht unähnlich, sodass sich die Idee förmlich aufdrängt – ich bin sicher nicht der Erste, der sie hatte. Die typischen Ossobucozutaten harmonieren ausgezeichnet mit dem Fisch – fragen Sie meine Familie. Als Beilage empfehle ich auch hier einen einfachen Safranrisotto.

Den Ofen auf 180 °C vorheizen.

Zuerst die Gremolata, die Würzmischung zum Bestreuen, zubereiten: In einer Schüssel die Hälfte des gehackten Knoblauchs, die Hälfte der Petersilie und die Zitronenschale vermengen und bis zur weiteren Verwendung beiseitestellen.

In einer großen ofenfesten Pfanne, in der sämtlicher Fisch nebeneinander Platz hat, das Olivenöl erhitzen. Die Seeteufelsteaks leicht salzen, sobald das Öl heiß ist, in die Pfanne legen und von einer Seite goldgelb anbraten. Aus der Pfanne heben und beiseitestellen. Die Hitze reduzieren, den Sellerie, die Schalotte, den restlichen Knoblauch, den Thymian und die Möhre in die Pfanne geben und 6–7 Minuten behutsam anschwitzen, bis das Gemüse weich ist. Das Tomatenmark einrühren, ebenfalls 1–2 Minuten anschwitzen, dann die Sardellenpaste und den Wein zugeben. Die Mischung 1 Minute aufkochen, dann die Tomaten unterrühren.

Den Fisch wieder einlegen, 125 Milliliter Wasser zugießen und ein wenig von der restlichen Petersilie untermischen. Die Pfanne zudecken und den Fisch etwa 15 Minuten im Ofen garen. Falls Sie keine ofenfeste Pfanne haben, den Pfanneninhalt in eine Auflaufform füllen.

Die Seeteufelscheiben auf Tellern anrichten. Die Sauce, falls sie etwas zu dünn ist, auf die gewünschte Konsistenz einkochen und abschmecken. Die restliche Petersilie unterrühren und die Sauce über den Fisch ziehen. Mit der Gremolata bestreuen und servieren – ein Gedicht!

Seeteufel mit Zwiebeln, Paprika und Sherry

Für 4 Personen

25 g Butter

100 ml Olivenöl

2 große Zwiebeln, in dünne Streifen geschnitten

1 rote Paprikaschote, von den Samen befreit und in 2,5 cm große Würfel geschnitten

1 grüne Paprikaschote, von den Samen befreit und in 2,5 cm große Würfel geschnitten

6 Knoblauchzehen, fein gehackt

1 großzügige Prise Safranfäden

400 ml trockener Sherry (z. B. Manzanilla oder Fino)

750 g Seeteufelfilet, in 4 cm große Würfel geschnitten

200 g frische Venus- oder Miesmuscheln, gesäubert und entbartet (nach Belieben)

1 Handvoll fein gehackte frische Petersilie

Meersalz und frisch gemahlener schwarzer Pfeffer

BEIM FISCHHÄNDLER
Bitten Sie Ihren Fischhändler, den Seeteufel zu filetieren und sorgfältig zu häuten.

Ich liebe die Küchen Spaniens und Italiens, für mich eindeutig die besten Adressen, Fisch zu essen. Ich glaube, das Geheimnis liegt in der Einfachheit ihrer Gerichte; sie haben es irgendwie im Gefühl und doktern nicht lang herum, wenn sie Fisch zubereiten. In dem exzellenten Café Balear in Ciutadella auf Menorca habe ich ein ähnliches Gericht wie dieses gegessen. Eine andere Spezialität des Hauses war mit vielen Zwiebeln in Sherry gegarter Hummer; er schmeckte köstlich, und das lag nicht allein an der dazu servierten Flasche Dom Pérignon!

In einer großen Pfanne mit schwerem Boden die Butter und das Olivenöl erhitzen. Die Zwiebeln, die Paprikawürfel, den Knoblauch und den Safran hineingeben und bei schwacher Hitze etwa 25 Minuten ganz sanft garen, bis die Zwiebeln weich, goldgelb und nahezu zerfallen sind. Sie dürfen auf keinen Fall gebräunt werden, sonst nehmen sie einen komplett anderen Geschmack an. Dies ist der wichtigste Teil der gesamten Zubereitung.

Den Sherry angießen, die Seeteufelstücke zugeben und zugedeckt 10–12 Minuten leise köcheln lassen, bis der Fisch auf den Punkt gar ist. Falls Ihr Fischhändler ein paar frische Venus- oder Miesmuscheln zur Hand hat, geben Sie die am besten 5 Minuten vor Ende der Garzeit zu. Die Muscheln sind aber nicht entscheidend.

Die Petersilie untermengen, das Gericht mit Salz und Pfeffer abschmecken und servieren.

Zu diesem Gericht passt ausgezeichnet Chicorée, der mit Öl eingepinselt, gesalzen und nur ganz leicht gegrillt wird. Sein bitterer Geschmack bildet einen reizvollen Kontrast zum süßlichen Aroma des Fischs.

Pollack *Pollachius pollachius*

Pollack hat als Alternative zum dezimierten Kabeljau enorm an Bedeutung gewonnen; wie jener gehört er zur Familie der Dorsche *(Gadidae)*. Zwar genießt er nicht das hohe Ansehen von Kabeljau oder Schellfisch, doch wenn man das Fleisch 20 Minuten vor der Zubereitung mit etwas Salz bestreut, wird es fester und der Fisch ein konkurrenzfähiger Ersatz für den berühmten Bruder.

Pollack bevorzugt zerklüftete Untergründe, felsige Küstenstreifen und Wracks. Er hat einen lang gestreckten Körper mit silbernem Bauch und grünbraunem Rücken (je nach Lebensraum kann die Farbe variieren). Seine großen, nach vorne gerichteten Augen sind perfekt für die Jagd nach Krebsen und Weichtieren positioniert. Die größeren Fische wandern in tiefere Gewässer auf der Suche nach Heringen und Sandaalen oder lauern im Hinterhalt von Wracks auf Beute.

In den ersten Lebensjahren legen die gefräßigen Raubfische enorm an Gewicht zu und bei ausreichendem Nahrungsangebot kann der Pollack bis zu 130 Zentimeter lang werden; die durchschnittliche Größe liegt bei 50 Zentimeter. Im Alter von vier Jahren sind die Fische geschlechtsreif. Sie laichen von Januar bis April in flachen Gewässern.

Geschmack
Pollack hat relativ dicke Haut, deren nussiger Duft an Amaretto erinnert und besonders beim Braten in der Pfanne gut zur Geltung kommt. Das weiße, kompakt wirkende Fleisch besteht aus feinen, blättrigen Segmenten von seidenem Glanz und erzeugt ein angenehm geschmeidiges Mundgefühl. Der Geschmack ist die perfekte Balance zwischen dem leicht bitteren Aroma der Haut und der mild-süßlichen Möhrennote des Fleischs, die beim Kauen stetig zunimmt und im Nachgeschmack an Markerbsen erinnert.

Verbreitung
Der Pollack lebt im gesamten Nordostatlantik, von Island und Norwegen bis zur Iberischen Halbinsel, sowie rund um die Britischen Inseln und in Nord- und Ostsee. Im Mittelmeer kommt er nicht vor.

Ökologie
Mit der Handleine oder Angel gefangener Pollack ist im Sinne einer nachhaltigen Befischung und auch qualitativ die beste Wahl. Meiden Sie noch nicht geschlechtsreife Fische unter 50 Zentimeter Länge.

Land	Name
Deutschland	*Pollack, Steinköhler*
GB	*Pollack, Lythe*
Frankreich	*Lieu jaune*
Italien	*Merluzzo giallo*
Spanien	*Abadejo*
Portugal	*Bacalhau, Paloco*
Niederlande	*Witte koolvis, Pollak*
Dänemark	*Lubbe*
Schweden	*Lyrtorsk, Bleka*
Norwegen	*Lyr*

Ernährung & Gesundheit
Nährwert pro 100 g: etwa 72 kcal, 0,6 g Fett.

Saison & Laichzeit
Meiden Sie Pollack während seiner Laichzeit von Januar bis April. Am besten schmeckt er im Sommer und Herbst, wenn der Fisch besonders gefräßig ist und stark an Gewicht zunimmt.

Anteil an verwertbarem Fleisch
1 kg Pollack liefert 750 g (75 %) Steaks und 650 g (65 %) reines Filet.

Achten Sie beim Kauf auf festes Fleisch von blassrosa Färbung und ausreichender Dicke.

Gebratener Pollack mit Salsa picante

Für 4 Personen

25 g Kürbiskerne
1 TL Sesam
½ TL Kreuzkümmelsamen
4 Tomaten, im Ofen geröstet
6 EL Cidreessig
1 Handvoll Koriandergrün
Saft von 1 Limette
3 scharfe frische Chilischoten, von den Samen befreit
1 EL getrockneter Oregano
4 Knoblauchzehen
2 EL Pflanzenöl
4 Pollackfilets von je etwa 150 g mit Haut
Meersalz und frisch gemahlener schwarzer Pfeffer

Zum Servieren
Limettenspalten

BEIM FISCHHÄNDLER
Fragen Sie nach Stücken aus dem dicken Teil des Filets; wie beim Kabeljau liefert es das beste Fleisch.

Salsa picante ist eine fantastische Sauce, die vor allem zu weißfleischigem Fisch hervorragend schmeckt. Sie ist richtig würzig und aufgrund der Chilischoten eine Spur feurig. Ich serviere sie auch gern zu gegrilltem Thun- oder Schwertfisch und nicht weniger gut passt sie zu gebratenen Meeresfrüchten.

Den Ofen auf 240 °C vorheizen.

Für die Salsa picante die Kürbiskerne, den Sesam und den Kreuzkümmel in einer kleinen Pfanne ohne Zugabe von Fett goldgelb rösten. Die Mischung mit den Tomaten, dem Essig, dem Koriandergrün, dem Limettensaft, den Chilischoten, dem Oregano und dem Knoblauch im Mixer grob hacken.

In einer ofenfesten Pfanne das Öl erhitzen. Den Fisch mit Salz und Pfeffer würzen, mit der Fleischseite nach unten in das heiße Öl legen und in 2–3 Minuten goldgelb braten. Die Pfanne auf die obere Einschubleiste des Ofens schieben und den Fisch in weiteren 6–7 Minuten fertigstellen. Falls Sie keine ofenfeste Pfanne haben, den Fisch in ein geeignetes Geschirr (Bräter, Auflaufform) umsetzen und wie beschrieben fertig garen.

Den Fisch anrichten und mit einem Löffel der Sauce überziehen. Mit Limettenspalten servieren. Dazu eine Schüssel mit gekochten neuen Kartoffeln reichen.

Knackiger Gartensalat mit gesalzenem Pollack

Für 4 Personen

450 g Pollackfilet
250 g grobes Steinsalz
100 ml natives Olivenöl extra, plus Öl zum Beträufeln und Einfetten
1 Knoblauchzehe
4 Romanasalatherzen
4 sehr reife Tomaten
1 rote Zwiebel, in dünne Streifen geschnitten
1 grüne Paprikaschote, von den Scheidewänden und Samen befreit und in feine Streifen geschnitten
1 Bund Radieschen, in feine Scheiben geschnitten
1 kleine Salatgurke, in feine Scheiben geschnitten
Feines Salz und frisch gemahlener schwarzer Pfeffer
50 ml Weißweinessig
1 EL Kapern
1 kleine Handvoll fein gehackte frische glatte Petersilie

Zum Servieren
Knuspriges Brot
Olivenöl von guter Qualität

BEIM FISCHHÄNDLER
Fragen sie nach dem dicken Stück aus einem großen Pollackfilet und bitten sie Ihren Händler, die Haut und Stehgräten zu entfernen.

Egal ob aus europäischen Gewässern oder aus Alaska – Pollack ist mit seinem perlmutterfarbenen Fleisch hervorragend zum Einsalzen geeignet. Dazu bedecke ich den Fisch höchstens 24 Stunden mit Steinsalz, um ihm Wasser zu entziehen. Das zarte Fleisch wird fester und nimmt eine leicht salzige Note an, sodass es mit den knackigen Salatblättern, den süßsaftigen Tomaten und den würzigen Zwiebeln und Kapern auf Beste harmoniert.

Den Fisch am Vortag in eine große Keramikschüssel legen und mit dem Steinsalz bedecken. Mit Frischhaltefolie zugedeckt für 24 Stunden in den Kühlschrank stellen. Am Folgetag hat sich in der Schüssel Wasser gesammelt, das das Salz dem Fisch entzogen hat. Den Fisch gründlich abspülen, in eine Schüssel mit kaltem Wasser legen und für 1 Stunde zugedeckt im Kühlschrank wässern.

Den Ofen auf 240 °C vorheizen und eine große Bratenpfanne innen leicht mit Öl einpinseln.

Den Fisch in die Pfanne legen, mit Olivenöl bestreichen und 6–7 Minuten im Ofen braten, bis er eben gar ist. Abkühlen lassen.

Die Knoblauchzehe halbieren und mit dem Fruchtfleisch eine große Salatschüssel ausreiben.

Die Salatherzen von den Strünken und den dunklen Außenblättern befreien – nur die zarten hellgrünen Blätter verwenden. Die Tomaten vierteln und mit den Salatblättern, der Zwiebel, der grünen Paprika, den Radieschen und der Gurke in die Schüssel geben Den Salat mit etwas feinem Salz bestreuen und gründlich durchheben.

Für das Dressing die 100 Milliliter Olivenöl mit dem Essig verrühren und mit Salz und Pfeffer abschmecken. Den Salat mit etwas Dressing anmachen und die restliche Sauce nach Belieben in einem Schälchen separat dazu reichen. Den Fisch über dem Salat zerpflücken und sachte unterheben. Mit den Kapern und der gehackten Petersilie bestreuen und servieren. Dazu passen frisches knuspriges Brot und gutes Olivenöl.

Brixham-Pollack mit Eier-Petersilien-Kapern-Sauce

Für 4 Personen

400 ml Milch
800 g Pollackfilet
50 g Butter
1 Zwiebel, in Ringe geschnitten
2½ EL Mehl
1 TL scharfer Senf
1 großzügige Handvoll gehackte frische Petersilie
1 EL fein gehackte Kapern
2 Eier, hart gekocht
Meersalz und frisch gemahlener schwarzer Pfeffer

BEIM FISCHHÄNDLER
Bitten Sie Ihren Händler, die Haut und Stehgräten zu entfernen.

Dieses schöne, altmodische Gericht hat meine Großmutter häufig für mich zubereitet, obwohl ich nicht sicher bin, ob sie dafür Pollack verwendete. Jeder weißfleischige Fisch ist dafür geeignet, starten Sie ruhig auch mal einen Versuch mit Wittling, Schellfisch (frisch oder geräuchert), Knurrhahn oder mit einer der weniger gängigen Arten, die langsam immer häufiger angeboten werden. Bislang hat sich noch jeder in dieses Gericht verliebt, für den ich es gekocht habe, ein echter Seelentröster, der selbst eingefleischte Fischgegner überzeugt.

Die Milch in einen großen Topf gießen, das Pollackfilet einlegen und 6–7 Minuten ganz sanft pochieren. Herausheben.

In einem weiteren Topf die Butter zerlassen, die Zwiebel zugeben und sachte glasig schwitzen. Das Mehl einstreuen und 1–2 Minuten anschwitzen. Unter Rühren langsam die zum Garen des Fischs verwendete Milch zugießen. Die Sauce unter Rühren aufkochen, sie sollte eine sämige Konsistenz annehmen. Den Senf einrühren, dann die Petersilie, die Kapern und den grob zerpflückten Fisch untermengen.

Die Eier schälen, in Scheiben schneiden und unter die Sauce ziehen. Mit Salz und Pfeffer abschmecken und mit einem cremigen Kartoffelpüree und frischen, gekochten Erbsen oder Dicken Bohnen servieren. Auch ein paar Speckwürfel passen gut in dieses Gericht.

TIPP
Ebenfalls einen Versuch wert ist, den Fisch komplett mit Kartoffelpüree zu bedecken und wie einen Auflauf knusprig zu überbacken.

Weißfleischige Meeresfische

Streifenbarbe *Mullus surmuletus*

Meerbarben *(Mullidae)* gehören wegen ihres kräftigen Geschmacks zu meinen Lieblingsfischen und die feinste unter ihnen ist die Streifenbarbe. Es sind gesellige Fische, die in kleinen Schwärmen durch warme Flachwasserregionen ziehen.

Mit ihrer pinkfarbenen bis leuchtend roten Haut und den drei oder vier goldenen Längsstreifen an den Flanken sind Streifenbarben zweifellos ein Hingucker. Diese Bänder wirken bei Nacht eher gefleckt, außerdem kann die Farbe des Fischs stressbedingt und je nach Tageszeit und Alter erheblich variieren. Kein Wunder, dass ganz Rom in der Antike vom Meerbarbenfieber ergriffen wurde – man stellte die Fische in großen Gläsern auf den Tisch und schaute zu, wie sie langsam verblassten, während sie ihr Leben aushauchten.

Am Kinn tragen sie zwei schneidige Barteln, Tastorgane, die sie zum Aufstöbern von Würmern, Weichtieren und Krebsen im schlammigen Meeresgrund einsetzen. Streifenbarben wachsen relativ schnell und erreichen maximal 45 Zentimeter Länge. Geschlechtsreif sind die Fische nach zwei Jahren bei einer Größe von 22 Zentimeter.

Geschmack

Streifenbarbe ist von intensivem Geschmack, der bereits in dem vollwürzigen Duft, eine Mischung aus gerösteten Krustentierschalen und einer süßlichen Note von Orangenschale anklingt. Das konzentrierte Aroma vereint die erdige Würze von Jersey-Royal-Kartoffeln mit der frischen Note von Seetang und salziger Gischt, unter das sich vor allem beim dunklen Fleisch eine Spur von Safran mischt. Die Haut erinnert an knusprig gebratene Hähnchenhaut, ein reizvoller Kontrast zu den blättrigen Segmenten des Fleischs, die zugleich zart und fest im Biss sind. Ihre leicht ölige Beschaffenheit erzeugt beim Kauen einen vollmundigen Eindruck.

Verbreitung

Die Streifenbarbe ist im östlichen Nordatlantik von Südnorwegen bis zum Senegal sowie im gesamten Mittelmeer und im Schwarzen Meer zu finden. Früher tauchte sie nur im Sommer in nördlicheren Breiten auf, doch wird sie dort zunehmend zum ganzjährigen Besucher, besonders rund um die Britischen Inseln und Irland.

Ökologie

Noch nicht fortpflanzungsfähige Streifenbarben unter 22 Zentimeter Länge sollte man meiden. Im Mittelmeer sind die Bestände durch chronische Überfischung stark gefährdet.

Land	Name
GB/USA	*Red mullet, Surmullet*
Frankreich	*Rouget de roche*
Italien	*Triglia di scoglio*
Spanien	*Salmonete de roca*
Portugal	*Salmonete*
Griechenland	*Barboúni*
Niederlande	*Mul*
Dänemark	*Stribet mulle*
Schweden	*Mulle*
Norwegen	*Mulle*

Ernährung & Gesundheit
Streifenbarben sind reich an Vitamin B_{12} und Selen und eine durchschnittlich gute Quelle für Omega-3-Fettsäuren. Nährwert pro 100 g: etwa 109 kcal, 3,8 g Fett.

Saison & Laichzeit
In der Laichzeit von Mai bis Juli sollte man Streifenbarben meiden.

Anteil an verwertbarem Fleisch
1 kg Streifenbarben liefert 500 g (50 %) reines Filet.

Gegrillte Streifenbarben mit griechischem Salat

Für 2 Personen

2 Streifenbarben (oder andere Meerbarben) von je etwa 250 g
Gutes Olivenöl zum Bestreichen
Einige Zweige frischer Rosmarin
Meersalz und frisch gemahlener schwarzer Pfeffer

Für den Salat

3 reife Tomaten, geviertelt
¼ Salatgurke, längs halbiert und in Scheiben geschnitten
1 kleine rote Zwiebel, in dünne Ringe geschnitten
6 Blätter Kopfsalat, zerpflückt
1 EL gehackte frische Minze
½ Handvoll schwarze Oliven (vorzugsweise Kalamata)
100 g Feta von guter Qualität, zerbröckelt

Für die Sauce

1 Schuss Rotweinessig
50 ml Olivenöl
1 großzügige Prise getrockneter Oregano (nach Möglichkeit aus Griechenland), plus Oregano zum Bestreuen

Zum Servieren

Zitronensaft nach Geschmack
Olivenöl von guter Qualität

Streifenbarben und griechischer Salat harmonieren perfekt. Der gegrillte Fisch hat dieses herrliche Safranaroma, wie man es auch bei manchen Krustentieren findet. Griechischer Salat lebt von einem guten, würzigen Feta und einer Prise Oregano – am besten aus den griechischen Bergen.

Den Backofengrill auf maximaler Stufe vorheizen.

Die Meerbarben mit Olivenöl einreiben und einige Rosmarinzweige in die Bauchhöhlen stecken. Die Fische von jeder Seite 4–5 Minuten grillen.

Die Tomaten, die Gurke, die Zwiebel, die Salatblätter, die Minze, die Oliven und den Schafskäse in einer Schüssel vermengen.

Den Essig und das Olivenöl in einer Schüssel verrühren und mit Salz und Pfeffer würzen. Den Oregano zugeben und dabei zwischen den Fingern zerreiben. Die Sauce sollte säuerlich schmecken.

Die Sauce über den Salat gießen, alles durchheben und mit einer weiteren Prise Oregano bestreuen. Die Meerbarben anrichten und mit einer Prise Salz und einem Spritzer Zitronensaft würzen. Mit Olivenöl beträufeln und servieren. Den Salat dazu reichen.

BEIM FISCHHÄNDLER
Bitten Sie Ihren Fischhändler, die Fische auszunehmen und zu schuppen, und lassen Sie sich auch die Lebern mitgeben, falls noch vorhanden – gegrillt schmecken sie köstlich.

Eingelegte Streifenbarben mit Basilikum, Kapern und Tomaten

Für 2 Personen

150 ml Milch
75 g Mehl
4 kleine Streifenbarbenfilets mit Haut (oder andere Meerbarben)
3 EL Pflanzenöl zum Braten
1 Zitrone
8 Kirschtomaten, in feine Scheiben geschnitten
10–12 Blätter frisches Basilikum
8–10 entsteinte schwarze Oliven, in feine Scheiben geschnitten

Für die Marinade

50 ml Rotweinessig
1 TL feinster Zucker
1 TL Fenchelsamen, leicht zermahlen
½ Knoblauchzehe, im Mörser zu einer feinen Paste zerstoßen
50 ml gutes Olivenöl
1 Schalotte, in feine Ringe geschnitten
1 EL Kapern

BEIM FISCHHÄNDLER
Fragen Sie Ihren Fischhändler nach kleinen Meerbarben und bitten sie ihn, die Fische zu schuppen, zu filetieren und die kleinen Stehgräten herauszuziehen.

Filets von kleinen Meerbarben schmecken vorzüglich im Ganzen gebraten oder gegrillt oder auch wie hier in einer würzigen Marinade eingelegt, besser als *escabeche* bekannt – allerdings sollte man aus Gründen der Nachhaltigkeit darauf achten, dass sie von Fischen stammen, die mindestens 22 Zentimeter groß sind. Die Zutaten und Aromen für *escabeche* bieten ebenso viele Variationsmöglichkeiten wie der Fisch, den man darin einlegt, in jedem Fall ist es aber die Marinade, die diesem Gericht ihren Stempel aufdrückt. Meist bereite ich es schon am Vortag zu, damit die Aromen gut durchziehen. Dann serviere ich die marinierten Fische auf einer großen Platte mit Brot und Wein als Vorspeise oder leichtes Mittagessen.

Für die Marinade den Essig in eine Schüssel gießen, den Zucker zugeben und unter Rühren vollständig auflösen. Die Fenchelsamen, den Knoblauch, das Olivenöl, die in Ringe geschnittene Schalotte und die Kapern hinzufügen und alles gründlich verrühren.

Die Milch in eine flache Schale gießen und das Mehl auf einem Teller verteilen. Die Meerbarbenfilets in die Milch tauchen und dann in dem Mehl wenden, sodass sie rundherum gleichmäßig bedeckt sind.

Das Öl in einer großen Pfanne sehr heiß werden lassen, die Filets einlegen und von beiden Seiten goldbraun braten; sie sollten eine knusprige Kruste haben. Auf Küchenpapier abtropfen lassen, mit der Hautseite nach oben in eine große Steingutform legen und mit dem Saft der Zitrone beträufeln.

Die Filets mit den Tomatenscheiben belegen und mit der Marinade übergießen. Sie sollten gerade eben bedeckt sein; falls nicht, bereiten Sie noch ein wenig Extramarinade zu. Die Basilikumblätter zerpflücken und mit den Olivenscheiben gleichmäßig in der Form verteilen. Die Meerbarben 20–30 Minuten in der Marinade ziehen lassen. Sie können den Fisch auch über Nacht marinieren, so wird das Ergebnis noch würziger. Einige unter die Marinade gemischte Orangenfilets sind ebenfalls eine gute Idee.

Weißfleischige Meeresfische

Spaghetti mit Streifenbarben und Tomaten

Für 4 Personen

250 g Spaghetti

Meersalz und frisch gemahlener schwarzer Pfeffer

4 EL gutes Olivenöl

1 Knoblauchzehe, fein gehackt

6 Tomaten, enthäutet, von den Samen befreit und fein gewürfelt

1 Prise Safranfäden

1 Schuss Weißwein

4 Streifenbarbenfilets von je etwa 150 g mit Haut

1 kleine Handvoll fein gehackte frische Petersilie, plus etwas Petersilie zum Garnieren

1 kleine getrocknete Bird's-Eye-Chilischote

Zitronensaft nach Geschmack

Zum Servieren

Zitronenspalten

Kleine Meerbarben werden häufig mit Missachtung gestraft, da sich die größeren Exemplare gut filetieren oder im Ganzen servieren lassen und so in der Gastronomie den Vorzug genießen. Kleine Fische sind aber ideal für einen *fritto misto* – kleine frittierte Fische verschiedener Sorten – oder, wie hier, für eine Pastasauce; allerdings sollte man aus Gründen der Nachhaltigkeit auf zu kleine Exemplare verzichten. Der andere Garant für den Erfolg dieses Gerichts sind vollreife, saftige Tomaten. Glücklich schätzen kann sich jeder, der Tomaten im Garten hat und die frisch gepflückten Früchte direkt vom Strauch nur noch in den Kochtopf zu befördern braucht.

Zuerst die Spaghetti kochen: Einen großen Topf mit reichlich Wasser füllen und dieses leicht salzen. Zum Kochen bringen, die Spaghetti hineingeben und 10 Minuten oder nach Packungsanleitung bissfest garen.

Inzwischen in einer Pfanne, in der die Spaghetti Platz haben, das Olivenöl erhitzen und den Knoblauch darin 1–2 Minuten anschwitzen. Die Tomaten, den Safran, den Wein und die Fischfilets zugeben und gründlich vermengen. Die Mischung unter behutsamem Rühren köcheln lassen, bis die Tomaten fast geschmolzen sind und der Fisch gar ist; dabei zerfallen die Filets in Stücke. Die Sauce kräftig mit Salz und Pfeffer würzen, mit der Petersilie und der zwischen den Fingern zerriebenen Chilischote vermengen und mit etwas Zitronensaft abrunden.

Die Spaghetti abgießen und ein wenig Kochwasser auffangen. Die Nudeln mit einem Schuss Kochwasser in die Pfanne geben und in der Sauce schwenken, bis alle Zutaten gut durchmischt sind.

Die Pasta mit etwas Petersilie bestreuen und mit Zitronenspalten in der Pfanne servieren. Wenn es keine aromatischen frischen Tomaten gibt, greife ich zu italienischer Dosenware von guter Qualität.

BEIM FISCHHÄNDLER
Bitten Sie Ihren Fischhändler, die Fische zu schuppen, zu filetieren und die kleinen Stehgräten herauszuziehen.

Wolfsbarsch *Dicentrarchus labrax*

Er ist das große Idol vieler Fischfans und ein Dauerbrenner auf so mancher Speisekarte, nicht zuletzt, weil er ein erstklassiger Zuchtfisch ist.

Als ausgezeichneter Jäger macht der Wolfsbarsch seinem Namen alle Ehre; auch die Franzosen nennen ihn nicht von ungefähr »Wolf des Meeres« *(loup de mer)*. Er hat einen kräftigen, lang gestreckten Körper mit grünlich grauem Rücken, silbrig schimmernden Flanken und cremefarbenem Bauch. Die Strahlen der Rückenflossen sind gefährlich stachelig und selbst die Schuppen sind am Rand mit winzigen Spitzen bewehrt. Die warmen Sommermonate verbringen die Fische in Küstennähe, wo sie in der Brandung nach Jungfischen und anderer Beute jagen. Für einen erwachsenen Wolfsbarsch ist eine Makrele ein kleines Häppchen.

Dass der Wolfsbarsch bis zu einen Meter lang wird, ist eher seiner Lebenserwartung von bis zu 25 Jahren geschuldet als seinem schnellen Wachstum, denn die meiste Nahrung setzt der sehr agile Fisch in Energie statt in körpereigenes Fleisch um. Die Weibchen sind meist im Alter von sechs Jahren mit 40–45 Zentimeter Länge geschlechtsreif, die Männchen nach fünf Jahren mit 31–35 Zentimeter Größe.

Wolfsbarsch laicht von März bis Mitte Juni in küstennahen Gewässern und zieht im Oktober und November, wenn sich das Wasser abkühlt, in tiefere Regionen. Ab Februar kehren die kleineren Fische in Schwärmen zurück unter die Küste, erste Vorboten der älteren Verwandten, die wenig später nach dem Ablaichen eintreffen und ab Mai wieder in der Brandungszone auf Beutejagd gehen.

Geschmack
Wilder Wolfsbarsch
Anklänge von steiniger Erde und frischer, jodhaltiger Meeresluft verleihen wildem Wolfsbarsch einen komplexen Duft. Nicht weniger vielschichtig ist der Geschmack sowohl der Haut als auch des Fleischs: sauber, intensiv und lang anhaltend mit Andeutungen von frischen Algen und dem typischen Geruch der kleinen Gezeitentümpel felsiger Küstenstriche bei Ebbe. Die blättrige Maserung des Fleischs erinnert an das Muster von Schlangenhaut; es ist fest, relativ buttrig in der Konsistenz und von satter, beständiger Saftigkeit, die für ein angenehmes Mundgefühl sorgt.

Zuchtwolfsbarsch
Obwohl in der Erscheinung bestenfalls unauffällig (gräulich weiß und leicht gesprenkelt), hat Wolfsbarsch aus Aquakulturen einen wunderbar vielschichtigen

(Fortsetzung auf Seite 164)

Land	Name
Deutschland	Wolfsbarsch, Seebarsch
GB	Sea bass, Salmon-bass
Frankreich	Bar, Loup de mer
Italien	Spigola
Spanien	Lubina
Portugal	Robalo
Griechenland	Lavráki
Niederlande	Zeebaars
Dänemark	Bars
Schweden	Havsabborre
Norwegen	Havåbor

Ernährung & Gesundheit
Wolfsbarsch ist eine gute Quelle für Omega-3-Fettsäuren. Nährwert pro 100 g: etwa 100 kcal, 2,5 g Fett.

Saison & Laichzeit
In der Laichzeit von März bis Mitte Juni sollte man auf Wolfsbarsch verzichten.

Anteil an verwertbarem Fleisch
1 kg Wolfsbarsch liefert 430 g (43 %) reines Filet.

Zuchtwolfsbarsch hat eine gerade, flache Stirn und ein spitzeres Maul.

Das Durchschnittsgewicht der im Handel angebotenen Zuchtfische liegt zwischen 300 und 450 Gramm.

Wolfsbarsch aus Wildfang hat ein abgerundetes Stirnprofil und Maul. Er ist deutlich größer (450 Gramm bis fünf Kilogramm und mehr) und misst mindestens 36 Zentimeter in der Länge.

Geruch und Geschmack. Ersterer ist eine Mischung aus frischer Meeresluft, dem pflanzlichen Charakter von Meerfenchel oder Schilfrohr und einem Hauch von Miesmuscheln, gepaart mit der unterschwellig nussigen Note von gebratenem Hähnchen und Süßkartoffeln. Der nicht minder komplexe Geschmack des Fischs sitzt hauptsächlich in der Haut – ein Gemisch aus dem salzigen Aroma von Austern und der erdigen Note von Kartoffelschalen mit einem süßlich-pikanten Unterton.

Verbreitung

Der Wolfsbarsch lebt im gesamten Nordostatlantik von Nordnorwegen bis nach Westafrika, in Nord- und Ostsee sowie im Mittelmeer, wo er im großen Stil gezüchtet wird, und im Schwarzen Meer.

Ökologie

Bei Wolfsbarsch aus Wildfang sollte man mit der Handleine oder dem Stellnetz gefangenen Fischen gegenüber solchen aus dem Schleppnetz den Vorzug geben. Meiden Sie wilden Wolfsbarsch während der Laichzeit von März bis Juni und Fische unter 40 Zentimeter Länge, die noch nicht geschlechtsreif sind. Eine vom North Eastern Sea Fisheries Committee (NESFC) unterhaltene Stellnetzfischerei an der Küste von Holderness in Yorkshire durchläuft gerade das Zertifizierungsverfahren des Marine Stewardship Council (MSC). In Griechenland, Spanien, Frankreich und Italien wird Wolfsbarsch in Meeresfarmen gezüchtet. Wählen Sie Fische aus ökologischen Aquakulturen, die mit geringerer Besatzdichte arbeiten und umweltverträglich statt ausschließlich mit Wildfisch füttern.

Die Handleinen-Kampagne

Nathan de Rozarieux, Projektleiter bei Seafood Cornwall

In den Jahren 2002 bis 2004 war die Lokalpresse im Südwesten Englands voll von negativen Schlagzeilen über tote Delfine, die als verendeter Beifang von Gespann-Trawlern auf Wolfsbarschjagd an der Küste angespült wurden. Es begann ein Feldzug gegen den Genuss von wildem Wolfsbarsch, in dessen Folge der Preis für den Fisch völlig einbrach. Sogar die traditionellen Handleinenfischer waren davon betroffen. Das war verrückt, schließlich bedienten sie sich nachhaltiger Methoden, die die Delfine in keiner Weise gefährdeten.

Wir mussten den Unterschied zwischen Wolfsbarsch von der Angel und Wolfsbarsch aus den riesigen Netzen von Gespann-Trawlern, in denen tatsächlich regelmäßig zahlreiche Delfine verenden, begreiflich machen. Wir beschlossen also, die Angelfische zu kennzeichnen, wie es vor uns bereits die Franzosen getan hatten. Doch gingen wir noch einen Schritt weiter, indem wir die Markierung mit einer Website verlinkten, sodass man genau nachvollziehen konnte, wer welchen Fisch gefangen hatte. Jeder Fischer bekam seine eigene Nummer, über die die Käufer alle möglichen Informationen abfragen konnten.

All das begann Ende 2005 in einem Restaurant in London mit einem halben Dutzend Fischern und schon nach zwei Wochen, in denen wir nicht müde wurden, unsere Initiative bei Verbrauchern und Gastronomen publik zu machen, stieg die Nachfrage nach geangeltem Wolfsbarsch. Die Leute waren fasziniert von dem Gedanken, den Weg des Fischs von der Angel bis auf den Teller lückenlos nachvollziehen zu können. Sie riefen die Fischhändler in Newlyn an und fragten, wann die nächste Charge an geangeltem Wolfsbarsch eintreffen würde und zeigten sich begeistert von der Idee!

Wir wussten, da draußen gibt es einen Markt, und taten alles, um die Leute auf uns aufmerksam zu machen. Wir begannen mit sieben oder acht Booten und als der Preis für Wolfsbarsch spürbar zu steigen begann, schlossen sich immer mehr an. Mittlerweile sind 40 Boote an dem Programm beteiligt – und das alles ohne Hightech, nichts als simple Handarbeit.

Wir schärfen unseren Fischern immer wieder ein, dass die Qualität des Fischs nicht davon abhängt, wann er angelandet wird, sondern wie man ihn fängt und anschließend behandelt. Wir haben zahlreiche Untersuchungen und Versuche zur Haltbarkeit durchgeführt und den Fischern erklärt, wie man den Fisch behandeln muss, damit er im Top-Zustand bleibt, und die Resonanz war durchweg positiv. Heute führen alle Boote ausreichend Eis mit, um den Fisch rasch herunterzukühlen. Das Ergebnis ist ein Premium-Produkt, das entsprechende Preise erzielt. Der Fisch wird am selben Tag angelandet und tags darauf verkauft, sodass er nach zwei Tagen – in makellosem Zustand – die Restaurants erreicht.

Gegrillter Wolfsbarsch mit Rosmarin und Thymian

Für 2 Personen

1 Wolfsbarsch von etwa 1 kg
2 Zweige frischer Rosmarin
2 Zweige frischer Thymian
Olivenöl von guter Qualität zum Bestreichen und Beträufeln
Meersalz zum Bestreuen

Zum Servieren
Zitronensaft

BEIM FISCHHÄNDLER
Bitten Sie Ihren Fischhändler, den Fisch zu schuppen, auszunehmen und die Kiemen zu entfernen.

In Fischrestaurants ist Wolfsbarsch vermutlich einer der populärsten Fische – in der gehobenen Gastronomie wird er häufig als Loup de mer angeboten – und auch beim Fischhändler ist er immer zahlreich vertreten. Es ist ein Fisch für besondere Anlässe, wie ich finde, und er sollte in jedem Fall so frisch wie nur irgend möglich gegessen werden. Die Kombination mit Rosmarin hat sich seit vielen Jahren bewährt, besonders auf dem Grill. In meinem Restaurant »The Seahorse« ist Wolfsbarsch vom Holzkohlegrill mit nichts weiter als einem Zweig Rosmarin in der Bauchhöhle eines der am häufigsten bestellten Gerichte.

Achten Sie beim Grillen darauf, dass die Kohlen gut durchgeglüht sind und der Gitterrost richtig heiß ist, anderenfalls bleibt der Fisch an den Metallstreben kleben. Das Rezept funktioniert genauso gut auf dem Elektro- oder unter dem Backofengrill, gleichfalls vorausgesetzt, das Gerät wird gut vorgeheizt.

Den Backofengrill auf höchster Stufe vorheizen oder einen Holzkohlegrill vorbereiten.

Den Wolfsbarsch von beiden Seiten schräg einschneiden und je einen Rosmarin- und Thymianzweig in die Einschnitte stecken.

Den Fisch mit Olivenöl bestreichen, salzen und 7–8 Minuten grillen. Wenden und von der anderen Seite weitere 7–8 Minuten grillen. Ganz wichtig ist, dass die Haut gut gebräunt und knusprig wird, also immer für ausreichende Hitze sorgen.

Das gegrillte Prachtstück auf eine große Platte legen, mit einem kleinen Schuss Olivenöl und etwas Zitronensaft beträufeln und noch einmal leicht salzen. Sofort servieren.

Ein griechischer Salat aus grünem Blattsalat, salzigem Feta, roten Zwiebeln, Tomaten und Gurken, gewürzt mit wildem Oregano, Rotweinessig und Olivenöl ist die perfekte Beilage.

Gebackener Wolfsbarsch mit Fenchel und Weißwein

Für 4 Personen

1 Zwiebel, in feine Streifen geschnitten

3 Knoblauchzehen, in dünne Scheiben geschnitten

100 ml Olivenöl, plus Öl zum Bestreichen

4 frische Lorbeerblätter

1 EL Fenchelsamen, leicht zerstoßen

1 Wolfsbarsch von etwa 2 kg

Meersalz

1 große Handvoll fein gehacktes Fenchelgrün

1 unbehandelte Zitrone, in dünne Scheiben geschnitten

150 ml trockener Weißwein (z. B. Muscadet oder Sauvignon Blanc)

50 ml Pastis

BEIM FISCHHÄNDLER

Dieses Gericht verlangt nach einem absolut frischen Fisch. Bitten Sie Ihren Fischhändler, ihn zu schuppen, auszunehmen und die Kiemen herauszuschneiden. Achten Sie darauf, dass keine Blutreste in der Bauchhöhle verbleiben.

Dieses Rezept ist besonders gut für große Fische geeignet, und wenn es Ihnen gelingt, einen Wolfsbarsch von etwa zwei Kilogramm Gewicht aufzutreiben – für mich die perfekte Größe –, wird es ein richtiges Festessen. Ich bereite den Fisch gern im Ganzen an der Gräte zu, die Filets lassen sich anschließend mühelos ablösen (siehe Schritt-für-Schritt-Anleitung auf Seite 170–171).

Den Ofen auf 240 °C vorheizen.

Die Zwiebel und den Knoblauch in einer ofenfesten Form oder Pfanne verteilen, die ausreichend groß ist, um den ganzen Fisch aufzunehmen. Das Olivenöl, die Lorbeerblätter und die Fenchelsamen hineingeben. Den Fisch leicht mit Olivenöl bestreichen, salzen und rundherum, besonders die Bauchhöhle, mit der Hälfte des Fenchelgrüns einreiben. Den Wolfsbarsch auf das Gemüsebett legen und vom Kopf bis zum Schwanz mit den Zitronenscheiben bedecken.

Den Fisch mit dem Wein und dem Pastis umgießen und 35–40 Minuten im Ofen backen; zwischendurch regelmäßig mit der Garflüssigkeit überziehen. Wird die Mischung zu trocken, die fehlende Flüssigkeit einfach durch etwas aufgekochten Wein ergänzen.

Sobald der Fisch gar ist, die Haut von der Oberfläche vorsichtig abziehen und samt den Zitronenscheiben wegwerfen. Das freiliegende Filet in der Mitte mit einem Löffel vom Kopf bis zum Schwanz teilen und beide Hälften seitlich von der Mittelgräte schieben. Die Stücke mit zwei Löffeln behutsam abheben und auf einer Platte anrichten. Die Flossen und den Flossensaum mit den beiden Löffeln entfernen, die Mittelgräte am Schwanz greifen und vorsichtig zum Kopf hin abheben. Das untere Filet aufnehmen und ebenfalls anrichten. Den Fisch mit dem Garsud überziehen und mit dem restlichen Fenchelgrün bestreuen. Dazu passen gekochte neue Kartoffeln mit Minze.

Flambierter Wolfsbarsch in der Salzkruste

Für 1–2 Personen als leichtes Mittagessen

2 kg Meersalz
1 Wolfsbarsch von 450–600 g
2–4 große Zweige frischer Rosmarin oder Thymian
2–3 EL Pastis (vorzugsweise Pernod)

Zum Servieren
Zitronenspalten

BEIM FISCHHÄNDLER
Bitten Sie Ihren Fischhändler, den Fisch zu schuppen und auszunehmen.

Fisch in einer Salzkruste zu garen, ist eine feine Sache, weil das Salz als eine Art Ofen im Ofen fungiert, in dem der Fisch in seinem eigenen Saft gart. Die größte Hürde dabei ist, ausreichend Salz aufzutreiben – etwa zwei Kilogramm für dieses Rezept –, aber das sollte sich wohl bewerkstelligen lassen. Für diese Garmethode am besten geeignet sind Wolfsbarsch, Meeräsche sowie Dorade rose (Graubarsch) oder Dorade grise (Streifenbrassen). Dünnhäutige Fische eignen sich weniger gut, da zu viel Salz in das Fleisch eindringt und dieses schnell zu salzig schmeckt.

Den Ofen auf 220 °C vorheizen.

In einer Bratenpfanne oder einem anderen ofenfesten Geschirr, in dem der Fisch ausreichend Platz hat, eine etwa 13 Zentimeter dicke Schicht Salz ausbreiten. Den Wolfsbarsch darauflegen und die Kräuterzweige in die Bauchhöhle stecken.

Den Fisch mit dem restlichen Salz vollständig bedecken, mit zwei bis drei Esslöffeln Wasser beträufeln und 25 Minuten im Ofen backen. Nach Ende der Garzeit hat sich das Salz zu einer harten Kruste verfestigt.

Die Pfanne aus dem Ofen nehmen, den Fisch in seiner Kruste mit dem Pastis übergießen und flambieren. Sobald die Flammen erloschen sind, die Salzkruste mit dem Rücken eines Löffels aufbrechen und in großen Stücken abnehmen, bis der Fisch vollständig freiliegt. Das restliche Salz mit einem Küchenpinsel entfernen. Den Fisch vorsichtig auf eine Servierplatte heben und die Haut abziehen (siehe Schritt-für-Schritt-Anleitung auf der folgenden Doppelseite). Den Wolfsbarsch mit Zitronenspalten servieren.

Großzügig mit Pastis übergießen und flambieren. Die Flammen erlöschen von selbst.

Die Salzkruste mit einem Löffel aufklopfen und das restliche Salz mit einem Küchenpinsel entfernen.

Am besten geeignet zum Garen in der Salzkruste sind Wolfsbarsch, Meeräsche und Meerbrassen. Fische mit dünner Haut sollte man meiden, da zu viel Salz ins Fleisch eindringt und es überwürzt.

Die Haut vorsichtig abziehen.

Das Filet mit zwei Löffeln in Stücken von der Mittelgräte lösen.

Die Mittelgräte abheben, vom Kopf trennen und das darunterliegende Filet servieren.

Rochen *Batoidea*

Das saftige, aromatische Fleisch dieser wunderbaren Fische ist wie geschaffen für Suppen und Eintöpfe, da es den Geschmack der Garflüssigkeit förmlich aufzusaugen scheint.

Es gibt eine ganze Reihe wirtschaftlich genutzter Rochenarten. Wie ihre Verwandten, die Haie, haben sie statt Gräten ein knorpelartiges Skelett. Ihr abgeflachter rhombischer Körper mit dem schlanken Schwanz gleicht einem Drachen. Gegessen werden nur die zu »Flügeln« vergrößerten Brustflossen, mit deren Hilfe die Fische anmutig durch die Tiefen gleiten, um nach Krebsen und kleinen Fischen zu suchen. Viel Zeit verbringen sie halb im Boden vergraben, getarnt durch ihre dezente Sandfarbe, wo nur ihre Augen herausschauen und nach Beute spähen.

Als Speisefische bedeutsam sind vor allem die Echten Rochen *(Rajidae)*, die nicht lebend gebären, wie andere Rochenarten, sondern Eier in Form von hornigen Kapseln legen, aus denen nach sechs bis neun Monaten die Jungfische schlüpfen. Gelegentlich findet man diese Hülsen – wir Briten nennen sie *mermaids' purses*, »Geldbörsen der Meerjungfrauen« – am Strand. Manche Rochen tragen dornige Höcker auf der rauen Haut, andere sind an ihrem peitschenähnlichen Schwanz zu erkennen, der gewöhnlich mit einem stacheligen Widerhaken ausgestattet ist.

Rochen wachsen langsam – sie benötigen fünf bis zehn Jahre bis zur Geschlechtsreife – und ihr Nachwuchs ist nicht gerade zahlreich (Echte Rochen legen nur 40–150 Eier pro Jahr). Daher sind viele Arten infolge chronischer Überfischung massiv gefährdet. Wählen Sie vorzugsweise schneller wachsende Arten wie Stern-, Flecken- und Kuckucksrochen.

Geschmack

Der süßliche Duft erinnert an frisch gekochte Kartoffeln, gepaart mit einer intensiven Vanillenote und dem mildwürzigen Aroma von gekochtem Schinken. Ungewöhnlich ist die Maserung des Rochenfleischs, das in langen, gerade verlaufenden Fasern aufgebaut ist und an die Struktur von frischem Mozzarella oder Spaghettikürbis erinnert.

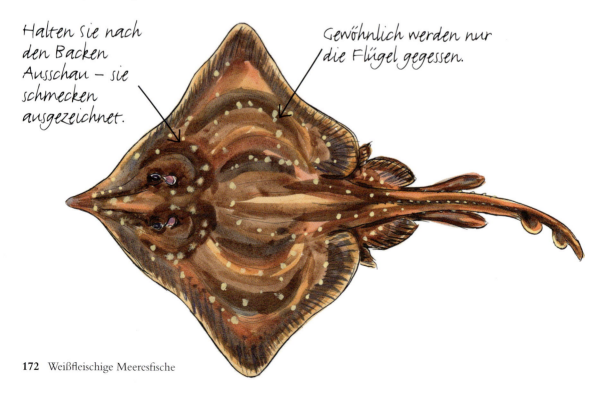

Halten Sie nach den Backen Ausschau – sie schmecken ausgezeichnet.

Gewöhnlich werden nur die Flügel gegessen.

172 Weißfleischige Meeresfische

Beim Kauen erzeugt es einen geschmeidigen, vollmundigen Eindruck von anhaltender Saftigkeit, die ganz leicht ins Gelatinöse tendiert. Der Geschmack ist delikat und sauber mit Andeutungen von blanchiertem Spargel, einem Anflug von Schinkenfett und einem ganz schwachen, angenehm metallischen Nachgeschmack.

Verbreitung

Der Fleckenrochen *(Raja montagui)* kommt von den Britischen Inseln bis nach Westafrika und im Mittelmeer vor, ebenso wie der Kuckucksrochen *(Raja naevus)*, der etwas häufiger auch in der Nordsee und im Kattegat auftaucht. Der Sternrochen *(Raja radiata)* lebt im gesamten Nordostatlantik vom Nordmeer und Island bis nach Nordafrika.

Ökologie

Rochen werden gewöhnlich bereits auf See ausgenommen und zerteilt, sodass nur die enthäuteten Flügel in den Handel gelangen. Leider lässt sich die Art daran nur schwer identifizieren. Hinzu kommt, dass Rochen weder gezielt nach Arten befischt noch als Fang mengenmäßig offiziell registriert werden. Wenn möglich, wählen Sie die weniger gefährdeten Flecken-, Kuckucks- oder Sternrochen. Meiden Sie die noch nicht geschlechtsreifen Fische von weniger als 54–57 Zentimeter Länge beim Fleckenrochen, 54–59 Zentimeter beim Kuckucksrochen und rund 40 Zentimeter beim Sternrochen – fragen Sie Ihren Fischhändler.

Achten Sie beim Kauf darauf, dass die Haut abgezogen ist und das Fleisch eine schöne blassrosa Farbe hat.

Land	Name
GB	Skate, Ray
Frankreich	Raie, Pocheteau
Italien	Razza
Spanien	Raya
Portugal	Raia
Griechenland	Saláhi, Rátsa
Niederlande	Rog
Dänemark	Rokke
Schweden	Rocka

Ernährung & Gesundheit

Nährwert pro 100 g: etwa 64 kcal, 0,4 g Fett.

Saison & Laichzeit

Meiden Sie Fleckenrochen in der Laichzeit von April bis Juli, Sternrochen von Sommer bis Herbst und Kuckucksrochen von Dezember bis Mai.

Anteil an verwertbarem Fleisch

Die Ausbeute an reinem Fleisch pro Flügel liegt bei 50 %.

Weißfleischige Meeresfische

Rochentopf mit Miesmuscheln und Mangold

Für 2 Personen

25 g Butter
4 Knoblauchzehen, fein gehackt
1 Schalotte, fein gehackt
100 ml trockener Weißwein
4 Tranchen Rochenflügel (insgesamt 600 g)
20 Miesmuscheln, gesäubert und entbartet
3–4 Mangoldblätter, von den Blattrippen befreit und in feine Streifen geschnitten
1 kleine getrocknete Bird's-Eye-Chilischote
100 ml Sahne
50 ml Olivenöl
75 g grobe frische Weißbrotbrösel
Meersalz
Fein abgeriebene Schale von 2 unbehandelten Zitronen
1 kleine Handvoll fein gehackte frische Petersilie

BEIM FISCHHÄNDLER
Bitten Sie Ihren Fischhändler, den Fisch in 2,5 Zentimeter breite Tranchen zu schneiden, vorzugsweise aus dem Mittelstück eines großen Flügels.

Es war meine gute Freundin und langjährige Assistentin Laura, die mich bei Rochen auf den Geschmack gebracht hat. Er war in Tomatensauce mit Safran und Thymian gegart. Rochenfleisch ist unglaublich saftig und daher bestens zum Dünsten, Schmoren und für Eintöpfe geeignet. Dieses einfache Gericht mit Miesmuscheln und ihrem Sud, abgerundet mit einem Schuss Sahne, schmeckt wie die Essenz des Meeres selbst. Und die Krönung des Ganzen sind die wunderbar knusprigen Brösel mit Knoblauch und Zitrone.

In einem Topf, in dem der Fisch und die Miesmuscheln genügend Platz haben, die Butter erhitzen. Die Hälfte des Knoblauchs und die Schalotte hineingeben und behutsam anschwitzen, bis sie weich sind. Den Wein zugießen, aufkochen und auf die Hälfte reduzieren. Die Rochenscheiben, die Miesmuscheln, den Mangold und die zerkrümelte Chilischote zugeben, mit der Sahne übergießen und zugedeckt 5–6 Minuten köcheln lassen, bis sich die Muscheln geöffnet haben und der Fisch gar ist. Muscheln, die sich nicht öffnen, wegwerfen.

In einem zweiten Topf das Olivenöl sehr heiß werden lassen, den restlichen Knoblauch zugeben und, sobald er braun zu werden beginnt, die Weißbrotbrösel und etwas Salz hinzufügen. Die Mischung weiterbräunen, bis sie knusprig ist. Die Zitronenschale und die Petersilie unterrühren. Die Rochenstücke und Muscheln großzügig mit der Mischung bestreuen und servieren.

Servieren Sie dazu am besten ein Kartoffelpüree mit reichlich frisch gemahlenem schwarzem Pfeffer oder schlicht einen Laib knuspriges Brot.

Frittierte Rochenflügel mit Kapernmayonnaise

Für 2 Personen

4 EL Mehl
2 Eier, verquirlt
100 g feine Semmelbrösel
2 Stücke Rochenflügel von je 250–300 g
Etwa 200 ml Pflanzenöl zum Frittieren

Für die Kapernmayonnaise
2 Eigelb
2 EL Weißweinessig
1 EL Dijonsenf
100 ml Pflanzenöl
50 g Kapern, grob gehackt
1 EL fein gehackte frische Petersilie
Saft von ½ Zitrone
Feines Salz und frisch gemahlener schwarzer Pfeffer

BEIM FISCHHÄNDLER
Achten Sie darauf, dass die Flügel bereits enthäutet sind und das Fleisch eine schöne blassrosa Farbe hat.

Rochenfleisch ist ungemein zart und völlig frei von spitzen Gräten, der beste Einstieg für alle Neulinge, die sich vorgenommen haben, künftig ein bisschen mehr Fisch zu essen.

Immer wieder höre ich, dass viele keinen Rochen mögen, weil er nach Ammoniak schmecken würde, dabei trifft das auf frischen Rochen keinesfalls zu. Erst mit zunehmendem Alter entwickelt sich ein unangenehmer Beigeschmack. Sollten Sie also dergleichen schon einmal gehört oder selbst erfahren haben, starten Sie erneut einen Versuch, und zwar mit wirklich frischem Rochen – Sie werden nicht enttäuscht sein. Ein ganz besonderer Genuss ist frittierter Rochen, er ist außen knusprig, innen saftig und bei kleineren Flügeln kann man sogar die knorpeligen Gräten mitessen.

Zuerst die Kapernmayonnaise zubereiten: In einer Schüssel die Eigelbe mit dem Essig und dem Senf verschlagen. Unter ständigem Weiterschlagen langsam, in einem dünnen Strahl, das Pflanzenöl zugießen, bis die Mayonnaise dick und cremig ist. Die Kapern, die Petersilie und die Hälfte des Zitronensafts unterrühren und mit Salz und Pfeffer abschmecken.

Das Mehl, die verquirlten Eier und die Semmelbrösel auf drei tiefe Teller verteilen. Die Rochenstücke zuerst in dem Mehl wenden, dann durch das Ei ziehen und zuletzt mit den Semmelbröseln panieren, sodass sie rundherum gut und gleichmäßig bedeckt sind.

In einer Fritteuse oder einem geeigneten Topf ausreichend Pflanzenöl auf 190 °C erhitzen, die panierten Rochenstücke hineingeben und 5–6 Minuten frittieren, bis sie goldgelb und knusprig sind (eventuell in zwei Durchgängen arbeiten). Auf Küchenpapier abtropfen lassen und anrichten. Mit etwas feinem Salz und dem restlichen Zitronensaft würzen, mit einem Löffel Kapernmayonnaise garnieren und servieren. Eine Schüssel mit Pommes frites und einige eingelegte Perlzwiebeln runden das Gericht perfekt ab.

Rochenfilets mit Venusmuscheln und Lauch

Für 2 Personen

1 Schuss Pflanzenöl
50 g Butter
2 Rochenfilets von je etwa 200 g
1 Knoblauchzehe, sehr fein gehackt
1 Stange Lauch, in feine, streichholzgroße Streifen geschnitten
180 g Venusmuscheln, gründlich gewaschen
1 Schuss Wermut oder trockener Weißwein
150 ml Sahne
1 kleine Handvoll frischer Estragon oder Petersilie, sehr fein gehackt
Meersalz und frisch gemahlener schwarzer Pfeffer

Rochen ist ideal für jeden Anfänger in der Fischküche, da sein Fleisch zart und süßlich und das knorpelige Skelett weich und gelatinös ist, nicht wie Gräten hart und spitz. Große Rochenflügel sind gut zu filetieren und eine Delikatesse, wie ich finde. Für dieses Gericht verwende ich am liebsten die dickeren Filets von der Oberseite der Flügel, doch mit dem Gegenstück von der Unterseite funktioniert es ebenso gut. Auch paniert und frittiert sind Rochenfilets ein Genuss.

Eine große Pfanne, in der beide Filets Platz haben, sehr heiß werden lassen. Etwas Pflanzenöl und die Hälfte der Butter hineingeben, die Rochenfilets einlegen und von jeder Seite in 4–5 Minuten goldgelb braten. Nach dem Wenden der Filets die restliche Butter zufügen. Sobald sie aufschäumt, mit einem Löffel das Fett beständig über den Fisch ziehen. Die Filets auf einer vorgewärmten Platte warm stellen.

In demselben Fett den Knoblauch und den Lauch anschwitzen; bei Bedarf noch etwas Butter zufügen. Die Muscheln zugeben, kurz durchrühren und den Wein oder Wermut zugießen. Die Pfanne behutsam rütteln, bis sich die Muscheln öffnen. Muscheln, die geschlossen bleiben, wegwerfen. Die Sahne und den Estragon oder die Petersilie zugeben und zum Kochen bringen. Die Sauce mit Salz und Pfeffer abschmecken und mit dem Lauch und den Muscheln über die Rochenfilets ziehen. Nichts schmeckt besser zu den ersten Frühkartoffeln.

BEIM FISCHHÄNDLER
Schauen Sie nach großen Rochenflügeln von 600–700 Gramm und bitten Sie Ihren Händler, die Flügel zu filetieren. Die oberen Filets sind grundsätzlich dicker, vermutlich müssen sie aber den kompletten Flügel kaufen; einzelne Stücke daraus werden selten angeboten.

Snapper *Lutjanidae*

Die farbenprächtigen Snapper oder Schnapper sind besonders in den Riffregionen beheimatete tropische Schwarmfische. Es gibt zig verschiedene Arten und die meisten sind hervorragende Speisefische. Auf dem Bild rechts ist der Five-Line Snapper zu sehen, der bekannteste ist aber wohl der Red Snapper oder Rote Schnapper *(Lutjanus campechanus)*, der hauptsächlich in der Karibik verbreitet ist.

Der bis zu 50 Zentimeter lange Red Snapper hat einen pink- bis hellroten hochrückigen Körper mit stacheliger Rückenflosse und einen dreieckig geschnittenen Kopf. Sein spitzes Maul ist mit kurzen, nadelähnlichen Zähnen gespickt, die mühelos kleine Fische, Garnelen, Krabben, Würmer, Kraken und Tintenfische zermalmen. Seine rote Hautfarbe verdankt er wohl den Garnelen auf seinem Speiseplan.

Red Snapper gleicher Größe bilden räuberische Schwärme, die um Wracks und in Riffen auf Beutezug gehen. Die Jungfische bevorzugen flache Gewässer über sandigem oder schlammigem Untergrund, in dem sie nach Nahrung suchen.

Die langsam wachsenden Red Snapper sind nach zwei bis fünf Jahren geschlechtsreif, die Männchen mit etwa 22 Zentimeter, die Weibchen mit 38 Zentimeter Länge. Sie können über 20 Jahre alt werden. Die Laichzeit dauert je nach Region von Juni bis Oktober.

Da die Nachfrage nach diesem schmackhaften Fisch ständig steigt, sind die Bestände drastisch zurückgegangen, sodass nicht selten ähnliche Snapper-Arten missbräuchlich als Red Snapper verkauft werden. Zum Glück sind die Verwandten ebenso schmackhaft, so sind etwa der Caribbean Red Snapper, der Mutton Snapper, der Five-Line Snapper (siehe Bild) sowie Vermillion-, Mangrove- oder Yellowtail-Snapper exzellente Alternativen. Mutton Snapper gilt sogar als aussichtsreicher Kandidat für die Zucht in Aquakulturen – eine gute Nachricht für die stark dezimierten Bestände des populären Bruders.

Geschmack

Im Geruch verrät Red Snapper eine leichte Wildnote. Die länglichen Fasern des elastischen Fleischs sind in einem spiralähnlichen Muster angeordnet. Es ist saftig und erinnert geschmacklich an Ente – ein Nachhall des Geruchs –, unterlegt von dem leichten Brathähnchenaroma der dicken Haut – optimal kommt der Geschmack zur Geltung, wenn man Fleisch und Haut zusammen isst. Die deutlich sichtbare Fettlinie verrät, dass neben dem milden weißen auch reichlich dunkles Fleisch vorhanden ist, das für einen leicht metallischen Nachgeschmack sorgt.

Verbreitung

Red Snapper lebt in den tropischen und subtropischen Regionen des Westatlantiks von North Carolina bis zu den Florida Keys sowie in der Karibik und entlang der Nordküste Südamerikas.

Ökologie

Es gibt zwei Red-Snapper-Fischereien, die South Atlantic und die Gulf of Mexico red snapper fishery. Erstere unterliegt seit 1983 dem Snapper-Grouper Fishery Management Plan (FMP).

Im Golf von Mexiko hat der National Marine Fisheries Service (NMFS) eine Reihe von Langzeitmaßnahmen gegen Überfischung und das Beifangproblem in der Red-Snapper- und Garnelenfischerei auf den Weg gebracht. Eines der Hauptprobleme bei der Wiederherstellung der Bestände ist die hohe Mortalität der Jungfische, die als Beifang in Garnelenschleppnetzen verenden. Um den Beifang zu minimieren, ist der Einsatz sogenannter »by-catch reduction devices« (BRDs) erforderlich, Hilfsmittel, die den Fischen die Flucht aus dem Netz ermöglichen, während die Garnelen dort verbleiben. Das Programm soll mit zahlreichen weiteren Maßnahmen die Populationen des Red Snappers im Golf von Mexiko bis 2032 wiederherstellen.

Land	Name
Deutschland	*Snapper, Schnapper*
GB	*Snapper*
USA	*Snapper, Porgy*
Frankreich	*Vivaneau, Sarde*
Italien	*Lutjanido*
Spanien	*Pargo, Pargo del Golfo*
Portugal	*Luciano-do-Golfe, Vermelho*
Niederlande	*Roodvis*
Dänemark	*Rød snapper*
Schweden	*Röd snapper*

Ernährung & Gesundheit

Snapper ist arm an gesättigten Fettsäuren und Natrium und eine sehr gute Eiweißquelle.
Nährwert pro 100 g: etwa 90 kcal, 1,3 g Fett.

Saison & Laichzeit

Meiden Sie Red Snapper in der Laichzeit von Juni bis Oktober bzw. von Juli bis September bei Fischen aus dem Südosten der USA.

Anteil an verwertbarem Fleisch

1 kg Snapper liefert 470 g (47 %) reines Filet.

Red-Snapper-Curry

Für 2 Personen

1 TL gemahlene Kurkuma

1 TL gemahlener Koriander

1 Red Snapper von etwa 600 g, filetiert, mit Haut

Saft von 2 Limetten

6 EL Pflanzenöl

1 große Zwiebel, in feine Streifen geschnitten

80 g frischer Ingwer, im Mörser zu einer Paste zerrieben

4 Knoblauchzehen, zerstoßen

5 grüne Kardamomkapseln

4 Gewürznelken

10 schwarze Pfefferkörner

1 TL Chiliflocken

1 Zimtstange

1 Handvoll Curryblätter

1 Dose (400 ml) Kokosmilch

1 EL Fischsauce (Nam pla oder Nuoc mam; aus dem Asia-Shop), oder nach Geschmack

1 großzügige Handvoll Koriandergrün, fein gehackt

BEIM FISCHHÄNDLER
Bitten Sie Ihren Fischhändler, den Fisch zu schuppen, zu filetieren und die kleinen Stehgräten zu entfernen. Auch gegen tiefgefrorenen Red Snapper ist nichts einzuwenden.

Dieses fabelhafte Rezept ist von einem meiner ehemaligen Köche inspiriert, dem jetzigen Gewürzguru James Ransome. Er schickt mir ab und zu eine oder zwei Kisten mit seinen neuesten Gewürzmischungen zum Ausprobieren und die haben es wirklich in sich. Dieses Curry ist das Resultat einer seiner Kreationen. Ich habe die Mischung schon viele Male erfolgreich mit Hummer, Krabbe, Seeteufel, Garnelen, Mies- und Venusmuscheln kombiniert, sie ist wirklich sehr vielseitig. Auf seiner Website www.seasonandspice.com können Sie die Gewürze bestellen, falls Sie Lust verspüren. Auf den Malediven und in Sri Lanka isst man dieses Curry zum Frühstück, aber auch als Hauptmahlzeit mit grünem Frühlingsgemüse oder Reis schmeckt es vorzüglich.

Die Kurkuma und den gemahlenen Koriander vermengen und die Snapperfilets mit der Hälfte der Mischung einreiben, besonders von der Fleischseite. Den Saft einer Limette über dem Fisch auspressen und die Filets 40 Minuten im Kühlschrank marinieren.

Inzwischen in einem großen Topf das Öl erhitzen und die Zwiebel behutsam darin anschwitzen, bis sie weich ist. Den Ingwer und den Knoblauch zugeben und 3–4 Minuten anschwitzen. Den Kardamom, die Nelken, die Pfefferkörner, die Chiliflocken, den Zimt und die Curryblätter hinzufügen und alles noch einmal 1 Minute garen. Die restliche Kurkuma-Koriandermischung einstreuen und die Kokosmilch zugießen. Die marinierten Snapper-Filets mit der Fleischseite nach unten einlegen und 8–10 Minuten in der Mischung garen.

Die Sauce mit der Fischsauce und dem Saft der zweiten Limette abschmecken. Das Curry mit dem gehackten Koriandergrün vollenden und servieren.

Frittierter Snapper mit süßer Chilisauce

Für 2 Personen

Pflanzenöl zum Frittieren
20 g Maisstärke
Meersalz und frisch gemahlener schwarzer Pfeffer
2 Snapperfilets von je 250 g mit Haut

Für die Sauce
100 ml Weißweinessig
150 g Zucker
½ rote Zwiebel, in feine Scheiben geschnitten
2,5 cm Ingwer, geschält und in streichholzdünne Streifen geschnitten oder gerieben
2 frische rote Chilischoten, in feine Ringe geschnitten
1 EL Fischsauce (Nam pla oder Nuoc mam; aus dem Asia-Shop), oder nach Geschmack
Fein abgeriebene Schale und Saft von 1 unbehandelten Limette
1 kleine Handvoll gehacktes Koriandergrün

BEIM FISCHHÄNDLER
Bitten Sie Ihren Fischhändler, den Fisch vor dem Filetieren zu schuppen und die kleinen Stehgräten aus den Filets herauszuziehen.

Das feste Fleisch von Warmwasserfischen eignet sich exzellent für Schmor- und Eintopfgerichte und zum Frittieren – und Snapper ist so ein Fisch. Die Sauce ist ein Gedicht; sie schmeckt auch hervorragend zu Miesmuscheln oder als feurig-süße Kruste auf einem gebratenen Hummer.

In einer Fritteuse oder einem geeigneten Topf ausreichend Pflanzenöl auf 190 °C erhitzen.

Inzwischen die Sauce zubereiten: Den Essig und den Zucker in einem Topf vermengen und bei schwacher Hitze erwärmen, bis sich der Zucker vollständig aufgelöst hat. Die Mischung schmeckt süßsauer und ist ziemlich klebrig. Die Zwiebel, den Ingwer und die Chilischoten zugeben und in 3–4 Minuten bissfest garen. Die Sauce mit der Fischsauce abschmecken und die Schale und den Saft der Limette unterrühren.

Die Maisstärke auf einen großen Teller oder auf die saubere Arbeitsfläche geben und mit Salz und Pfeffer würzen. Die Snapperfilets von beiden Seiten in der Mischung wenden – überschüssige Stärke behutsam abschütteln – und in dem heißen Öl knusprig frittieren. Auf Küchenpapier abtropfen lassen.

Kurz vor dem Servieren das gehackte Koriandergrün unter die Sauce mengen. Die Snapperfilets mit der Sauce überziehen und servieren. Dazu schmeckt ein Nudelsalat mit Sesamöl, Limettensaft und Ingwer.

Steinbutt *Psetta maxima*

Ein dickes Stück gebratener Steinbutt mit Sauce hollandaise gehört zu den Freuden des Lebens. Kulinarisch ist der Steinbutt der uneingeschränkte Herrscher im Reich der Plattfische, den großen Bruder des Glattbutts wusste man schon vor 2000 Jahren zu schätzen. Von seinem schottischen Spitznamen bannock fluke – »linksäugiger Haferkuchen« – sollte man sich nicht täuschen lassen – es ist der Fisch für besondere Anlässe.

Der Steinbutt wird 50–80 Zentimeter, gelegentlich auch einen Meter groß und bis zu 25 Jahre alt. Er hat einen rautenförmigen Körper, und seine schuppenlose Haut ist mit warzigen Höckern, den »Steinen«, übersät. Im 19. Jahrhundert war ihr Genuss unter Kennern ein absolutes Muss und auch die Flossen galten als Delikatesse. Steinbutt bevorzugt sandige, kieselige oder mit Muscheln bedeckte Untergründe, auf denen seine gänzlich mit kleinen braunen, schwarzen und grünen Flecken getupfte Augenseite kaum auszumachen ist. Die Blindseite ist weiß. Seine bevorzugte Kost sind kleine Bodenfische, Muscheln und Krebse.

Die tendenziell größeren Weibchen erreichen nach fünf Jahren mit rund 35 Zentimeter Länge die Geschlechtsreife, die Männchen bei etwa 30 Zentimeter; Laichzeit ist von April bis August. Gelegentlich sieht man die Jungfische in Gezeitentümpeln oder in Mündungsgebieten von Flüssen.

Geschmack
Wilder Steinbutt
Der subtile Duft mit Anklängen an Kartoffelschalen und Bratenkruste konzentriert sich auf die Haut und wird geschmacklich von einer delikaten Meerwassernote mit einer Spur Süße ergänzt. Doch neben dem gefälligen Geschmack ist es vor allem die unvergleichliche Konsistenz, die dem Steinbutt den Ruf als »König der Fische« eingetragen hat. Das weiße Fleisch ist fest, saftig und elastisch und zerfällt in gleichmäßige, blättrige Stücke von seidiger und gelatinöser Beschaffenheit, die ein sattes, fast klebriges Mundgefühl erzeugen.

Zuchtsteinbutt
Der Zuchtfisch verströmt einen süßlichen Stärkegeruch wie Popcorn oder Pommes frites. Dieser leicht zuckrige Eindruck setzt sich im Geschmack fort, den eine karamellartig-laktische Note bestimmt, wie man sie von angebrannter Milch kennt. Das Fleisch ist von nachgiebiger, sehr geschmeidiger Konsistenz und grobblättriger Struktur. Der Stärkecharakter des Geruchs wird auch beim Kauen spürbar.

Verbreitung
Steinbutt bevorzugt küstennahe Flachwasserzonen mit sandigem Untergrund. Er lebt im gesamten Nordostatlantik vom nördlichen Polarkreis und Island bis Marokko, rund um die Britischen Inseln, in Nord- und Ostsee sowie im Mittelmeer und im Schwarzen Meer. Die Hauptfischgründe sind die Sandbänke der Nordsee.

Ökologie
Nach Möglichkeit sollte man geangelten Steinbutt oder Fische aus Tagesfang bevorzugen. Der Großteil des Angebots wird in vertretbarer Weise mit Grundschleppnetzen gefischt. Im gesamten Einzugsgebiet der Cornwall Sea Fisheries gilt eine verbindliche Mindestfanggröße von 30 Zentimeter.

Land	Name
GB/USA	*Turbot*
Frankreich	*Turbot*
Italien	*Rombo chiodato*
Spanien	*Rodaballo*
Portugal	*Pregado*
Griechenland	*Kalkáni*
Niederlande	*Tarbot*
Dänemark	*Pighvarre*
Schweden	*Piggvar*
Norwegen	*Piggvar*

Ernährung & Gesundheit
Steinbutt ist reich an den Vitaminen B_{12} und Niacin (B_3) und an den Mineralstoffen Selen, Magnesium und Phosphor. Nährwert pro 100 g: etwa 95 kcal, 2,7 g Fett.

Saison & Laichzeit
In der Laichzeit von April bis August sollte man dem Fisch eine Schonzeit gönnen. Am besten schmeckt Steinbutt im Herbst und Winter.

Anteil an verwertbarem Fleisch
1 kg Steinbutt liefert 500 g (50 %) Steaks (Tranchen) und 330 g (33 %) reines Filet.

Weißfleischige Meeresfische

Steinbutt mit Kapern-Petersiliensauce

Für 2 Personen

2 Steinbutttranchen (Steaks) von je etwa 350 g mit Haut
2 EL Olivenöl
Meersalz und frisch gemahlener schwarzer Pfeffer
400 ml Milch
1 Zwiebel
8 Gewürznelken
2 Lorbeerblätter
40 g Butter
3 EL Mehl
3 EL kleine Kapern
3 EL fein gehackte frische Petersilie
Zitronensaft nach Geschmack

BEIM FISCHHÄNDLER
Kaufen Sie möglichst fleischige Tranchen, die quer aus dem ganzen Fisch geschnitten sind, oder die, wenn er groß genug ist, aus der rechten Körperhälfte, dem besten Stück gleich hinter dem Kopf, stammen.

Ein weiteres Gericht, das ich für mein Leben gern esse – eine dicke, in der Pfanne gebratene Scheibe Steinbutt, die von einer cremigen Kapern-Petersiliensauce überzogen ist. Am liebsten stelle ich die Pfanne einfach in die Mitte des Tischs und lasse meine Gäste sich selbst bedienen, die schönste Art, diesen edlen Fisch zu zelebrieren.

Den Ofen auf 240 °C vorheizen.

Die Steinbutttranchen mit dem Olivenöl einreiben und mit Meersalz und schwarzem Pfeffer würzen. In eine große Bratenpfanne legen und 12–15 Minuten im Ofen braten.

Inzwischen die Sauce zubereiten: Die Milch in einen großen Topf gießen. Die Zwiebel halbieren und mit den Nelken spicken. Jede Hälfte einmal einschneiden und die Lorbeerblätter in die Einschnitte stecken. Die gespickten Zwiebelhälften in die Milch legen, zum Kochen bringen und bei schwacher Hitze 6–7 Minuten garen. Den Topf von der Kochstelle nehmen und die Zwiebel weitere 10 Minuten in der Milch ziehen lassen. Herausnehmen.

In einem weiteren Topf die Butter bei schwacher Hitze zerlassen. Das Mehl einstreuen und unter Rühren kurz anschwitzen, bis sich eine cremige Masse gebildet hat. Langsam die heiße Milch zugießen und die Sauce unter Rühren allmählich zum Kochen bringen, bis sie sämig wird und die Konsistenz von dicker Sahne angenommen hat; mit etwas Salz und Pfeffer würzen. Die Kapern und die Petersilie unterrühren und die Sauce mit einem Spritzer Zitronensaft abrunden.

Die Steinbutttranchen auf einer Platte anrichten und die Haut entfernen – sie sollte sich ganz leicht abziehen lassen. Den Fisch mit reichlich Sauce übergießen und servieren. Dazu passt frisch blanchierter Spinat oder Mangold oder violetter Brokkoli.

Steinbuttsteaks mit Tatarensauce

Für 2 Personen

2 Steinbutttranchen (Steaks) von je etwa 300 g
Olivenöl zum Bestreichen
Meersalz und frisch gemahlener schwarzer Pfeffer

Für die Tatarensauce
2 Eigelb
1 EL Weißweinessig
1 TL Dijonsenf
250 ml Pflanzenöl
1 EL fein gehackte Kapern
1 EL fein gehackter frischer Estragon
1 EL fein gehackte Schalotten
1 EL fein gehackte Cornichons
Einige Tropfen Zitronensaft, oder nach Geschmack

Zum Servieren
Zitronenspalten

BEIM FISCHHÄNDLER
Fragen Sie Ihren Fischhändler nach Tranchen aus dem Mittelstück des Fischs; je größer der Steinbutt, desto besser!

Steinbutt rangiert ziemlich weit oben auf der Hitliste der Fische und je einfacher man ihn zubereitet, desto besser kommen seine kulinarischen Qualitäten zur Geltung. Eine einfache Hollandaise oder Béarnaise oder schlicht zerlassene Butter mit etwas Zitronensaft und Petersilie genügt und der Genuss ist Ihnen gewiss. Ich kontrastiere Fisch von sehr feinem Geschmack gern mit würzig-pikanten Aromen und da geht bei diesem Steinbutt nichts über eine kräftige Tatarensauce.

Den Ofen auf 240 °C vorheizen.

Die Steinbutttranchen mit dem Olivenöl bestreichen und mit Salz und Pfeffer würzen. In eine Bratenpfanne legen und 12 Minuten im Ofen braten. Während des Garens tritt in der Mitte entlang der Gräte eine milchige Flüssigkeit aus – Eiweiß, das sich durch die Einwirkung der Hitze abtrennt.

Inzwischen die Tatarensauce zubereiten: Die Eigelbe, den Essig und den Senf in einer kleinen Schüssel verrühren. Unter ständigem Weiterrühren langsam in einem steten Strahl das Pflanzenöl zugießen, bis die Mayonnaise dick und cremig ist. Die Kapern, den Estragon, die Schalotten und die Cornichons unterrühren und die Tatarensauce mit Salz, Pfeffer und etwas Zitronensaft abschmecken.

Die Steinbutttranchen anrichten, mit einem großzügigen Klecks Tatarensauce und Zitronenspalten garnieren und mit einem Salat der Saison servieren.

Pochierter Steinbutt mit Gurken-Minzedip

Für 4 Personen als Vorspeise

125 ml Weißwein
1 kleine Handvoll frische Petersilie
    (Blätter und Stängel)
6 Lorbeerblätter
1 Zwiebel, gehackt
1 EL Steinsalz
8 schwarze Pfefferkörner
400 g dickes Steinbuttfilet am Stück
100 g Crème fraîche
1 EL fein gehackte frische Minze
Saft von 1 Zitrone
4 EL geschälte und fein gewürfelte
    Salatgurke
Meersalz und frisch gemahlener
    schwarzer Pfeffer

Zum Servieren
Einige Handvoll Brunnenkresse
Natives Olivenöl extra

BEIM FISCHHÄNDLER
Fragen Sie nach Filet von einem möglichst großen Steinbutt – allererste Wahl, aber selten erhältlich, ist Steinbutt mit mehr als fünf Kilogramm Gewicht. Bitten Sie Ihren Händler, das Filet zu häuten.

Steinbutt verfügt über ganz besondere Qualitäten, sein Fleisch ist wunderbar fest und schmeckt wie pochierter Lachs auch ausgezeichnet kalt. Allerdings gibt es ihn nicht gerade umsonst – im Gegenteil, er gehört zum Teuersten, was das Meer zu bieten hat – da ist eine Vorspeise eine gute Gelegenheit, diesen großartigen Fisch zu genießen, ohne sich gleich in den Ruin zu stürzen.

In einem großen Topf, in dem der Fisch Platz hat, den Wein, 250 Milliliter Wasser, die Petersilie, die Lorbeerblätter, die Zwiebel, das Steinsalz und die Pfefferkörner vermengen. Das Filet einlegen und darauf achten, dass es vollständig mit Flüssigkeit bedeckt ist. Gegebenenfalls noch etwas Wasser zugießen. Zum Kochen bringen, die Hitze reduzieren und den Fisch 2–3 Minuten sanft pochieren. Den Topf vom Herd nehmen und das Steinbuttfilet in der heißen Flüssigkeit noch eine Weile ziehen und anschließend abkühlen lassen.

Die Crème fraîche, die Minze, den Zitronensaft und die Gurke in einer Schüssel verrühren und mit Salz und Pfeffer abschmecken.

Kurz vor dem Servieren den erkalteten Steinbutt in vier gleich große Portionen zerteilen und auf Tellern anrichten. Mit dem Gurken-Minze-Dip und frischer Brunnenkresse, gewürzt mit Salz und Olivenöl, servieren.

»Steinbutt hat einen volleren Geschmack als die meisten anderen Fische, er hält beim Garen gut zusammen und seine Konsistenz ist hervorragend, fast wie Filetsteak. Außerdem lässt sich Steinbutt kinderleicht zubereiten – er braucht so gut wie nichts. Ein wirklich königlicher Fisch, kein Wunder, dass er seit Jahrhunderten hoch geschätzt wird.«
Martin Purnell, Fischeinkäufer

Wittling *Merlangius merlangus*

Dieses wohlschmeckende Mitglied der Dorschfamilie wurde bislang für seine kulinarischen Verdienste nicht gerade überschwänglich gefeiert, doch seit das Thema Nachhaltigkeit die Schlagzeilen beherrscht, ist es Zeit für einen genaueren Blick.

Wie alle Vertreter aus der Dorschfamilie ist Wittling ein ausgesprochen träger und gefräßiger Fisch und es ist diese Mischung aus Bewegungsmangel und unstillbarem Appetit, der er sein wunderbar blättriges, perlmutterfarbenes Fleisch verdankt. Anders als seine eher pelagisch lebenden Verwandten bevorzugt der Wittling flache Küstengewässer, wo er sich zu räuberischen Schwärmen versammelt. Die meisten Exemplare, die auf der Fischtheke landen, messen 30–40 Zentimeter, obwohl auch immer mal wieder 70 Zentimeter lange Wittlinge auftauchen, die bis zu drei Kilo auf die Waage bringen.

Wittling ist noch empfindlicher als Makrele und verdirbt schnell, daher sollte er beim Einkauf so frisch wie möglich sein und mit Umsicht behandelt werden. Er hat einen schlanken, in der Statur dem Kabeljau ähnlichen Körper, allerdings fehlt ihm der Kinnfaden. Der Rücken ist rotbraun bis graugrün und über die silbrigen Flanken verläuft eine geschwungene Seitenlinie; der Bauch ist weiß. Charakteristisch ist auch der schwarze Punkt an der Basis der Brustflossen.

Geschmack
Wittling hat einen kräftigen, würzigen Geruch – wie der Duft einer Tüte Backfisch, gewürzt mit Salz und Essig. Der Geschmack verrät zunächst eine intensive Vollmilchnote, die sich aber schnell verflüchtigt, und die Konsistenz ist weich, jedoch etwas krümelig, wie Müsli oder Haferkeks.

Verbreitung
Der Wittling lebt im Nordostatlantik vom Polarkreis bis nach Spanien sowie in der Ostsee, im Mittelmeer und im Schwarzen Meer.

Ökologie
Die Bestände gelten als gesund. Unreifen Wittling unter 30 Zentimeter Länge sollte man ebenso meiden wie Fische, die in der Laichzeit von März bis April angeboten werden.

Land	Name
Deutschland	*Wittling, Merlan*
GB	*Whiting*
USA	*Whiting, Silver hake*
Frankreich	*Merlan*
Italien	*Merlano*
Spanien	*Merlán, Plegonero*
Portugal	*Badejo*
Griechenland	*Taoúki*
Niederlande	*Wijting*
Dänemark	*Hvilling*
Schweden	*Vitling*
Norwegen	*Hvitting, Kviting*

Ernährung & Gesundheit
Nährwert pro 100 g: etwa 81 kcal, 0,7 g Fett.

Saison & Laichzeit
Wittling schmeckt am besten zwischen November und Februar, wenn die Fische besonders zahlreich in Küstennähe auftauchen; vor allem kurz vor der Laichzeit sind sie in erstklassigem Zustand.

Anteil an verwertbarem Fleisch
1 kg Wittling liefert 450 g (45 %) reines Filet.

Gegrillter Wittling mit Kapernbutter

Für 2 Personen

2 EL Kapern
Fein abgeriebene Schale von 1 unbehandelten Zitrone
1 EL fein gehackte frische Petersilie
100 g weiche Butter
350 g Wittlingfilet mit Haut
Meersalz

BEIM FISCHHÄNDLER
Wählen Sie einen möglichst großen Fisch, den Sie sich vom Fischhändler filetieren und sorgfältig entgräten lassen.

Wittling ist ein völlig unterschätzter Fisch. Er hat zartes, feinblättriges Fleisch von ungemein delikatem Geschmack, ein Hochgenuss paniert gebraten mit Tatarensauce oder, wie hier, schlicht gegrillt und mit Kapernbutter serviert.

Den Backofengrill auf höchster Stufe vorheizen.

Die Kapern, die Zitronenschale, die Petersilie und die Butter im Mixer pürieren, bis die Mischung fast glatt ist.

Die Wittlingfilets von beiden Seiten mit der Kapernbutter bestreichen und 4–5 Minuten mit der Haut nach oben unter dem Grill garen. Salzen und mit einem einfachen grünen Salat oder einem Tomatensalat servieren.

Gegrillter Wittling mit Zwiebel-Rosmarinsauce

Für 4 Personen

150 g weiche Butter

2 Zwiebeln, in feine Streifen geschnitten

1 Knoblauchzehe, in dünne Scheiben geschnitten

1½ EL Weißweinessig

75 ml trockener Weißwein

250 ml Sahne

1 Zweig frischer Rosmarin

2 Lorbeerblätter

Meersalz und frisch gemahlener schwarzer Pfeffer

1 Handvoll fein gehackte frische Petersilie

4 Wittlingfilets von je 170 g mit Haut (vorzugsweise »Schmetterlingsfilets«; siehe unten)

BEIM FISCHHÄNDLER

Bitten Sie Ihren Fischhändler, die Wittlinge von den Köpfen zu befreien und so zu filetieren, dass die Filets am Rücken noch zusammenhalten; auch der Schwanz sollte dranbleiben – eine optisch sehr ansprechende Art der Präsentation.

Wittling kann im Geschmack etwas neutral ausfallen, doch die Fische schwimmen da draußen in Hülle und Fülle, und wenn ganz frisch genossen, munden sie wirklich ausgezeichnet, besonders mit etwas Butter gegrillt und mit dieser vorzüglichen Sauce serviert.

Zuerst die Sauce zubereiten: In einem Topf mit schwerem Boden 100 Gramm der Butter bei schwacher Hitze zerlassen. Die Zwiebeln und den Knoblauch zugeben und 10 Minuten ganz behutsam anschwitzen; darauf achten, dass die Zwiebeln nicht bräunen oder ansetzen. Sobald sie weich und glasig sind, den Weißweinessig zugießen und alles weitere 3–4 Minuten garen, bis die Flüssigkeit vollständig verdampft ist. Dann den Weißwein zugießen und einkochen lassen. Wenn nur noch ein winziger Rest verblieben ist, die Sahne, den Rosmarin und die Lorbeerblätter zugeben, mit etwas schwarzem Pfeffer würzen und mindestens noch 15 Minuten garen. Die Lorbeerblätter und den Rosmarinzweig herausnehmen und die Sauce mit dem Stabmixer oder in der Küchenmaschine pürieren, bis sie ganz glatt ist (es sollten keine Zwiebelstückchen verbleiben). Die Sauce wieder erhitzen und die gehackte Petersilie unterrühren.

Den Backofengrill vorheizen. Die Wittlingfilets mit der restlichen Butter bestreichen, mit Salz und Pfeffer würzen und mit der Haut nach oben grillen, bis sie knusprig ist.

Die Filets anrichten, mit einigen Löffeln Sauce garnieren und mit neuen Kartoffeln servieren.

Fettfische

Sardelle	196
Hering	204
Gelbschwanzmakrele	210
Atlantische Makrele	214
Lachs	226
Sardine	232
Sprotte	238
Schwertfisch	244
Thunfisch	248

Sardelle *Engraulis encrasicolus*

Ich bin ein großer Fan dieser kleinen Verwandten des Herings; sie bieten so vielfältige Verwendungsmöglichkeiten. Marinierte frische Sardellen sind ein Glanzpunkt kalter Antipasti, und die in Salz eingelegten Fische verleihen Pasta, Salaten und Saucen einen Aromaschub. Außerdem stehen sie auf der Zutatenliste der berühmten Worcestersauce und gehören zur streng gehüteten Rezeptur des traditionellen Gentleman's Relish *(Patum Peperium)*, eine Sardellenpaste aus dem 19. Jahrhundert, die hauchdünn auf Toast gestrichen wird.

Sardellen führen ein ebenso kurzes wie aktives Leben. Getreu dem Motto »gemeinsam sind wir sicher« bilden die kleinen Planktonfresser vom unteren Ende der Nahrungskette große Schwärme – eine kluge Überlebensstrategie, wenn fast jeder in oder sogar auf dem Ozean hinter einem her ist. Im Sommer ziehen die Fische vom offenen Meer zum Laichen unter die Küste.

Sardellen werden bis zu 20 Zentimeter lang, die durchschnittliche Größe liegt zwischen zwölf und 15 Zentimeter. In der Gestalt ähneln sie den Sprotten: silbrig schimmernde Grundfärbung, gegabelte Schwanzflosse bei nur einer Rückenflosse; allerdings ist ihr Körper etwas rundlicher und schlanker im Profil. Die meisten Sardellen enden in großen Fässern, wo sie zwischen Schichten von Salz einige Wochen verbringen, um dann in Olivenöl eingelegt und in Gläsern oder Dosen verpackt zu werden.

Geschmack

Frische gebratene Sardellen sind Sardinen nicht unähnlich – ölig und würzig-frisch im Geschmack. Das Fleisch der Salzfische ist dunkelbraun (die aus dem spanischen Kantabrien stammenden feinsten Sardellen sind blassrosa) und erinnert beim Hineinbeißen an reife Birne. Der scharfe Salzgeschmack hat bei guten Produkten eine frische Meerwassernote.

Verbreitung

Sardellen werden hauptsächlich im Mittelmeer, in der Schwarzmeerregion, entlang der Westküste Afrikas bis Angola sowie im nordöstlichen und mittleren Atlantik gefangen. Regelmäßig befischt werden sie an der Küste Griechenlands, Siziliens, der Türkei, Bulgariens, Russlands, der Ukraine, Italiens, Frankreichs und Spaniens.

(Fortsetzung auf Seite 198)

Land	Name
GB	*Anchovy*
Frankreich	*Anchois*
Italien	*Acciuga, Alice*
Spanien	*Anchoa, Boquerón*
Portugal	*Anchova, Biqueirão*
Griechenland	*Gávros*
Türkei	*Hamsi*
Tunesien	*Anshouwa*
Niederlande/ Schweden	*Ansjovis*
Dänemark	*Ansjos*
Norwegen	*Ansjos*

Ernährung & Gesundheit

Sardellen sind reich an Kalzium und Eisen und eine erstklassige Quelle für Eiweiß, Niacin, Selen und Omega-3-Fettsäuren.
Nährwert der in Öl eingelegten Filets pro 100 g: etwa 133 kcal, 5 g Fett.
Nährwert des Frischfischs pro 100 g: etwa 131 kcal, 4,8 g Fett.

Saison & Laichzeit

Meiden Sie frische Sardellen in der Laichzeit; sie dauert im Mittelmeer von April bis September, in der südlichen Nordsee und im Ärmelkanal von Juni bis August. Am besten schmecken Sardellen im Winter.

Anteil an verwertbarem Fleisch

1 kg Sardellen liefert 550 g (55 %) reines Filet.

Die geografischen Rassen erstrecken sich über die europäische Atlantikküste bis nach Südnorwegen. In England tauchen sie gelegentlich im Winter vor Cornwall und Devon auf.

Ökologie

So klein die Europäische Sardelle auch sein mag, so groß ist die Nachfrage nach ihr. Die besten Sardellen werden im Golf von Biskaya vor der Küste Spaniens und Frankreichs sowie vor Portugal und im Mittelmeer gefangen. Der Einsatz modernster Technik bei der Ortung der Schwärme, die immer effizienteren Fangmethoden und die scheinbar unersättliche Nachfrage haben dazu geführt, dass Sardellen fast ganzjährig befischt werden. Streng kontrollierte Quoten sollen nun helfen, die verbliebenen Bestände nachhaltig zu bewirtschaften.

Ein Meer von Sardellen

Im Jahr 2007 tauchten vor Brixham riesige Schwärme Sardellen auf. Es war ein unglaubliches Schauspiel. LKWs vom europäischen Festland standen Schlange, während die kleinen Boote täglich bis zu 30 Tonnen der Fische anlandeten. Bei einem Preis von 2000 englischen Pfund pro Tonne war das ein extrem guter Monat für den Hafen und seine Fischer.

Ähnliches hat sich schon mehrfach ereignet, so im November 1890, als die Pilchard-Boote vor Plymouth innerhalb von zwei Tagen Unmengen von Sardellen aus dem Meer zogen.

Der Zoologe Frank Buckland zitiert in seiner *History of British Fishes* den Bericht eines Matthias Dunn of Mevagissey aus Cornwall, der ihm im November 1871 geschrieben hat: »Nur selten kommen Sardellen so nah an das Festland heran wie diese. In unermesslichen Mengen verharren sie von Dezember bis Februar vor unserer Küste und in manch dunkler Nacht erhellt ihr wunderbar phosphoreszierender Schimmer die Tiefe des Ozeans.«

Selleriesalat mit Sardellen und Pinienkernen

Für 2 Personen

1 EL Sultaninen
6–7 gesalzene Sardellenfilets
¼ Knoblauchzehe, zerstoßen
1 kleine Handvoll Basilikum
1 Spritzer Rotweinessig
1 EL Crème fraîche
100 ml Olivenöl
25 g Parmesan, fein gerieben
1 Spritzer Zitronensaft
Fein abgeriebene Schale von 1 unbehandelten Zitrone
1 Spritzer Worcestersauce, oder nach Geschmack
3 Stangen Sellerie, in feine Scheiben geschnitten
1 kleine rote Zwiebel, in feine Streifen geschnitten
1 EL Pinienkerne, geröstet

Zum Garnieren
Frische Basilikumblätter, zerzupft

Dieser erfrischende Salat ist ganz einfach zuzubereiten. Gute gesalzene Sardellen sind wie die Essenz des Mittelmeers und das fruchtig frische Aroma des Selleries verbindet sich mit den süßen Sultaninen und den Pinienkernen zu einer reizvollen Mischung, vor allem mit dem cremigen Knoblauch-Basilikum-Dressing. Und wenn Sie mögen, sorgen ein bis zwei Esslöffel geröstete Zwiebeln für etwas Abwechslung.

Die Sultaninen in wenig Wasser 20 Minuten quellen lassen, bis sie schön prall sind.

Für das Dressing zwei Sardellenfilets fein hacken und im Mörser zermahlen. Den Knoblauch und das Basilikum zugeben und grob zerstoßen. Die Mischung in eine Schüssel geben und mit dem Essig und der Crème fraîche vermengen. Zuerst das Olivenöl, dann die Hälfte des Parmesans sowie den Saft und die Schale der Zitrone unterrühren und mit Worcestersauce abschmecken. Das Dressing glatt rühren; es sollte die Konsistenz von dicker Sahne haben.

Für den Salat den Sellerie, die Zwiebel, die gerösteten Pinienkerne, die abgetropften Sultaninen und die restlichen Sardellen in einer Schüssel vermengen. Das Dressing zugießen, den Salat sorgfältig durchheben und mit dem verbliebenen Parmesan bestreuen. Mit den Basilikumblättern garnieren und servieren.

TIPP
Viele glauben, frische Sardellen seien salzig – das stimmt nicht! Erst nach einem längeren Aufenthalt im Salz nehmen sie die typische, kräftige Würze an, die vielen Gerichten ein einzigartiges Aroma verleiht.

Eingelegte Sardellen mit Oregano und Chili

Für 4 Personen als Vorspeise

1 kg Sardellen, filetiert, mit Haut
5 EL Steinsalz
300 ml Weißwein
25 g getrockneter Oregano
1 getrocknete Bird's-Eye-Chilischote
1 rote Zwiebel, in Streifen geschnitten
Meersalz und frisch gemahlener schwarzer Pfeffer
100 ml Olivenöl
2 EL Rotweinessig

Zum Garnieren
Frische Basilikumblätter

BEIM FISCHHÄNDLER
Bitten Sie Ihren Fischhändler, die Sardellen als »Schmetterlingsfilets« vorzubereiten, also die Köpfe und Mittelgräten so zu entfernen, dass die Filets am Rücken und Schwanz noch zusammenhalten (siehe Bild rechts).

Fisch selbst einzulegen, macht richtig Spaß; es geht ganz einfach und der Lohn ist garantiert. In meiner Küche stehen immer einige Gläser eingelegte Sardellen oder Sprotten griffbereit, denn bei vielen Salaten und Saucen können sie ein kleines Wunder vollbringen. Außerdem ist kaum etwas so verlockend wie ein Teller mit marinierten Sardellen und ein Glas eiskalter trockener Sherry dazu.

Die Sardellenfilets in ein flaches Gefäß legen, mit dem Salz einreiben und zugedeckt für 1 Stunde in den Kühlschrank stellen. Das Salz abspülen, die Fische mit Küchenpapier trocken tupfen und in eine saubere Schale legen.

Den Wein und 300 Milliliter Wasser verrühren, die Sardellen damit übergießen und zugedeckt 24 Stunden im Kühlschrank marinieren.

Die Sardellen abtropfen lassen und auf eine große Platte oder in ein anderes flaches Küchengeschirr legen.

Den Oregano und den Chili im Mörser zermahlen und die Mischung über die Fische streuen. Die Zwiebelstreifen darüber verteilen und alles mit Salz und Pfeffer würzen.

Das Olivenöl und den Essig verrühren und über die Sardellen gießen. Mit Basilikumblättern garnieren und servieren.

Im Kühlschrank halten sich die eingelegten Sardellen bis zu einer Woche.

Gegrillte Sardellen mit Basilikum, Tomaten und Oliven

Für 2 Personen

500 g frische Sardellen
1 großzügige Prise Meersalz
2–3 EL Olivenöl, plus Öl zum Beträufeln oder Braten
1 TL getrockneter Oregano
1 kleine Handvoll gehackte frische Petersilie
1 Knoblauchzehe, fein gehackt
10 Basilikumblätter, in dünne Streifen geschnitten
1 TL gehackte Kapern
Fein abgeriebene Schale und Saft von 1 unbehandelten Zitrone
½ TL gemahlene Fenchelsamen
10 reife Kirschtomaten
1 EL gehackte grüne Oliven

Zum Garnieren
Frische Basilikumblätter

BEIM FISCHHÄNDLER
Bitten Sie Ihren Fischhändler, die Fische auszunehmen und zu waschen (die Köpfe können Sie dranlassen).

Dieses einfache Gericht strotzt geradezu vor mediterranem Flair und dafür sorgt nicht zuletzt die altbewährte Kombination von Basilikum, Tomaten, Knoblauch und Zitrone, mit der sich der Fisch von seiner besten Seite zeigt. Sie können für dieses Rezept auch Sardinen, Makrele und sogar Lachsfilet nehmen.

Reservieren Sie dieses Gericht nach Möglichkeit für den Holzkohlegrill, denn gerade fettreichen Fischen bekommt der würzige Grillgeschmack verteufelt gut. Und wenn Sie zufällig Rosmarin oder Thymian im Garten haben, der mal gestutzt werden müsste, legen Sie ruhig einige Zweige in die glühenden Kohlen. Sie werden begeistert sein, wie gut die Fische das würzige Aroma der Kräuter annehmen.

Die Sardellen auf ein Brett legen und von innen und außen mit Salz, Olivenöl und Oregano einreiben. Die Fische auf dem Holzkohlegrill oder in einer Grillpfanne 5–6 Minuten grillen. Sie können sie auch behutsam in der Pfanne in Olivenöl braten.

Die Petersilie, den Knoblauch, die Basilikumblätter, die Kapern, die Schale und den Saft der Zitrone, die gemahlenen Fenchelsamen, die Tomaten und die Oliven vermengen und mit etwas Olivenöl beträufeln. Die Mischung großzügig über die gegrillten Sardellen löffeln, mit Basilikumblättern garnieren und servieren.

Hering *Clupea harengus*

Bei uns auf den Britischen Inseln heißt dieser fettreiche Fisch im Volksmund *silver darling* (frei: »Silberschatz«) – ein schöner Name, wie ich finde. Nicht nur sein Fleisch schmeckt köstlich, auch der Rogen ist immer gut für ein feines Mittagessen.

Als Planktonfresser spielen Heringe in der marinen Nahrungskette eine herausragende Rolle und ihre Bedeutung als Speisefische belegen die unzähligen konservierten Heringsprodukte, vom britischen Kipper über holländischen und deutschen Matjes bis zum skandinavischen Rollmops.

Heringe gehören wie Sardinen und Sprotten zur Familie der *Clupeidae*. Sie haben einen lang gestreckten Körper mit tief gegabelter Schwanzflosse, einen schönen silberglänzenden Bauch und einen blaugrünen Rücken, der von oben betrachtet mit dem nassen Element fast verschmilzt.

Es gibt mehrere lokale Spielarten mit geringfügigen Abweichungen und geschlossenen Laichgemeinschaften. Heringe können bis zu 40 Zentimeter lang werden, durchschnittliche Größen messen 25–30 Zentimeter. Ihr alljährlicher Migrationszyklus führt sie von den Futtergründen zu den angestammten Laichplätzen und wieder zurück. Im Herbst sind die sogenannten Vollheringe besonders fett und schmackhaft, ideal zum Räuchern. Heringe sind nach drei bis neun Jahren geschlechtsreif; die Laichzeit ist je nach geografischer Rasse unterschiedlich. Zum Ablaichen bilden sie große Schwärme gleicher Altersklassen und suchen flache Buchten auf.

Geschmack
Der hohe Fettgehalt sorgt für einen kräftigen Geruch von benzinartig-harzigem Charakter mit einer markanten Gerbsäurenote. Dieselbe ölige Beschaffenheit verleiht dem Fisch einen salzig-frischen Geschmack, der in Verbindung mit der delikaten Meerwassernote der Haut und der mild-pfeffrigen Würze des Fleischs sehr vielschichtig ist. Das Fleisch ist geschmeidig, vollmundig und saftig und die kleinen, faserartigen Gräten, mit denen es durchsetzt ist, kann man zum Teil sogar mitessen. Hering harmoniert besonders gut mit würzig-pikanten Aromen.

Verbreitung
Der Atlantische Hering *(Clupea harengus)* lebt im gesamten Nordatlantik sowie in Nord- und Ostsee.

Ökologie
Die Heringsfischerei erstreckt sich fast über den gesamten Nordatlantik. Die Bestände der Herbstlaicher in der Nordsee und die britische Thames-Blackwater- und English-Channel-Heringsfischereien, die mit Treibnetzen arbeiten, wurden vom MSC als umweltverträglich zertifiziert. Die Bestände in der Norwegischen See (Frühjahrslaicher), in der östlichen Ostsee und in der Rigaer Bucht gelten ebenfalls als gesund.

Land	Name
GB/USA	*Herring*
Frankreich	*Hareng*
Spanien/Portugal	*Arenque*
Niederlande	*Haring*
Dänemark/Norwegen	*Sild*
Schweden	*Sill, Strömming*

Im Mittelmeer kommt der Hering nicht vor.

Ernährung & Gesundheit
Hering ist reich an Omega-3-Fettsäuren. Nährwert pro 100 g: etwa 190 kcal, 13 g Fett.

Saison & Laichzeit
Hering ist ein ganzjährig genießbarer Fisch, der je nach Laichgemeinschaft im Herbst (Nordsee-Herbsthering) oder im Frühling (Ostsee-Frühjahrshering) am besten schmeckt.

Anteil an verwertbarem Fleisch
1 kg Hering liefert 500 g (50 %) reines Filet.

Gegrillte Heringe mit Teufelsbutter

Für 2 Personen

4 große Heringe
Meersalz
Olivenöl zum Bestreichen
100 g streichfähige Butter
½ TL Cayennepfeffer
1 gehäufter EL fein gehackte frische Petersilie
½ TL gemahlener weißer Pfeffer
½ TL gemahlener Ingwer
½ TL Currypulver
1 Spritzer Zitronensaft

BEIM FISCHHÄNDLER
Lassen Sie die Heringe schuppen, ausnehmen und eventuell von den Köpfen befreien, falls sie sie stören.

Dies ist ein durch und durch englisches Rezept. Die Butter verdankt ihren Namen ihrer nicht selten feurigen Würze – gut möglich, dass sie manch einer als »teuflisch scharf« bezeichnen würde. Doch gerade pikante Gewürze und Kräuter harmonieren außergewöhnlich gut mit Fettfischen wie Hering, Makrele oder Sprotte, wenngleich auch gebratener Kabeljau oder Petersfisch kräftige Aromen vertragen.

Den Backofengrill auf höchster Stufe vorheizen.

Die Heringe leicht salzen, mit Olivenöl bestreichen und 5–6 Minuten im Ofen grillen, bis die Haut Blasen schlägt und knusprig ist.

Für die Teufelsbutter die restlichen Zutaten gründlich miteinander vermengen. Die Heringe, sobald sie gar sind, mit der Butter bestreichen und vor dem Servieren warten, bis sie auf den heißen Fischen geschmolzen ist. Dazu schmecken am besten neue Kartoffeln mit Minze und einem Spritzer Zitronensaft.

Gebratener Heringsrogen mit Nordseekrabben und Kapern

Für 4 Personen als leichtes Mittagessen

Mehl zum Bestauben
Meersalz und frisch gemahlener schwarzer Pfeffer
600 g Heringsrogen
125 g Butter
1 kleine Handvoll gehackte frische Petersilie
1 kleine Handvoll Kapern
100 g geschälte Nordseekrabben (Sandgarnelen)
1 großzügiger Spritzer Zitronensaft

Zum Servieren
4 dicke Scheiben helles Brot, getoastet

Für mich ist Heringsrogen eine Delikatesse, leider gibt es ihn heutzutage fast nur noch tiefgefroren, da er quasi als Nebenprodukt auf den großen kommerziellen Hochseetrawlern anfällt, die den Hering zu bestimmten Zeiten im Jahr gezielt befischen. Der Rogen wird meist gleich an Bord entnommen und verarbeitet. Darum freue ich mich jedes Mal, wenn ich auf dem Markt ein paar fette Heringe finde, die die cremige Masse noch enthalten. Mir schmeckt die männliche Heringsmilch am besten, sie ist ganz besonders zart, während der weibliche Rogen, wie könnte es anders sein, aus winzigen Eiern besteht, die eine leicht krümelige Konsistenz haben. Meine Frau bevorzugt den Rogen der Weibchen, aber das ist alles reine Geschmackssache.

Abgesehen von diesem einfachen Mittagessen schmeckt Heringsrogen auch ausgezeichnet auf Toast, auf den man zuvor dick würzige Sardellenbutter streicht. Man kann ihn auch paniert und knusprig frittiert mit einer pikanten Tatarensauce servieren. Bei meiner Großmutter gab es früher häufig dieses Gericht und während wir uns angeregt über das Kochen unterhielten, genoss ich diesen leckeren Heringsrogen mit einem Becher Tee.

Das Mehl in eine flache Schale geben und mit Salz und Pfeffer würzen. Den Rogen mit dem gewürzten Mehl leicht bestauben und das überschüssige Mehl vorsichtig abschütteln.

In einer großen Pfanne, in der sämtlicher Rogen Platz hat, die Hälfte der Butter erhitzen. Sobald sie aufschäumt, den Rogen einlegen und etwa 4 Minuten behutsam braten, bis er goldbraun zu werden beginnt. Mit einem Löffel vorsichtig wenden, die restliche Butter in der Pfanne verteilen. Die Hitze etwas erhöhen und den Rogen beständig mit der aufschäumenden Butter überziehen. Nach einigen Minuten die Petersilie, die Kapern und die Nordseekrabben hinzufügen und mit etwas Zitronensaft abrunden. Den Rogen auf dem noch heißen Toast anrichten und mit dem Bratfett übergießen, sodass das Brot die Butter aufsaugt.

Fettfische

Gelbschwanzmakrele

Seriola lalandi

Die vor wertvollen Fettsäuren strotzende Gelbschwanzmakrele ist erste Wahl für alle, die Wert auf gesunde Ernährung legen. Der gefräßige Raubfisch hat einen kräftigen, torpedoförmigen Körper, wie geschaffen für hohe Geschwindigkeiten, und seine immense Kraft macht ihn zur beliebten Beute für Sportangler, die sich mit der Aussicht auf ein schmackhaftes Abendessen gerne mit ihm messen.

Mit ihrem blaugrünen Rücken, dem silbrig glänzenden Bauch und der schnittigen, gelben Seitenlinie sind Gelbschwanzmakrelen ausgesprochen schöne Fische – namensgebend ist die gelbe Schwanzflosse der bis zu 2,40 Meter langen und 65 Kilogramm schweren Tiere. Durchschnittliche Größen messen 100–180 Zentimeter. Gelbschwanzmakrelen leben alleine oder in kleinen Gruppen in küstennahen Gewässern, wo sie in der Gegend von felsigen Uferstreifen, Riffs und Hafendämmen andere Schwärme umkreisen, um auf versprengte Beute zu lauern. Der Blutrausch der jagenden Fische bringt das Meer förmlich zum Kochen. Immer effizientere Fallen haben die wilden Bestände in den letzten 50 Jahren ständig schrumpfen lassen, bis die Fänge fast völlig versiegten. Dank ihres unersättlichen Appetits und ihrer Vorliebe für lokale Arten, ist die Gelbschwanzmakrele ausgezeichnet für die Zucht in australischen Gewässern geeignet und wurde zu einem der größten Erfolge der Aquakultur in den letzten zehn Jahren.

Gelbschwanzmakrele schmeckt besonders gut roh – je nach Größe nennen sie die Japaner *hiramasa* oder *buri* – und der besonders fettreiche Winterfisch wird von Sashimi-Kennern hoch geschätzt.

Geschmack
Das an Omega-3-Fettsäuren sehr reiche Fleisch ist äußerst zart und buttrig; am besten schmeckt es roh.

Verbreitung
Die Gelbschwanzmakrele lebt in den gemäßigten Zonen des Pazifischen und Indischen Ozeans, vor Südafrika, rund um Japan, im Süden Australiens und beiderseits des amerikanischen Kontinents.

Ökologie
Als Folge immer effizienterer Fanggeräte und -methoden brachen die Bestände Ende des 20. Jahrhunderts ein. Heute wird der Wildfisch durch die kommerzielle Zucht der Gelbschwanzmakrele zunehmend entlastet. Zudem gelten Fangbeschränkungen für Freizeitangler. Gelegentlich werden die Fische in der Snapper-Handleinenfischerei gefangen, aber auch mittels Reusen und Fischfallen sowie mit der Schleppangel (Trolling), verschiedenen Arten von Langleinen und Stellnetzen.

Das Unternehmen Clean Seas Aquaculture in Port Lincoln, Südaustralien, ist führend in der Gelbschwanzmakrelenzucht. Ursprünglich war man angetreten, die Aufzucht pelagischer Fische aus Farmhaltung zu erforschen, um dieses Wissen für die Zucht des begehrten Southern Bluefin Tuna (Südlicher Blauflossen-Thun) nutzbar zu machen. Man experimentierte mit Gelbschwanzmakrelen und erzielte damit einen Erfolg.

Marcus Stehr, Geschäftsführer von Clean Seas Aquaculture: »Seit fünf Jahren züchten wir erfolgreich Gelbschwanzmakrelen. Es dauert 50 Tage, bis sich die Eier zu einem fünf Gramm schweren Fingerling entwickelt haben. Bei etwa fünf bis sieben Gramm bringen wir die kleinen Fische per Hubschrauber von der Zuchtanlage in die Arno Bay und rund 150 Kilometer weiter nördlich den Spencer Golf hinauf in die Fitzgerald Bay, wo sie in Meereskäfigen weitere 15 Monate heranwachsen, bis sie etwa vier Kilo auf die Waage bringen. Unser langfristiges Ziel ist, das Verfahren der Aufzucht in Gefangenschaft auch auf den Southern Bluefin Tuna anzuwenden.«

Neil Perry, Koch in Sydneys berühmtem Seafood-Restaurant Rockpool Fish, sagt dazu: »Ich habe noch keinen Zuchtfisch gegessen, der so gut schmeckt wie die Gelbschwanzmakrele aus South Australia.«

Das dicke Rückenfilet wird meist für Sashimi verwendet.

Das sehr fettreiche Bauchstück ist ideal für Tatar geeignet.

Land	Name
Deutschland	*Gelbschwanzmakrele, Gelbschwanz, Bernsteinfisch*
GB/Australien/ Neuseeland	*Yellowtail kingfish, Northern kingfish*
USA	*Amberjack, Yellowtail*
Frankreich	*Sériole chicard*
Italien	*Ricciola*
Spanien	*Medregal, Pez de limón*
Portugal	*Charuteiro-azeite*
Griechenland	*Magiatiko*
Dänemark	*Australsk Raviski*

Ernährung & Gesundheit
Gelbschwanzmakrele ist eine ausgezeichnete Quelle für Omega-3-Fettsäuren.
Nährwert pro 100 g: etwa 182 kcal, 11,9 g Fett.

Saison & Laichzeit
Am besten schmeckt der Fisch von Januar bis Mai. Der kurz vor Mai (im Winter auf der Südhalbkugel) gefangene Fisch ist besonders fettreich und hervorragend für Sashimi geeignet.

Anteil an verwertbarem Fleisch
1 kg Gelbschwanzmakrele liefert 750 g (75 %) Steaks und 600 g (60 %) reines Filet.

Fettfische

Makrelentatar

Für 4 Personen als Vorspeise

200 g Gelbschwanzmakrelenfilet, fein gehackt
2 Schalotten, fein gehackt
75 g Cornichons, fein gewürfelt
50 g Kapern, fein gehackt
1 EL fein gehackte frische Petersilie
Meersalz und frisch gemahlener schwarzer Pfeffer
Zitronensaft nach Geschmack

BEIM FISCHHÄNDLER
Fragen Sie nach dem Schwanzstück oder nach Filet aus der mittleren Partie des Fischs. Achten Sie darauf, sämtliche Gräten sorgfältig zu entfernen.

Fettfische wie Makrelen oder Gelbschwanzmakrelen sind ausgezeichnet für Tatar geeignet, zumal Kapern, Cornichons und Schalotten gut mit dem wunderbar zarten Fleisch harmonieren. Allerdings sollte der Fisch für dieses Gericht absolut frisch sein.

Den Fisch in einer großen Schüssel mit den Schalotten, den Cornichons, den Kapern und der Petersilie gründlich vermengen und mit Salz und schwarzem Pfeffer würzen. Mit Zitronensaft abschmecken, in einem knackigen Salatblatt auf Tellern anrichten und sofort servieren.

Atlantische Makrele

Scomber scombrus

In Hülle und Fülle vorhanden, erstklassig im Geschmack und dazu noch gesund … zu schön, um wahr zu sein? Makrele ist ein wahrer Alleskönner, sie lässt sich grillen, pochieren, backen, braten und vieles mehr, sie verträgt sich mit kräftigen Aromen und überzeugt auch im Alleingang mit nichts als einem Spritzer Zitronensaft.

Mit ihrem grünblauen, metallischen Glanz und den schwarzen Streifen oder Punkten auf dem Rücken ist die Makrele eine elegante Erscheinung. Als Fisch aus der Familie der *Scombridae* vereint sie wie die nahen Verwandten Thunfisch und Bonito alle Eigenschaften eines schnell schwimmenden Raubfischs. Ihr zugespitzter Körper ist vom Kopf bis zum Schwanz stromlinienförmig, ihre kleinen Flossen lassen sich in Vertiefungen versenken, um den Wasserwiderstand möglichst gering zu halten, und selbst die Augen sind flach und bündig in den Kopf eingepasst. Alles ist auf maximale Geschwindigkeit ausgelegt und die weiß die Makrele sehr effektiv einzusetzen, wenn sie im Sommer im küstennahen Flachwasser nach Jungfischen jagt. Ihr gesunder Appetit beschert ihr eine Größe von bis zu 70 Zentimeter und eine Lebenserwartung von 20 Jahren, vorausgesetzt, sie hält sich fern von Netzen und Fangleinen.

Makrelen sind nach drei Jahren geschlechtsreif und laichen von März bis Juli im warmen Oberflächenwasser. Die heißhungrigen Nachkommen legen rasant an Gewicht zu und erreichen nach schon einem Jahr 22 Zentimeter und nach einem weiteren 30 Zentimeter Länge. Im Winter wandern die Makrelen in tiefere Gewässer, wo sie beinahe in eine Art Winterstarre verfallen und fastend auf das Frühjahr warten.

Makrelen sind sehr leicht verderblich, darum ist absolute Frische oberstes Gebot. Seit dem 17. Jahrhundert erlauben besondere Gesetze in Großbritannien den Verkauf von Makrelen kurz vor und nach dem sonntäglichen Gottesdienst. Das Gesetz wurde nie aufgehoben, doch seit der Sonntag sich dort ohnehin mehr und mehr zum gewöhnlichen Handelstag entwickelt, hat die Makrele ihren lukrativen Sonderstatus eingebüßt.

Geschmack

Makrele sollte im denkbar frischesten Zustand gegessen werden, bevor das reichlich vorhandene Fett tranig zu schmecken beginnt. Der schwache Meerwassergeruch erinnert an feine grüne Algen. Das überwiegend blassrosa gefärbte Fleisch ist von blättriger Struktur, fast wie Hähnchen, und seine relativ ölige Beschaffenheit wird durch ausreichend Saftigkeit ausgeglichen, die für eine gute Verteilung im Mund sorgt. Der Geschmack ist delikat, zurückhaltend und hat eine angenehm mineralische Note.

(Fortsetzung auf Seite 216)

Land	Name
GB/USA	*Atlantic mackerel*
Frankreich	*Maquereau*
Italien	*Scombro*
Spanien	*Caballa*
Portugal	*Sarda, Cavala*
Griechenland	*Scoumbri*
Niederlande	*Makreel, Paapje*
Dänemark	*Makrel*
Schweden	*Makrill*
Norwegen	*Makrell*

Ernährung & Gesundheit

Makrele enthält reichlich Omega-3-Fettsäuren.
Nährwert pro 100 g: etwa 220 kcal, 16 g Fett.

Saison & Laichzeit

In der Laichzeit von März bis Juli sollte man auf Makrele verzichten. Die beste Qualität liefern die Fische im Spätsommer und Frühherbst.

Anteil an verwertbarem Fleisch

1 kg Makrele liefert 500 g (50 %) reines Filet.

Leuchtend metallische Reflexe in Grün, Blau und Violett, die schon nach einem Tag verblassen, sind ein untrügliches Frischemerkmal.

Verbreitung

Der Lebensraum der Atlantischen Makrele erstreckt sich über beide Seiten des Nordatlantiks, die Ost- und Nordsee bis ins Mittelmeer und Schwarze Meer.

Ökologie

Makrelen sind empfindlich, unsachgemäße Behandlung mögen sie gar nicht. Unter dem Gesichtspunkt der Qualität und Nachhaltigkeit sollte man daher mit der Angel oder dem traditionellen Netz gefangene Makrelen aus Fischereien bevorzugen, die das Umweltverträglichkeitszertifikat des Marine Stewardship Council (MSC) tragen.

Die Southwest Handliners

Zwischen Start Point und Hartland Point vor der Südwestküste Englands liegt ein Gebiet, das als »Southwest Mackerel Box« bekannt ist. Hier dürfen Makrelen nur mit der Handleine gefangen werden. Die Zone ist ein bekanntes Rückzugsgebiet der Jungfische, zu deren Schutz sie eingerichtet wurde. Sie gilt als maßgeblich für den guten Zustand der aktuellen Bestände.

Für die Handleinenmethode verwendet man Schnüre aus geflochtenem Zwirn oder starkem Nylon mit Haken, die mit bunten Kunststoffködern oder Federn versehen und mit Blei beschwert werden. Jede Handleine ist mit 25–30 Haken bestückt. Die Anlandung von Fischen unterhalb der Mindestfanggröße von 20 Zentimeter ist verboten.

Die Southwest Handliners war die erste Fischerei der Welt, die sich für das Umweltsiegel des Marine Stewardship Council (MSC) bewarb, das sie 1997, lange vor der Konkurrenz, auch problemlos erhielt. Und sie hat es mehr als verdient – 100 Boote, verteilt über den gesamten Südwesten, die mit Haken und Leine arbeiten, 20–30 Haken pro Mann – so fischen sie schon seit 50 oder 60 Jahren. Der gesamte Makrelenfang des Landes beläuft sich auf 180.000 Tonnen pro Jahr, darauf entfallen gerade einmal 2000 Tonnen auf die Handliners, ein Tropfen auf den heißen Stein, der dennoch Hunderte von Jobs sichert.

Brendan May, zu jener Zeit Geschäftsführer des MSC, sagte damals zur Zertifizierung: »Diese eingeschworene Gemeinschaft von Fischern trägt Sorge für den Zustand der Meere und unterstellt sich freiwillig unabhängiger Kontrolle. Wir hoffen, dass andere Fischer durch die Marktkräfte realisieren, dass Makrelen aus dieser Handleinenfischerei vom Handel nicht nur unterschieden, sondern auch bevorzugt werden, zumal sie durch das Zertifikat für den Verbraucher klar zu erkennen sind.«

Gebratene Makrele auf nordafrikanische Art

Für 4 Personen

3 EL Kreuzkümmelsamen oder gemahlener Kreuzkümmel
2 TL Koriandersamen oder gemahlener Koriander
6 große Knoblauchzehen
1 großes Bund frisches Koriandergrün
1 großes Bund frische Petersilie
1 kleine Handvoll gehackte frische Minze
300 ml Olivenöl
1 EL Paprikapulver
1 große Prise Cayennepfeffer
Saft von 2 Zitronen
Meersalz
4 Makrelen von je 300 g

Zum Servieren

Limettensaft (nach Belieben)
Zitronenspalten (nach Belieben)

BEIM FISCHHÄNDLER
Bitten Sie Ihren Fischhändler, die Fische auszunehmen, gründlich zu säubern und die Köpfe zu entfernen.

Fettfische mögen kräftige, intensive Aromen und die Mischung von frischen Kräutern und Gewürzen ist typisch für die Küche Marokkos – diese nennt man *chermoula*, sie bildet die Grundlage für viele Gerichte. Im Sommer lohnt es sich, *chermoula* auf Vorrat zuzubereiten und in einem Weck- oder Marmeladenglas aufzubewahren, denn sie ist wirklich vielseitig – einfach eine Scheibe frischen Schwertfisch damit einreiben und über dem offenen Feuer grillen – schmeckt fantastisch!

Verwenden Sie für maximalen Geschmack vorzugsweise ganze Kreuzkümmel- und Koriandersamen, die Sie zunächst in einer Pfanne ohne Zugabe von Fett rösten, damit sich das Aroma der Gewürze entfaltet, und dann im Mörser oder in der Gewürzmühle zu einem feinen Pulver zermahlen.

Den Knoblauch und die frischen Kräuter im Mixer zu einer homogenen Masse pürieren; eventuell etwas von dem Olivenöl zugießen, falls die Mischung zu dick ist. In eine Schüssel geben, das Paprikapulver, den Cayennepfeffer, den gemahlenen Koriander und Kreuzkümmel sowie das restliche Olivenöl hinzufügen und alles gründlich vermengen. Den Zitronensaft unterrühren und die *chermoula* mit Salz abschmecken.

Die Makrelen von jeder Seite zwei- bis dreimal schräg einschneiden und mit der *chermoula* einreiben; die Mischung auch sorgfältig in die Einschnitte reiben. Die Fische in ein flaches Gefäß oder auf einen großen Teller legen und zugedeckt im Kühlschrank etwa 1 Stunde marinieren.

Den Ofen auf 220 °C vorheizen.

Die Makrelen im Ofen 8–10 Minuten braten, bis sie durchgegart sind.

Sie können die Makrelen wahlweise vor dem Servieren mit Limettensaft beträufeln oder mit Zitronenspalten garnieren. Dazu passt ein grüner Salat mit reichlich roten Zwiebeln.

Makrelensalat mit Meerrettichdressing

Für 4 Personen

4 Makrelen von je etwa 300 g

Zum Pochieren
2 Lorbeerblätter
1 EL Pfefferkörner
100 ml Rotweinessig
1 Zweig frischer Thymian
125 ml trockener Weißwein
1 kleine Zwiebel, in Streifen geschnitten

Für den Salat
4 grüne Salatherzen oder kleine Romanasalate
2 kleine rote Zwiebeln, in feine Ringe geschnitten
250 g reife Kirschtomaten, halbiert
8 gesalzene Sardellenfilets
1 EL Kapern

Für das Dressing
1 TL Dijonsenf
50 ml Weißweinessig
150 ml Pflanzenöl
1 EL Crème fraîche
1 EL fein gehackter frischer Estragon
1 EL geriebener Meerrettich
Meersalz und frisch gemahlener schwarzer Pfeffer

BEIM FISCHHÄNDLER
Bitten Sie Ihren Fischhändler, die Fische auszunehmen, gründlich zu säubern und die Köpfe zu entfernen.

Makrele kennen die meisten, fast jeder hat sie in irgendeiner Form schon mal gegessen oder vielleicht sogar selbst eine gefangen. Ich erinnere mich noch daran, wie ich eines Morgens im Sommer aufwachte und vor unserem Haus das Meer kochen sah, da riesige Makrelenschwärme Unmengen von Sprotten in die Hafenbucht getrieben hatten. Überall sprangen Fische, während die unglücklichen Sprotten zu entkommen versuchten. Mein Freund Noel und ich sitzen im Sommer oft am Hafen und warten bei einem kühlen Bier auf die Ankunft der Makrelen mit der Abendflut. Eine halbe Stunde genügt, um eine Plastiktüte mit Fischen zu füllen, eine herrliche Sache – fangfrische Makrelen vom Grill zum Abendessen und ein paar eingelegte und geräucherte Fische im Kühlschrank für die nächsten Tage.

Dieser Sommersalat lässt sich leicht und schnell zubereiten. Die Makrelen bleiben beim Pochieren wunderbar saftig – ein Genuss zu dem zarten Blattsalat mit roten Zwiebeln und sahnigem Meerrettichdressing.

Achten Sie darauf, dass die Makrelen ganz sauber und gründlich gewaschen sind. Sämtliche Zutaten für die Pochierflüssigkeit in einem großen Topf zum Kochen bringen. Die Makrelen in den kochenden Sud legen, den Herd ausschalten und die Fische darin 40 Minuten ziehen und abkühlen lassen.

Die Makrelen aus der Flüssigkeit heben, vorsichtig häuten und mit den Händen die beiden Filets ablösen. Am Kopfende können Sie auf der Innenseite der Filets kleine Gräten, die sogenannten Stehgräten, erspüren. Diese herausziehen und die Filets nur grob in Stücke zerteilen.

Für den Salat die Salatköpfe vierteln, durch den Strunk noch einmal halbieren, waschen und abtropfen lassen. In einer Salatschüssel mit den Zwiebeln, den Tomaten, den Sardellen, den Kapern und den Makrelenstücken anrichten.

Für das Dressing den Senf und den Essig in einer Schüssel vermengen und unter ständigem Rühren in einem dünnen Strahl das Öl zugießen, bis sich eine Emulsion gebildet hat. Die Crème fraîche, den Estragon und den Meerrettich gründlich unterrühren. Das Dressing sollte cremig und gut fließfähig sein. Mit Salz und Pfeffer abschmecken und etwas davon über den Salat träufeln. Das restliche Dressing separat dazu servieren.

Makrelenspieße mit *teriyaki* und Frühlingszwiebeln

Für 4 Personen

4 Makrelen von je etwa 300 g
12 Frühlingszwiebeln, geputzt
1 kleine Handvoll gehacktes Koriandergrün

Für die Marinade

6 EL helle Sojasauce
3 EL Mirin (süßer japanischer Reiswein)
3 EL Sake
2 EL feinster Zucker
25 g Ingwer, sehr fein gerieben

Für die Sauce

4 EL helle Sojasauce
2 EL Sake
2 EL Mirin (süßer japanischer Reiswein)

BEIM FISCHHÄNDLER
Bitten Sie Ihren Fischhändler, die Fische zu filetieren und die Stehgräten zu entfernen.

Diese leckeren Spieße sind fabelhaft zum Grillen geeignet, egal ob über Holzkohle oder im Ofen. Sie können sie fix und fertig zu Hause vorbereiten und dann am Strand oder im Park grillen.

Teriyaki, eine japanische Marinade, wird häufig für Fleisch und Fisch verwendet, besonders für fettreiche Fische als süßlich-pikante Glasur. Ich habe auch schon Seezunge und Kabeljau mit etwas *teriyaki* in der Papierhülle gebacken und Hummer oder Garnelen mit *teriyaki* glasiert.

Acht Holzspieße 30 Minuten in kaltem Wasser einweichen, damit sie beim Grillen nicht verbrennen.

Die Makrelenfilets quer in jeweils drei Stücke schneiden und die Frühlingszwiebeln in Stücke von derselben Länge zerteilen.

Durch jedes Ende von einem Stück Frühlingszwiebel je einen Spieß stecken, sodass eine Art Tor entsteht. Dann ein Makrelenstück ebenso von der Fleischseite durch die Haut aufspießen. Die Doppelspieße weiter abwechselnd mit Frühlingszwiebeln und Makrele bestücken, bis jeder Spieß aus drei Makrelen- und drei Frühlingzwiebelstücken besteht. Die Spieße in eine große Keramikform oder einen Kunststoffbehälter legen.

Sämtliche Zutaten für die Marinade verrühren, über die Spieße gießen und diese zugedeckt im Kühlschrank 2 Stunden marinieren.

Den Backofengrill auf maximaler Stufe vorheizen oder einen Holzkohlegrill vorbereiten.

Die Spieße aus der Marinade heben und auf ein Backblech legen; die Marinade zurückbehalten. Sobald der Grill heiß ist oder die Kohlen durchgeglüht sind, die Spieße 4–5 Minuten grillen, bis die Haut Blasen wirft; dabei beständig mit der Marinade bestreichen. Beiseitestellen.

Sämtliche Zutaten für die Sauce verrühren und über jeden Spieß einen kleinen Löffel davon ziehen. Mit dem Koriandergrün bestreut servieren.

Zu diesen Spießen mag ich einen Salat aus Zwiebeln, Egerlingen, Sesam und Bohnensprossen, gewürzt mit etwas Sauce und Limettensaft.

Makrelen-Tajine

Für 2 Personen

2–3 EL Olivenöl
2,5 cm Ingwer, gehackt
½ rote Paprikaschote, gewürfelt
4 Kirschtomaten, geviertelt
2 Knoblauchzehen, gehackt
1 Zwiebel, gehackt
1 Makrele von etwa 350 g, ausgenommen und in etwa 5 cm breite Stücke geschnitten
Meersalz
1 Handvoll fein gehacktes Koriandergrün
40 g schwarze Oliven
Zitronensaft nach Geschmack

Für die Gewürzmischung

1 EL gemahlener Piment
1½ EL gemahlener Koriander
2 EL Paprikapulver
1 EL Kurkuma
2 TL gemahlene Zimtkassie
1 TL gemahlener Kardamom
1 TL Chiliflocken

Ein Tag am Strand wird zum ganz besonderen Erlebnis, wenn man eine Angel und einen Grill oder Campingkocher dabeihat. Man fängt einen Fisch, bereitet daraus diese köstliche Tajine und genießt den Sonnenuntergang.

Sämtliche Zutaten für die Gewürzmischung sorgfältig vermengen und in einem luftdicht verschlossenen Behälter aufbewahren.

Das Olivenöl in einer großen Pfanne erhitzen. Den Ingwer, die Paprikawürfel, die Tomaten, den Knoblauch und die Zwiebel darin 4–5 Minuten behutsam anschwitzen und einen Teelöffel der Gewürzmischung einstreuen. Die Makrelenstücke zugeben, mit Wasser bedecken und 7–8 Minuten köcheln lassen.

Die Tajine kräftig mit Salz abschmecken, mit dem Koriandergrün und den Oliven vermengen, mit etwas Zitronensaft abrunden und servieren.

Ein paar Stunden zu angeln, ist Balsam für die Seele, außerdem schmeckt Fisch noch besser, wenn man ihn selbst gefangen hat!

Es tut einfach gut, an der Küste oder auf dem Meer zu sein.

Unsere Ausbeute nach gerade mal 20 Minuten!

Fettfische

Die Fische ein paar Mal einschneiden und mit Gewürzen einreiben.

Ein Campingkocher ist alles, was sie brauchen. Die Zutaten und Messer passen bequem in eine kleine Kunststoffkiste.

Lachs *Salmo salar*

Der Atlantische Lachs zählt zu den beliebtesten Speisefischen überhaupt, wohl nicht zuletzt, weil er sich hervorragend züchten lässt. Lachse sind außergewöhnliche Tiere, die nach jahrelangem Aufenthalt im Meer zielsicher und mit äußerster Präzision in den Fluss zurückfinden, in dem ihr Leben begann. Man vermutet, dass ihnen die Stellung der Sterne bei der Orientierung ebenso hilft wie das Magnetfeld der Erde und die Meeresströmung. Sobald sie die Küste erreicht haben, nehmen sie die Witterung des vertrauten Gewässers auf, geführt von ihrem biochemischen Gedächtnis, in dem der Duft des heimischen Flusses gespeichert ist.

Das Leben des Atlantischen Lachses beginnt irgendwann im November, Dezember im Flachwasser eines schnell fließenden Flusses. Die Weibchen legen ihre Eier in kleinen Vertiefungen ab, wo sie die Männchen befruchten und mit Kieseln bedecken. Im Frühjahr schlüpfen die Jungfische und nach ein bis vier Jahren beginnen diese mit ihrer Wanderung flussabwärts. Dabei streckt sich ihr Körper und nimmt die typische silbrige Grundfärbung an. Schließlich ziehen die sogenannten »Smolts« ins offene Meer hinaus, wo sie sich von eiweißreichem Seafood wie Heringen, Sandaalen, Sprotten und Garnelen ernähren. Dort verbleiben die Lachse ein bis vier Jahre, während sie immer größer werden – ein kapitaler Lachs wird bis zu 30 Kilogramm schwer –, bevor sie an ihren Geburtsort zurückkehren, wo sie ihrerseits laichen und der Kreislauf von Neuem beginnt.

Geschmack
Wildlachs
Wilder Atlantischer Lachs hat einen einzigartigen Geschmack – vollmundig, würzig-süß und doch sauber. Der hohe Fettgehalt des Fleischs erzeugt im Mund einen üppigen, saftigen Eindruck, der jedoch durch das schnelle Austreten des Fetts mit der Zeit etwas trockener erscheint, und die gebratene Haut ist wunderbar knusprig. Der Geruch verrät die pikante, zitrusfrische Note von Orangenschalen, eine eher zufällige Analogie zur warmen Farbe des Fleischs, dessen geschwungene, blättrige Fasern sich leicht zerteilen lassen und zur Mitte hin von satter, geschmeidiger Beschaffenheit sind. Der hohe Saftgehalt wird besonders beim Durchgaren spürbar, wenn das Fett der Membranen zwischen den Muskelsegmenten schmilzt und das Fleisch durchtränkt.

Bio-Zuchtlachs
Das leuchtend orangefarbene Fleisch ist von fester, kompakter Konsistenz und erzeugt auf den ersten Biss einen ausgesprochen saftigen Eindruck, der einem angenehm krümeligen Mundgefühl Platz macht. Der intensiv erdige Geruch erinnert an Herbstlaub und auch der Geschmack ist mit seiner runden, weichen Kastaniennote und dem mild-säuerlichen Anflug von Orangenschale herbstlich geprägt.

(Fortsetzung auf Seite 228)

Land	Name
GB/USA	*Salmon*
Frankreich	*Saumon*
Italien	*Salmone*
Spanien	*Salmón*
Portugal	*Salmão*
Griechenland	*Solomós*
Niederland	*Zalm*
Dänemark/Norwegen	*Laks*
Schweden	*Lax*

Ernährung & Gesundheit
Lachs ist reich an Omega-3-Fettsäuren.
Nährwert pro 100 g: etwa 180 kcal, 11 g Fett.

Saison & Laichzeit
Meiden Sie den Atlantischen Lachs während seiner Laichzeit von November bis Dezember und kurz danach.

Anteil an verwertbarem Fleisch
1 kg Lachs liefert 550 g (55 %) reines Filet.

Verbreitung

Der Atlantische Lachs ist unterschiedlich stark in folgenden Ländern verbreitet: Dänemark, Schweden, Norwegen, Finnland, Island, Grönland, Färöer-Inseln, England, Wales, Schottland, Irland, Russland, Polen, Frankreich, Spanien, Portugal sowie Kanada und USA. Im Mittelmeer kommt diese Art nicht vor.

Ökologie

Die Verschmutzung der Gewässer, unpassierbare Barrieren auf den Wanderrouten, die Befischung mit Netzen, die Zerstörung der Laich- und Aufwuchshabitate sowie die gestiegene Sterblichkeitsrate haben die wilden Populationen des Atlantischen Lachses in den letzten 30 Jahren um 67 Prozent schrumpfen lassen. Der einst als preiswerte Alternative gefeierte Zuchtlachs geriet seinerseits immer wieder in die Schlagzeilen, nicht zuletzt, weil er die wilden Bestände mit Seeläusen infizierte. Auch wenn sich die Verhältnisse gebessert haben, sei es durch die Wahl geeigneterer Standorte für die Netzgehege, die Überwachung der Lachsfarmen durch Tierschutzvereinigungen oder durch die Verleihung von Biosiegeln, ändert es nichts daran, dass immer noch drei Kilogramm Wildfisch benötig werden, um ein Kilogramm Lachsfleisch zu produzieren, und zwölf Kilogramm Fisch für die Herstellung von einem Kilo Fischöl erforderlich sind. Beides sind wichtige Futtermittel in der Lachszucht. Schmackhafte Alternativen bieten die sechs verwandten pazifischen Arten Buckellachs, Keta-Lachs, Königslachs, Coho- oder Silberlachs, Rotlachs und Masu-Lachs.

»Die Lachszucht hat einen enormen Lernprozess hinter sich und täglich machen wir Fortschritte, seit uns die Wissenschaft hilft, die Zuchtmethoden so zu verbessern, dass die Folgen für die Umwelt begrenzt sind. Sicherlich können wir auch bei der Bewirtschaftung der wilden Fischbestände noch vieles verbessern, doch um die weltweite Nachfrage zu decken, werden wir noch viel stärker auf Zuchtfisch angewiesen sein als bisher, weshalb Arten wie Tilapia, Dorade oder Wolfsbarsch aus Aquakulturen zunehmend den Markt erobern. Bei Zuchtfisch gibt es natürlich erhebliche Qualitätsunterschiede, doch das Gleiche könnte man auch von Rindfleisch behaupten.«

Wynne Griffiths, ehemaliger Geschäftsführer von Young's Seafood und Fischhändler

Gegrillter Lachs mit pikantem Kartoffelsalat

Für 4 Personen

700 g neue Kartoffeln, gut abgebürstet
Meersalz und frisch gemahlener schwarzer Pfeffer
3 TL zerstoßene Koriandersamen
3 TL Sesam
1 TL zerstoßener schwarzer Pfeffer
3–4 EL Olivenöl, plus Öl zum Einfetten und Bestreichen
1 TL gemahlene Kurkuma
1 TL gemahlener Kreuzkümmel
1 TL edelsüßes Paprikapulver
150 g Joghurt
1 kleine Handvoll fein gehackte frische Minze
Zitronensaft nach Geschmack
4 Lachsfilets von je etwa 180 g

Zum Servieren
Zitronenspalten

BEIM FISCHHÄNDLER
Ich nehme am liebsten Filet aus dem Mittelstück des Fischs. Je dichter am Kopfende gelegen, desto fetter wird das Fleisch, da sich der größte Teil des Fetts im Bauchlappen befindet. Wenn sie es also lieber etwas fetter mögen, fragen sie nach Filet aus ebendiesem Stück.

Lachs hat sich zu einem der beliebtesten Speisefische entwickelt – da er sich gut züchten lässt, ist er ständig verfügbar. Das relativ fettreiche Fleisch harmoniert ausgezeichnet mit kräftigen Gewürzen und aromatischen Zutaten wie Kapern, Zwiebeln, pfeffriger Brunnenkresse, Zitrone und Chili – ganz im Sinne des pikanten Kartoffelsalats, der auch zu Makrele, Sardinen und sogar Thunfisch eine gute Figur macht. Zerstoßen Sie den Koriander und die Pfefferkörner nur leicht im Mörser.

Zuerst den Salat zubereiten. Die Kartoffeln in reichlich kochendem Salzwasser bissfest garen, abgießen und abkühlen lassen. Sobald sie nur noch lauwarm sind, halbieren und beiseitestellen.

In einer kleinen Pfanne den Koriander, den Sesam und den Pfeffer ohne Fett leicht rösten, bis die Mischung aromatisch duftet; die Pfanne dabei ständig rütteln. Beiseitestellen.

In einer weiteren Pfanne das Olivenöl erhitzen. Die Kurkuma, den Kreuzkümmel, das Paprikapulver, eine großzügige Prise Salz, die Kartoffeln sowie die geröstete Gewürzmischung hineingeben und sanft durchschwenken, sodass die Kartoffeln rundherum gleichmäßig mit den Gewürzen bedeckt sind, jedoch nicht zerfallen. In eine Salatschüssel geben.

Für die Salatsauce den Joghurt, drei bis vier Esslöffel Wasser, die gehackte Minze und einen Spritzer Zitronensaft verrühren; sie sollte schön cremig sein. Ein wenig von der Sauce zurückbehalten und den Rest über den Kartoffelsalat gießen.

Den Backofengrill auf hoher Stufe vorheizen und ein Backblech leicht einölen.

Die Lachsfilets auf das Blech legen und mit etwas Salz und Pfeffer würzen. Mit Olivenöl bestreichen und 6–7 Minuten im Ofen grillen.

Den gegrillten Lachs auf Tellern anrichten, nur leicht mit dem zurückbehaltenen Dressing überziehen und mit Zitronenspalten und dem pikanten Kartoffelsalat servieren.

Gegrillter Lachs mit Brunnenkresse-Kapern-Minzedip

Für 2 Personen

2 Lachsfilets von je 200 g
Zerlassene Butter zum Bestreichen

Für den Dip
1 EL Kapern
1 kleine Handvoll fein gehackte frische Minze
1 kleine Handvoll Brunnenkresse, plus Brunnenkresse zum Garnieren
100 g Crème fraîche
Fein abgeriebene Schale von 1 unbehandelten Zitrone
Meersalz und frisch gemahlener schwarzer Pfeffer

BEIM FISCHHÄNDLER
Fragen Sie nach Stücken aus dem mittleren Teil des Filets oder, wenn sie es etwas fettreicher mögen, aus dem dickeren Kopfende.

Zuchtlachs ist heute in aller Munde und es ist klar, dass an Aquakulturen nichts vorbeigeht, wenn wir die ständig wachsende Bevölkerung versorgen wollen. Dies ist ein fabelhaftes Rezept, für das vor allem das noch fettreichere Fleisch großer Lachse geeignet ist, zu dem das erfrischend zitronige Aroma des Kräuterdips einen reizvollen Kontrapunkt setzt.

Den Backofengrill auf maximaler Stufe vorheizen.

Die Lachsfilets mit der zerlassenen Butter bestreichen und 5–6 Minuten im Ofen grillen.

Inzwischen den Dip zubereiten: Die Kapern, die Minze und die Brunnenkresse im Mixer zu einer homogenen Mischung pürieren. In einer Schüssel mit der Crème fraîche und der Zitronenschale verrühren und mit Salz und reichlich Pfeffer abschmecken. Den heißen Lachs anrichten, mit dem Dip und etwas Brunnenkresse garnieren und servieren – köstlich!

Sardine *Sardina pilchardus*

Diese Fische sind für mich gleichbedeutend mit Sommer. Ein paar saftige Sardinen, über Holzkohleglut gegrillt, in der aromatisch duftende Kräuter knistern – ein unkomplizierter Genuss, perfekt mit einem knackigen Salat, etwas Meersalz, Zitronensaft und reichlich Sonnenschein.

Sardinen sind pelagische Schwarmfische, die wie die Sprotten zur Familie der Heringe *(Clupeidae)* gehören. Sie haben einen schlanken, silberfarbenen Körper mit grünlichem Rücken und auf jeder Seite zwei Punkte hinter dem Kopf. Die in nördlicheren Gewässern verbreiteten Fische wachsen langsamer, sind aber auch langlebiger – maximal erreichen Sardinen 25 Zentimeter Länge und werden 15 Jahre alt. Nach zwei Jahren, ab einer Größe von etwa 15 Zentimeter, spricht man nicht mehr von Sardinen, sondern von Pilchards.

Sardinen ernähren sich von Planktonkrebsen, die sie meist bei Nacht unruhig vertilgen. Sie laichen im Frühling und Sommer auf dem offenen Meer oder unter der Küste und wandern anschließend nordwärts zu ihren Futtergründen, bevor sie im Winter wieder Richtung Süden in wärmere Regionen ziehen. Bei Gefahr bilden Sardinen panikartig einen dichten Kugelschwarm. Vor der Küste Südafrikas lockt ihre jährliche Ankunft Unmengen von Seevögeln, Haien, Delfinen und anderen Fischen an – und natürlich eine ganze Armada von Fischern.

Geschmack
Obwohl Sardinen recht fett sind – der größte Teil des Fetts sitzt in der Haut –, erzeugen sie kein übermäßig öliges Mundgefühl. Das meiste Fett tritt beim Hineinbeißen aus, verteilt sich schnell und lässt das Fleisch angenehm mürbe erscheinen. Den Geruch kennzeichnet eine kühle metallische Note mit einem Hauch von Aubergine. Dieser klingt auch im Geschmack an, der mit seinem intensiv nussigen Sesamaroma und der röstigen Auberginennote an das nahöstliche *baba ganoush* (Auberginen-Tahin-Dip) erinnert. Das helle und dunkle Fleisch ist mit winzigen Gräten durchsetzt, die allerdings so fein sind, dass man sie beim Essen kaum wahrnimmt.

Verbreitung
Sardinen sind in den europäischen Gewässern weitverbreitet. Ihr Lebensraum erstreckt sich über den gesamten Nordostatlantik von Island (selten) über die Nordsee und die Britischen Inseln bis zum Senegal. Auch im westlichen Mittelmeer sowie in der Adria, im Marmarameer und im Schwarzen Meer kommen Sardinen vor.

Ökologie
Die Bestände an Sardinen und Pilchards sind in gutem Zustand. Südwestlich von England werden sie mit traditionellen Treibnetzen oder Ringnetzen gefangen.

Land	Name
GB/USA	*Sardine*
Frankreich	*Sardine*
Italien/Spanien	*Sardina*
Portugal	*Sardinha*
Griechenland	*Sardélla*
Niederlande	*Pelser, Sardien*
Dänemark/Schweden/ Norwegen	*Sardin*

Ernährung & Gesundheit
Sardinen sind eine sehr gute Quelle für Omega-3- und Omega-6-Fettsäuren.
Nährwert pro 100 g: etwa 165 kcal, 9,2 g Fett.

Saison & Laichzeit
Sardinen sind rund um den Globus vertreten, also ganzjährig verfügbar, sollten jedoch so frisch wie möglich gegessen werden (Juli–November in Nord- und Mitteleuropa).

Anteil an verwertbarem Fleisch
1 kg Sardinen liefert 500 g (50 %) reines Filet.

Fettfische

Salat mit gegrillten Sardinen, Walnüssen und Oliven

Für 2 Personen

6 Sardinen, geschuppt und filetiert
200 ml Olivenöl, plus Öl zum Bestreichen
1 EL getrockneter Oregano
1 Eigelb
½ Knoblauchzehe, geschält
1 TL Dijonsenf
1 großzügiger Schuss Weißweinessig
1 eingelegtes Sardellenfilet
Meersalz und frisch gemahlener schwarzer Pfeffer
Worcestersauce nach Geschmack (nach Belieben)

Für den Salat

1 rote Zwiebel, fein gewürfelt oder in Streifen geschnitten
6 reife Tomaten
10 schwarze oder grüne Oliven
1 Kopfsalat
1 große Prise getrockneter Oregano
1 Salatgurke, halbiert, die Samen und das weiche Innere entfernt
1 kleine Handvoll Walnusskerne

Sardinen lassen sich hervorragend mit knackigen Salatzutaten kombinieren. Ganz besonders gut machen sich bei diesem Gericht die Walnüsse zu dem Fisch, und das salzige Aroma der Oliven sorgt für das nötige Rückgrat – unbedingt zu empfehlen.

Entweder eine Grillpfanne erhitzen, den Backofengrill auf maximaler Stufe vorheizen oder einen Holzkohlegrill vorbereiten.

Die Sardinen mit Olivenöl bestreichen und mit etwas Oregano einreiben. Die Fische mit der Hautseite zur Hitzequelle 4–5 Minuten grillen, bis sie gar sind und die Haut knusprig ist.

Inzwischen das Salatdressing zubereiten: Das Eigelb, den Knoblauch, den restlichen Oregano, den Senf, den Essig und das Sardellenfilet kurz im Mixer pürieren. Bei laufendem Gerät langsam das Olivenöl zugießen, bis die Mischung eindickt und glatt ist. Die Sauce mit einem Schuss Wasser auf eine fließfähige Konsistenz bringen. Das Dressing mit Salz und Pfeffer würzen und nach Belieben mit etwas Worcestersauce abrunden.

Sämtliche Zutaten für den Salat vermengen, sparsam salzen und mit dem Dressing anmachen. Die gegrillten Sardinenfilets auf dem Salat anrichten oder grob in Stücke zerteilen und untermengen. Servieren.

BEIM FISCHHÄNDLER

Sardinen sollten einen metallisch schimmernden Rücken von grünlich violetter Färbung haben; meiden Sie Fische mit rötlichem Kopf oder aufgeplatztem Bauch. Die oft als Pilchards angebotenen größeren Sardinen sind nicht ganz so fett wie die kleineren Fische.

Sardinen auf Toast

Für 4 Personen

2–3 Sardinen pro Person (für jeden etwa 250 g), oder 2 Konserven (je 125 g)

Für die Sauce
3 EL Olivenöl
1 Zwiebel, gehackt
2–3 Knoblauchzehen, gehackt
1 Prise Safranfäden
1 Schuss Weißwein
1 kleine Handvoll gehackte frische Petersilie
6 reife Tomaten, geviertelt oder 1 Dose (400 g) gute italienische Eiertomaten
1 kleine Handvoll gehacktes Fenchelgrün
1 kleine Handvoll gehacktes frisches Basilikum
Meersalz und frisch gemahlener schwarzer Pfeffer

Zum Servieren
Sauerteigbrot, getoastet

BEIM FISCHHÄNDLER
Lassen Sie die Fische gleich schuppen, filetieren und bei größeren Exemplaren auch die Stehgräten entfernen.

Faszinierend, dass etwas so Einfaches so lecker schmecken kann. Ich verwende für dieses Rezept frische Sardinen, doch wenn es die gerade nicht gibt, können Sie auch zu Dosenware greifen.

Den Ofen auf 200 °C vorheizen.

Zuerst die Tomatensauce zubereiten: In einem Topf das Olivenöl bei niedriger Temperatur erhitzen. Die Zwiebel und den Knoblauch darin ganz behutsam anschwitzen, bis sie weich sind. Den Safran, den Wein und die Petersilie zugeben, dann die geviertelten Tomaten hinzufügen und dabei mit den Händen leicht auspressen. Das Fenchelgrün untermengen und die Mischung bei schwacher Hitze 8–10 Minuten sanft garen. Das Basilikum unterrühren und die Sauce mit Salz und Pfeffer abschmecken.

Die relativ dicke Sauce in einer ofenfesten Form verteilen, die Sardinen darauflegen und 6–7 Minuten im Ofen garen. Die Fische mit der Sauce auf dem getoasteten Sauerteigbrot anrichten und servieren.

Fettfische 237

Sprotte *Sprattus sprattus*

Am besten schmecken Sprotten in Mehl gewendet, gebraten und ganz heiß mit Zitronensaft beträufelt serviert – grandios. Die kleinen an Omega-Fettsäuren reichen Verwandten des Herings bevölkern in riesigen, silbrig wogenden Schwärmen die Meere, wo sie von Zwergwalen und Makrelen über Seemöwen bis zum Menschen von nahezu jedem gejagt werden.

Sprotten sind saisonal wandernde Fische, die im späten Frühling bis in den Sommer hinein laichen und im Herbst unter die Küste ziehen, wo sie sich von Plankton ernähren. Jedes Jahr im Herbst verfällt praktisch die gesamte marine Nahrungskette in einen kollektiven Sprottenrausch.

Äußerlich ähneln die Fische stark dem Hering, wenn sie mit rund zwölf Zentimeter auch nicht ganz so groß werden und eine stumpfere Schnauze haben. Frank Buckland, Fischereiexperte im Viktorianischen England, notierte einmal, der Duft einer Sprotte auf dem Grill sei noch würziger und appetitlicher als der eines Herings und dank ihres hohen Fettgehalts selbst über große Entfernung noch wahrnehmbar.

Tatsächlich waren Sprotten im Viktorianischen Zeitalter so reichlich vorhanden, dass man sie als Dünger verwendete. Leider enden auch heute viele der Fische auf ähnlich unrühmliche Weise, nämlich als Fischmehl. Darum plädiere ich nachdrücklich für die Rückkehr der Sprotten auf den Esstisch, denn sie schmecken wirklich gut. Immerhin genießen sie zumindest in geräucherter Form als »Kieler Sprotten« den Status einer Delikatesse.

Geschmack
Sprotten haben einen frischen Meeresgeruch. Ihr sehr delikater Geschmack verbindet den pikanten Anflug von *mustard cress* (japanische Kresse) und Kreuzkümmel mit einer süßlichen Sesamnote, die das Fleisch seinem hohen Fettanteil verdankt. Das weiße Fleisch lässt sich dank seiner weichen Konsistenz und der geringen Größe der Fische problemlos samt Haut von der Mittelgräte abziehen, doch kann man Sprotten auch unausgenommen essen – Haut, Kopf und Gräten inklusive.

Verbreitung
Sprotten leben im Nordostatlantik von Norwegen bis Marokko, in Nord- und Ostsee sowie im Mittelmeer, vor allem in der Adria, und im Schwarzen Meer.

Ökologie
Die Sprottengründe in der Nordsee gelten als gesund.

Land	Name
Deutschland	*Sprotte, Breitling*
GB/USA	*Sprat*
Frankreich	*Sprat, Menuise*
Italien	*Papalina, Spratto*
Spanien	*Espadin*
Portugal	*Espadilha, Lavadilha*
Griechenland	*Papalina*
Niederlande	*Sprot*
Dänemark/Norwegen	*Brisling*
Schweden	*Skarpsill, Vassbuk*

Ernährung & Gesundheit
Sprotten sind reich an Omega-3-Fettsäuren. Nährwert pro 100 g: etwa 172 kcal, 11 g Fett.

Saison & Laichzeit
Sprotten schmecken am besten vom Frühherbst bis Weihnachten.

Anteil an verwertbarem Fleisch
100 %, da der ganze Fisch essbar ist.

David Hurford – Experte für Fettfische

David fischt schon ein Leben lang vor Brixham, und seine Spezialität sind Fettfische. Mit seinem 15-Meter-Kutter »Constant Friend«, einem Mehrzweckboot, das als Trawler mit verschiedenen Schleppnetzen ebenso einsetzbar ist wie mit Dredschen zur Jakobsmuschelernte, fischt er bevorzugt Sprotten, Heringe, Sardinen und Sardellen mit einem gelegentlichen Beifang von Makrelen.

Wann ist die Sprottensaison?
Ungefähr in der ersten Augustwoche geht es los. Beginnt man früher, sind die Fische gewöhnlich zu vollgefressen und ihre Bäuche platzen auf, wenn man sie verarbeitet. Auch sind sie jetzt oft noch zu ölig, man muss den Zeitpunkt schon genau abpassen.

Was passiert mit den Sprotten, die Sie fangen?
Sobald der Fang an Bord ist, wird er auf Eis gelegt. Zurück im Hafen wird er sofort gelöscht, in Kisten umgefüllt und mit frischem Eis bedeckt in Kühllastern in die Fabrik gebracht, wo man die Fische in 20-Kilo-Blöcken schockfrostet. Bei Fettfischen muss man von der ersten Sekunde an gut aufpassen und sorgfältig arbeiten. Sämtliche Fische werden noch in der Nacht verarbeitet, und am nächsten Tag, wenn wir wieder in See stechen, ist der Fang bereits auf dem Weg auf das europäische Festland. Die Nachfrage nach frischen Sprotten ist viel geringer. Die Fische werden zu jeweils sechs Kilo in Kisten verpackt und mit Eis bedeckt zu den Fischmärkten über das ganze Land verschickt. Von den 20 bis 25 Tonnen, die wir an einem Tag anlanden, werden nur ein bis zwei Tonnen als Frischfisch verkauft.

Wer isst Ihre Sprotten?
Wenn wir große Sprotten fangen, die nach Schweden gehen, werden sie nicht tiefgefroren, sondern in Fässern mit Gewürzen in Lake eingelegt, wie sie es dort mögen. Die Schweden lassen die Sprotten bis zur nächsten Saison reifen und filetieren die Fische vor dem Essen, darum müssen sie möglichst groß sein. Die Dänen tun dasselbe. Auf dem deutschen und holländischen Markt bevorzugt man tiefgefrorene Sprotten. In kleineren Mengen werden sie noch geräuchert, aber nicht mehr so viel wie früher. Das ist schade, denn geräucherte Sprotten können hervorragend schmecken. Ich schätze, dass 95 Prozent ins Ausland gehen. Die Schweden, Dänen, Holländer und Deutschen wollen unsere Sprotten, wir Briten nicht ... das ist völlig verrückt, der komplette Irrsinn!

Welcher ist Ihr Favorit unter den Fettfischen?
Wenn richtig zubereitet, lasse ich für Sprotten alles liegen. Einfach mit etwas Salz bestreuen und eine halbe Stunde oder länger ziehen lassen. Dann in Mehl wenden, einen Schuss gewöhnliches Olivenöl – nicht dieses kalt gepresste Zeug – in die Pfanne und die Fische im möglichst heißen Fett knusprig braten, aber nicht zu viele auf einmal. Mit etwas frischem Brot kaum zu toppen und billig sind sie auch noch! Genau so essen wir Sprotten, wenn wir auf dem Heimweg in den Hafen sind. Schließlich brauchen wir unsere Omega-3-Ration!

Gegrillte Sprotten mit Oregano und Chili

Für 2 Personen

Einige getrocknete Bird's-Eye-Chilischoten
1 Prise feines Salz
1 EL getrockneter Oregano
3 EL Olivenöl
Mindestens 200 g frische Sprotten

Zum Servieren

Zitronenspalten

Über Holzkohle gegrillt schmecken diese kleinen Fische am besten und eine Handvoll davon genügt schon für einen kleinen feinen Appetizer.

Einen Holzkohlegrill vorbereiten.

Die getrockneten Chilischoten in eine Schüssel krümeln; das Salz, den Oregano und das Olivenöl zugeben und gründlich vermengen.

Die Sprotten auf ein Blech oder eine große Platte legen und großzügig mit dem gewürzten Olivenöl bestreichen. Die Fische auf den Rost legen und etwa 2 Minuten grillen, bis die Haut knusprig ist.

Die Sprotten, wie sie sind, unter den Gästen herumreichen, sodass sich jeder selbst bedienen kann. Man beträufelt die Fische mit ein wenig Zitronensaft und verzehrt sie dann mit »Haut und Haaren«.

Feurig scharfe Sprotten

Für 4 Personen

Pflanzenöl zum Frittieren
1 TL Cayennepfeffer
½ TL Senfpulver
250 g Mehl
1 TL Salz
300 ml Milch
1 kg Sprotten

Zum Servieren

Zitronenspalten
Mayonnaise (siehe Seite 286)

Mit Sprotten können Sie kaum etwas Besseres anstellen, als sie knusprig zu frittieren und mit einem Butterbrot und ein wenig Zitronensaft zu genießen. Das Mehl würze ich gern mit Senfpulver und einer anständigen Prise Cayennepfeffer, um den köstlichen kleinen Fischen schon vor dem Garen etwas einzuheizen.

In einer Fritteuse oder einem geeigneten Topf ausreichend Pflanzenöl auf 190 °C erhitzen.

Den Cayennepfeffer, das Senfpulver, das Mehl und das Salz in einer flachen Schale vermengen; die Milch in ein weiteres Gefäß gießen.

Die Fische in die Milch tauchen, in dem Mehl wenden und in dem heißen Fett in 2–3 Minuten knusprig ausbacken. Auf Küchenpapier abtropfen lassen und mit Zitronenspalten und selbst gemachter Mayonnaise servieren.

In Salz eingelegte Sprotten

Für 4 Personen

1 kg Sprotten
2 großzügige Handvoll feines Meersalz
1 kg Steinsalz (evtl. auch mehr)
4–5 frische Lorbeerblätter

Im August, wenn die Fischerboote aus meinem Heimatort Brixham auf Sprottenfang gehen, schmecken die Fische besonders gut. Ihr Fettgehalt ist jetzt gerade richtig, um die Fische einzusalzen. Es kostet nicht die Welt, ein paar Weckgläser mit gesalzenen Sprotten zu füllen, die eine gute Alternative zu gesalzenen Sardellen sind. Im Einmachglas halten sie sich im Kühlschrank bis zu zwei Monate lang.

Die ganzen Sprotten nebeneinander in einen großen Durchschlag oder auf ein Blech legen, mit dem Meersalz bestreuen und 1 Stunde ziehen lassen. Das Salz entzieht dem Fisch einen Teil seiner Flüssigkeit, ein wichtiger Arbeitsschritt beim Einsalzen. Die Fische anschließend mit Küchenpapier vom Salz befreien und abtrocknen.

Das Steinsalz in einem Kunststoffbehälter zu einer zehn Zentimeter dicken Schicht aufhäufen und eine Lage Sprotten nebeneinander darauflegen. Ein bis zwei Lorbeerblätter dazwischenstecken und die Fische mit Salz bedecken. Eine weitere Lage Sprotten einschichten und erneut mit Lorbeerblättern und Salz bedecken usw., bis sämtliche Fische im Salz liegen. Ein Stück Karton, das exakt in den Behälter passt, mit Frischhaltefolie umwickeln, auf die oberste Salzschicht legen und mit einigen gefüllten Konservendosen beschweren. Die Sprotten in ihrem Salzbett für eine Woche in den Kühlschrank stellen. Durch das Gewicht werden die Fische gepresst, sodass sich nach einigen Tagen Flüssigkeit in dem Gefäß sammelt, die abgegossen werden muss.

Nach einer Woche sind die Sprotten einsatzbereit, egal für welche Zubereitung oder Verwendung – auch als Ersatz für gesalzene Sardellen. Besonders gut machen sie sich in Filetform unter einen Salat gemischt oder in einer Pastasauce aus Knoblauch und Olivenöl zu Spaghetti.

TIPP
Zur Aufbewahrung schichten sie die gesalzenen Sprotten mit frischem Salz in Einmachgläser, die sie fest verschlossen im Kühlschrank lagern.

Schwertfisch *Xiphias gladius*

Mit seinem schwertförmig verlängerten Schnabel und seinem feurigen Temperament hat der Schwertfisch abgesehen vom Menschen kaum Feinde zu fürchten. Wie Thunfisch hat sein Fleisch eine holzähnliche Maserung (je größer der Fisch, desto ausgeprägter das Muster) und die Struktur der Haut erinnert an Leinen.

Der Schwertfisch ist der einzige Vertreter der Familie der *Xiphiidae*. Er legt große Entfernungen zurück, wenn er im Sommer zur Nahrungssuche in gemäßigtere Regionen wandert und zum Laichen in wärmere Gewässer zurückkehrt. Laichzeit ist im Atlantik im Frühling (in der südlichen Sargassosee), im Pazifik im Frühling und Sommer und im Mittelmeer von Juni bis August, wenn die Fische vor der Küste Italiens auftauchen.

Die Respekt einflößenden Tiere können in Ausnahmen bis zu 650 Kilogramm schwer und 4,50 Meter lang werden; durchschnittliche Exemplare messen um die zwei Meter bei rund 150 Kilogramm Gewicht. Ihre stromlinienförmigen, schuppenlosen Körper schießen mit beeindruckender Geschwindigkeit durchs Wasser, wenn sie Schwärme von kleinen Thunfischen, Goldmakrelen und Makrelen oder Tintenfische jagen.

Geschmack
Im Geruch erinnert Schwertfisch eher an gut abgehangenes Rindfleisch als an Fisch. Der innere Teil des spiralartig gemaserten Filets ist anders beschaffen als das Randstück. Ersteres ist blass, saftig und vollmundig mit einer laktischen Adstringens, die an griechischen Joghurt erinnert. Das Fleisch direkt unter der Haut ist weicher und die holzähnliche Maserung weicht der elastischen Konsistenz von gepresstem Tofu. Der Geschmack ist intensiver mit säuerlicher Note.

Verbreitung
Der Schwertfisch lebt im Pazifik, im Atlantik von Nordnorwegen bis Neufundland, im Mittelmeer und im Schwarzen Meer.

Ökologie
Mit Langleinen lassen sich Schwertfische gezielt befischen, allerdings ist der Beifang an gefährdeten Arten, allen voran an Meeresschildkröten, noch immer ein erhebliches Problem. Die Schwertfischbestände gelten als gering widerstandsfähig und sind durch die hohen Belastungen der kommerziellen Fischerei stark gefährdet. Schwertfisch aus dem Nord- und Südatlantik ist die ökologisch verträglichste Wahl, besonders aus US- und brasilianischen Gewässern, wo man Maßnahmen zur Vermeidung des Schildkrötenbeifangs ergriffen hat.

Land	Name
GB/USA	*Swordfish*
Frankreich	*Espadon*
Italien	*Pesce espada*
Spanien	*Pez espada*
Portugal	*Espadarte, Alguha*
Griechenland	*Xiphías*
Niederlande	*Zwaardvis*
Dänemark	*Sværdfisk*
Norwegen	*Sverdfisk*
Schweden	*Svärdfisk*

Ernährung & Gesundheit
Schwertfisch ist eine verhältnismäßig gute Quelle für Omega-3-Fettsäuren. Nährwert pro 100 g: etwa 139 kcal, 5,2 g Fett.

Saison & Laichzeit
Schwertfisch wird je nach Herkunft das ganze Jahr angeboten. Meiden Sie Schwertfisch in seiner jeweiligen Laichzeit – im Atlantik im Frühling, im Pazifik im Frühling und Sommer und im Mittelmeer von Juni bis August.

Anteil an verwertbarem Fleisch
1 kg Schwertfisch liefert 750 g (75 %) Steaks und 600 g (60 %) reines Filet.

schwertfisch sollte fest und leicht glasig sein.

Gegrillter Schwertfisch mit Oliven und Oregano

Für 2 Personen

2 EL getrockneter Oregano
1 Knoblauchzehe
Fein abgeriebene Schale und Saft von
  1 unbehandelten Zitrone
4–5 EL Olivenöl
2 Schwertfischsteaks von je 160 g
1 Tomate, gewürfelt
1 EL schwarze Oliven

Zum Servieren
Meersalz
Zitronenspalten

BEIM FISCHHÄNDLER
Steaks aus dem mittleren Teil des Filets sind etwas größer und daher die bessere Wahl.

Ob auf dem Rost oder im Ofen, nichts ist einfacher, als ein saftiges Schwert- oder Thunfischsteak zu grillen – eine vollwertige Mahlzeit, die bestenfalls noch nach einem Salat oder einer leichten Gemüsebeilage verlangt.

Einen Holzkohlegrill vorbereiten oder den Backofengrill auf höchster Stufe vorheizen.

Den Oregano, den Knoblauch, die Schale und den Saft der Zitrone und das Olivenöl im Mörser zu einer dicken, aromatischen Sauce verarbeiten. Die Schwertfischsteaks mit etwas von der Mischung einreiben und von jeder Seite 3–4 Minuten grillen, bis sie durchgegart sind; dabei weiter beständig mit der Sauce bestreichen.

Die Tomatenwürfel und die Oliven unter die verbliebene Sauce mengen und über die Schwertfischsteaks löffeln. Mit etwas Meersalz bestreuen und mit Zitronenspalten servieren.

Thunfisch *Thunnus*

Thunfisch ist ein fabelhafter Fisch, dessen Popularität in den 1990er-Jahren explosionsartig gestiegen ist. Dank seiner Vielseitigkeit und seiner fleischähnlichen Beschaffenheit ist er ideal für alle Neulinge unter den Fischessern.

Thunfische sind athletische Hochseefische, die während ihrer saisonalen Wanderungen gewaltige Distanzen zurücklegen. Die gefürchteten Räuber besitzen die schärfsten Augen aller Knochenfische. Häufig vereinen sich verschiedene Arten wie Weißer, Gestreifter und Roter Thun zu Schwärmen, um hungrig und pfeilschnell in Herings-, Makrelen und Sardellenschwärme hineinzustoßen oder Tintenfische und Krebstiere zu jagen.

Der Gattungsname *Thunnus* leitet sich vom Altgriechischen für »rasen« ab und tatsächlich ist ihr Körperbau auf Tempo ausgelegt. Ihr torpedoförmiger Wuchs, die einklappbaren Seitenflossen, die flach einliegenden Augen und die sichelförmige Schwanzflosse bieten den denkbar geringsten Widerstand. Der Rote oder Große Thun *(Thunnus thynnus)* erreicht im Sprint die 100-Stundenkilometer-Marke, seine Reisegeschwindigkeit liegt zwischen 2,8 und 7,4 Kilometer pro Stunde. Da ihre Kiemen keinen eigenen Pumpmechanismus haben, müssen Thunfische ständig in Bewegung bleiben, damit über das geöffnete Maul ausreichend Wasser durch die Kiemen strömt. Außerdem haben sie keine Schwimmblase.

Das gut entwickelte Blutgefäßsystem der Thunfische ermöglicht ihnen, die in den Muskeln erzeugte Wärme zu speichern, und verleiht dem Fleisch die rötliche Färbung. Die langsam wachsenden Fische sind relativ spät geschlechtsreif und die Kombination aus modernsten Fangmethoden und steigender Nachfrage hat die Bestände drastisch dezimiert. Vielversprechende Nachrichten kommen aus Australien, wo Versuche, den Southern Bluefin Tuna (Südlicher Blauflossen-Thun) in Aquakulturen zu züchten, Anlass zur Hoffnung geben.

Geschmack
Gelbflossen-Thunfisch *(Thunnus albacares)*

Der Gelbflossen-Thunfisch vereint alle typischen Merkmale seiner Gattung: festes, spiralförmig wie die Maserung eines Astes strukturiertes, saftiges Fleisch, das im Geruch an Schweinebratenkruste mit einer unterschwellig nussigen Note von gebackenem Brot oder brauner Butter erinnert. Dieses Aroma klingt auch im Geschmack an, der an Schweine- oder dunkles Truthahnfleisch denken lässt. Am besten schmeckt das Fleisch kurz von beiden Seiten gegrillt, wenn es außen beigebräunlich, im Kern aber noch rosa ist.

(Fortsetzung auf Seite 250)

Land	Name (der Gattung Thunfisch)
Deutschland	*Thunfisch, Thun*
GB/USA	*Tuna, Tunny*
Frankreich	*Thon*
Italien	*Tonno*
Spanien	*Atún*
Portugal	*Atum*
Griechenland	*Tónnos*
Niederlande	*Tonijn*
Dänemark	*Tunfisk, Tun*
Schweden	*Tonfisk*
Norwegen	*Tunfisk*

Ernährung & Gesundheit
Nährwert des Gelbflossen-Thunfischs pro 100 g: etwa 144 kcal, 6,2 g Fett.

Saison & Laichzeit
Der Weiße Thun (auch Albacore), der Gestreifte Thun (auch Echter Bonito) und der Gelbflossen-Thunfisch werden ganzjährig angeboten.

Anteil an verwertbarem Fleisch
1 kg Thunfisch liefert 750 g (75 %) Steaks und 600 g (60 %) reines Filet.

Weißer Thun *(Thunnus alalunga)*

Auch der Weiße Thun hat in vielerlei Hinsicht einen fleischähnlichen Charakter. Er ist von ebenmäßiger Konsistenz und mittlerer, jedoch nicht lange anhaltender Saftigkeit. Der Geruch erinnert an gebratene Schweinekoteletts, begleitet von einer süßlichen Karamellnote, das Resultat der sich beim Garen bildenden Röststoffe. Auch im Geschmack ist das Kotelettaroma deutlich wahrnehmbar, hinzu kommt eine zitrusartige Säure, die wie Rhabarber an den Zähnen ein stumpfes Gefühl erzeugt und den Speichelfluss anregt.

Verbreitung

Der Rote Thun lebt im gesamten Atlantik und laicht im Frühling/Sommer im Golf von Mexiko und nahe der Straße von Gibraltar. Der Weiße Thun ist in den gemäßigten, subtropischen und tropischen Gewässern aller Weltmeere zu Hause, ebenso wie der Gestreifte Thun oder Echte Bonito *(Katsuwonus pelamis)* und der Gelbflossen-Thunfisch, der allerdings im Mittelmeer nicht vorkommt.

Ökologie

Je mehr die Nachfrage nach diesem beliebten Fisch steigt, desto massiver gehen die Bestände zurück. Bei einigen Arten ist die Lage dramatischer als bei anderen, je nachdem, wie schnell die Jungfische nachwachsen und fortpflanzungsfähig werden – die Bestände der besonders langsam wachsenden großen Thunfischarten sind in der schlechtesten Verfassung, daher sollte man den Roten Thun sowie den Pazifischen und den Südlichen Blauflossen-Thun (Pacific Bluefin, Southern Bluefin) schonen. In deutlich besserem Zustand sind die schneller wachsenden und früher geschlechtsreifen Arten wie Weißer und Gestreifter Thun und der Gelbflossen-Thunfisch. Im Sinne der Nachhaltigkeit sollte man mit der Fangleine (Angel oder Handleine) oder mit der Schleppangel (Trolling) »delfinfreundlich« gefangene Fische bevorzugen.

Nachhaltige Thunfisch-Fischerei

Seit Generationen bejagen die Franzosen und Spanier in den atlantischen Fischgründen den Weißen Thun mit der traditionellen Angelmethode. Seit einigen Jahren gesellen sich in der Saison zwei britische Boote aus Cornwall, die *Charisma* mit Skipper John Walsh und die *Nova Spero* mit Skipper Shaun Edwards, zu den drei-, vierhundert spanischen und französischen Kollegen im Golf von Biskaya. Die atlantische Schleppangelfischerei des Weißen Thuns hat mit eher einigen Hundert statt Tausenden angelandeter Fische einen vergleichsweise geringen Umfang.

»Die Nachfrage nach Thunfisch ist groß, besonders wenn er in dieser schonenden Weise gefangen und regional vermarktet statt von weit her eingeflogen wird. Die Herkunft des Fischs kann bis zu dem Fischer zurückverfolgt werden, der ihn gefangen hat. Von dem Moment an, in dem der Fisch das Wasser verlässt, bis zur Rückkehr in den Hafen sieben Tage später, wird er nach allen Regeln der Kunst behandelt«, erklärt Nathan de Rozarieux, Projektleiter bei Seafood Cornwall.

Thunfischzucht in Australien – die Zukunft der Aquakultur?

Der Southern Bluefin Tuna (Südlicher Blauflossen-Thun) ist vom Aussterben bedroht und unterliegt einer strikten Quotenregelung, die Australien einen jährlichen Export von maximal 5000 Tonnen erlaubt. Derzeitige Praxis ist, die wilden Fische zu fangen und in Käfigen nach Port Lincoln in Südaustralien zu schleppen, wo sie in Meeresgehegen für die Märkte in Japan und den USA gemästet werden. Anfang der 1990er-Jahre wurde der gleiche Thunfisch noch zu Konserven und Katzenfutter verarbeitet, mittlerweile hat er sich zum begehrten Premium-Produkt entwickelt, das Höchstpreise erzielt, dabei ist die Thunfischmast alles andere als eine nachhaltige Methode der Farmhaltung.

Das australische Unternehmen Clean Seas mit Inhaber Marcus Stehr hat als weltweit erste Aquakultur ein Programm zur künstlichen Aufzucht des Southern Bluefin Tuna entwickelt, um die wilden Bestände dieses Fischs zu retten.

Um die Fische in Gefangenschaft zum Laichen zu bringen, mussten die Meeresbiologen die Temperatur und den Sauerstoffgehalt ihrer Wanderroute von der Antarktis bis zum südlichen Indischen Ozean simulieren. Sie setzten sogar künstliches Sonnen- und Mondlicht ein und imitierten die Unterwasserströmungen, um die Bedingungen in der Wildnis möglichst naturgetreu nachzustellen.

Marcus Stehr: »Es gelang uns, befruchtete Eier zu bekommen, und diese Eier entwickelten sich zu Larven, die zu fressen begannen. Zurzeit laufen Tests mit diesen Larven, in der Hoffnung, dass sie zu Fingerlingen heranwachsen und wir noch im Laufe des Jahres voll in die Produktion einsteigen können. Den Lebenszyklus des Southern Bluefin Tuna in Gefangenschaft nachzuvollziehen, ist wie der Heilige Gral der Meeresfauna, doch die Frage ist nicht *ob*, sondern *wann* wir in der Lage sind, aus Fingerlingen erwachsene Thunfische zu züchten, wie es uns bei der Gelbschwanzmakrele gelungen ist. Die wilden Bestände des Southern Bluefin Tuna gehen mehr und mehr zurück, also müssen wir über seine Zukunft nachdenken. Die Thunfischzucht ist der richtige Weg.«

Fettfische

Gegrillter Thunfisch mit knuspriger Gremolata

Für 2 Personen

7 EL Olivenöl, plus Öl zum Beträufeln

Meersalz und frisch gemahlener schwarzer Pfeffer

2 Thunfischsteaks von je etwa 200 g

1 Knoblauchzehe, sehr fein gehackt

75 g frische grobe Weißbrotbrösel (nicht zu trocken)

Fein abgeriebene Schale von 2 unbehandelten Zitronen

1 kleine Handvoll fein gehackte frische Petersilie

Zitronensaft nach Geschmack

BEIM FISCHHÄNDLER
Thunfisch wird meist in Form dicker Filetstränge importiert und angeboten. Kaufen Sie Thunfisch von leuchtend dunkelroter Farbe und meiden sie dunkelbraune Ware.

Thunfisch ist ein erstklassiger Fisch, der roh ebenso schmeckt wie über dem offenen Feuer gegrillt oder in Olivenöl gebraten. Ich mag ihn am liebsten roh oder auf den Punkt gegart, nicht, wie ihn viele Köche anbieten, außen kräftig angebraten und innen noch so gut wie roh. Das mag zwar hübsch aussehen, wenn man hineinschneidet, doch gewinnt Thunfisch ganz enorm, wenn man ihn rosa gart, sodass Fett und Muskelmembrane im Kern schmelzen und das Fleisch noch saftiger machen.

Das Rezept ist ganz einfach und die kernige Gremolata mit den knusprig gerösteten Bröseln bildet einen interessanten Kontrast zu dem saftigen Thunfischfleisch.

Den Ofen auf 240 °C vorheizen.

Eine große ofenfeste Pfanne mit schwerem Boden erhitzen und drei Esslöffel des Olivenöls hineingeben. Die Thunfischsteaks mit etwas Salz bestreuen, in das heiße Öl legen und von beiden Seiten 1–2 Minuten anbraten. Die Pfanne für 1 weitere Minute in den Ofen schieben, sodass der Fisch auch von innen gleichmäßig gart. Die Thunfischsteaks auf Tellern anrichten. Das Fleisch sollte sich mühelos zerteilen lassen. Wenn Sie die Segmente mit den Fingern auseinanderziehen, werden Sie sehen, dass es im Kern wunderbar saftig und rosa statt roh ist.

In derselben Pfanne das restliche Olivenöl erhitzen und den Knoblauch hineingeben. Sobald er braun zu werden beginnt, die Weißbrotbrösel hinzufügen und beides goldgelb und knusprig braten. Die Zitronenschale und die Petersilie untermengen und die Mischung über die Thunfischsteaks löffeln. Mit etwas Zitronensaft und Olivenöl beträufeln und servieren. Zu diesem einfachen Gericht ist ein Rucola-Tomaten-Salat genau das Richtige.

Thunfisch-Carpaccio mit Kapern und Sardellen

Für 2 Personen

200 g ganz frischer Thunfisch
2 Eigelb
1 TL Dijonsenf
1 EL Weißweinessig
8 gesalzene Sardellenfilets
½ Knoblauchzehe
1 Spritzer Worcestersauce
1 TL Kapern
100 ml Pflanzenöl
1 EL fein geriebener frischer Parmesan
Frisch gemahlener schwarzer Pfeffer
Zitronensaft nach Geschmack
1 TL fein gehackte frische Petersilie
1 Schalotte, fein gehackt

BEIM FISCHHÄNDLER
Überflüssig zu erklären, wie frischer Thunfisch aussieht, sie erkennen ihn sofort, wenn sie ihn sehen. Nehmen sie für dieses Gericht am besten ein Schwanzstück, wegen seines geringeren Durchmessers lässt es sich leichter schneiden.

Wann immer ich beim Fischhändler ganz frischen, leuchtend roten Thunfisch sehe, ist er ein todsicherer Kandidat für dieses Gericht. Legen Sie Ihren Thunfisch nicht erst in den Kühlschrank, um ihn Tage später wieder hervorzuholen! Bei diesem Carpaccio werden die rohen Zutaten schlicht kombiniert, darum steht und fällt alles mit absolut frischem Fisch.

Den Thunfisch für 20–30 Minuten in den Gefrierschrank legen, damit er fester wird; so kann man ihn besser in dünne Scheiben schneiden.

Für das Dressing die Eigelbe, den Senf, den Essig, drei Sardellenfilets, den Knoblauch, die Worcestersauce und die Hälfte der Kapern im Mixer zu einer Paste zermahlen. Bei laufendem Gerät das Pflanzenöl einträufeln und weiter mixen, bis die Sauce glatt ist und die Konsistenz von dicker Sahne hat. Den Parmesan, etwas Pfeffer, einen Spritzer Zitronensaft und die Petersilie zugeben und sorgfältig unterrühren.

Den Thunfisch mit einem sehr scharfen Messer in höchstens fünf Millimeter dicke Scheiben schneiden und auf einer kalten Platte anrichten. Die restlichen Kapern und Sardellenfilets sowie die gehackte Schalotte gleichmäßig darüber verteilen. Das Dressing in einem dünnen Strahl über das Carpaccio träufeln und das Gericht servieren.

Thunfisch mit Pepperonata

Für 2 Personen

2 frische Thunfischsteaks von je 160 g
Steinsalz zum Bestreuen
Olivenöl zum Bestreichen

Für die Pepperonata
100 ml Olivenöl
1 große Zwiebel, in ganz feine Streifen geschnitten
2 Knoblauchzehen, im Mörser zu einer Paste zerrieben
1 rote Paprikaschote, halbiert, von den Samen befreit und längs in feine Streifen geschnitten
1 gelbe Paprikaschote, halbiert, von den Samen befreit und längs in feine Streifen geschnitten
½ TL gemahlener Kreuzkümmel
1 getrocknete Bird's-Eye-Chilischote
50 ml Rotweinessig
Feines Salz und frisch gemahlener schwarzer Pfeffer
1 EL in feine Streifen geschnittene frische Basilikumblätter

Zum Servieren
Steinsalz
Zitronensaft nach Geschmack

Thunfisch wird immer mehr zum Luxusprodukt – die weltweiten Fänge werden zwar über Quoten streng kontrolliert, doch seit immer mehr Köche seine kulinarischen Qualitäten entdeckt haben, ist die Nachfrage ungebrochen. Den besten Thunfisch gibt es – von Japan einmal abgesehen – rund um das Mittelmeer, wo ich ihn schon geschmort, gegrillt und gebraten genossen habe. Tadellos schmeckt er wie hier auf typisch italienische Art mit geschmortem Paprikagemüse.

Den Ofen auf 240 °C vorheizen.

Zuerst die Pepperonata zubereiten: Das Olivenöl in einem großen Topf bei ganz niedriger Temperatur erhitzen und die Zwiebelstreifen darin 20 Minuten behutsam schmoren, bis sie goldgelb sind und fast zerfallen. Den Knoblauch, die Paprikaschoten und den Kreuzkümmel zugeben und weiter sanft garen, bis das Gemüse weich ist. Den zerkrümelten Chili und den Essig unterrühren und alles 1 weitere Minute köcheln lassen. Das Gemüse mit Salz und Pfeffer abschmecken und das Basilikum unterrühren. Die Pepperonata sollte durch die Paprika und den Essig ein zugleich süßliches und säuerliches Aroma haben.

Inzwischen eine gerillte Grillpfanne sehr heiß werden lassen. Die Thunfischsteaks salzen, mit Olivenöl einreiben und von jeder Seite 1½–2 Minuten grillen. Die Pfanne in den Ofen schieben und den Fisch etwa 1 weitere Minute garen. Die von allen Seiten einwirkende Hitze im Ofen bewirkt, dass die Steaks auch von innen gleichmäßig garen, ohne außen auszutrocknen. Sie sind fertig, sobald sie sich problemlos zerteilen lassen und im Kern saftig und rosa (wie rosa gegartes Lamm) sind.

Die Thunfischsteaks auf einer großen Platte anrichten und mit etwas Steinsalz und Zitronensaft würzen. Großzügig mit der Pepperonata garnieren und servieren.

BEIM FISCHHÄNDLER
Schauen Sie nach Thunfisch von leuchtend dunkelroter Farbe und meiden Sie Fisch von bräunlichem oder perlmuttähnlichem Aussehen. Die Steaks sollten möglichst aus dem vorderen Teil des Filets statt aus dem dünneren Schwanzstück geschnitten sein. Der optimale Filetdurchmesser für Steaks liegt bei 20 Zentimeter.

Weich- und Krustentiere

Venus- und Schwertmuscheln	264
Herzmuscheln	270
Krabben	274
Sepia	278
Kaisergranat	284
Hummer	288
Langusten	290
Miesmuscheln	294
Austern	298
Garnelen	300
Jakobsmuscheln	304
Kalmar	308

Meeresfrüchte aus dem Ofen mit Knoblauch und Tomaten

Einen längs halbierten Hummer (lebenden Hummer zuvor in sprudelnd kochendem Wasser töten), sechs frische Schwertmuscheln, je eine Handvoll frische Mies- und Venusmuscheln sowie einige Jakobsmuscheln und Garnelen – alle Muscheln sollten geschlossen sein oder sich beim Dagegenklopfen schließen – in eine große Schüssel geben und mit einem großzügigen Schuss Olivenöl, einigen frischen Thymian- und Rosmarinzweigen, etwas Salz, zwei zerkrümelten getrockneten Chilischoten, zehn ungeschälten Knoblauchzehen und zehn bis zwanzig Kirschtomaten, nach Belieben halbiert, vermengen. Die Mischung in einer Bratenpfanne verteilen und etwa 10 Minuten im 240 °C heißen Ofen garen (ich erledige das in meinem Holzfeuerofen, wegen des rauchigen Aromas). Die Meeresfrüchte mit Semmelbröseln bestreuen und noch 2 Minuten überbacken; geschlossene Muscheln wegwerfen. Mit Zitronensaft beträufeln und in der Pfanne servieren.

Meine Lieblingsfischsuppe

Für 2 Personen

4 EL Olivenöl

1 Schalotte, fein gehackt

2 Knoblauchzehen, gehackt

2 Tomaten, im Ofen geröstet

1 Prise Safranfäden

3–4 Zweige frischer Thymian

1 Schuss Pernod

200 ml Weißwein

Eine Auswahl an Fisch und Meeresfrüchten (siehe Einleitung rechts)

Etwa 200 ml Wasser (oder Fischfond)

Meersalz

Gehackte frische Petersilie oder gehacktes frisches Basilikum zum Bestreuen

Zum Servieren

Frisches Brot

TIPPS

Sie sollten für diese Suppe auf jeden Fall Mies-, Venus- oder Herzmuscheln verwenden, ihr aromatischer Sud sorgt für ein wunderbar würziges Aroma.

Servieren Sie Ihren Gästen zunächst einen tiefen Teller mit nichts als einer Scheibe Röstbrot darin, die sie mit einem Klecks Aioli garnieren. Dann schöpfen sie zuerst eine Kelle der Suppe darüber, warten, bis das Brot gut durchtränkt ist, und füllen dann den Fisch auf – köstlich!

Diese Fischsuppe stand einige Jahre auf meiner Speisekarte, wir gaben lediglich noch die eine oder andere Kelle Krustentierfond dazu. Sie hat einen wunderbar sauberen Geschmack, den sie ihren erstklassigen Zutaten verdankt, und das Beste ist, sie ist extrem einfach zuzubereiten. Lassen Sie sich von Ihrem Fischhändler beraten, welcher Fisch gerade Saison hat und welcher aus nachhaltigem Fang stammt. Ich verwende gern Hummer, Venus- und Miesmuscheln, Stücke von Rochenflügeln, Tranchen vom Kap-Seehecht sowie Knurrhahn und Pollack. Sie benötigen ausreichend Fisch und Meeresfrüchte, um den Boden eines großflächigen Topfs dicht zu bedecken.

Das Olivenöl in einem großen Topf erhitzen und die Schalotte und den Knoblauch darin behutsam anschwitzen, bis sie weich sind. Die Tomaten, den Safran und den Thymian zugeben, gut verrühren und mit einem Schuss Pernod flambieren (bei einem Gasherd den Topf einfach ein wenig zurückziehen und neigen, um den Alkohol zu entzünden). Sobald die Flammen erloschen sind, den Wein zugießen und 2 Minuten köcheln lassen. Fisch und Meeresfrüchte (die Muscheln noch nicht) einlegen, so viel Wasser oder Fischfond zugießen, dass sie eben bedeckt sind und 8–10 Minuten sanft garen. Die Mies- und Venusmuscheln zugeben und behutsam garen, bis sie sich geöffnet haben. Muscheln, die sich nicht öffnen, wegwerfen.

Den Thymian herausnehmen. Die Suppe mit Salz abschmecken, mit den Kräutern bestreuen und mit viel frischem Brot zum Auftunken servieren.

Venus- und Schwertmuscheln *Veneridae, Solenidae*

Die Familie der Venusmuscheln umfasst zahlreiche Arten, die im Handel oft nicht weiter unterschieden werden. Zu den wichtigsten zählt die Kreuzmuster-Teppichmuschel *(Ruditapes decussatus)*, deren charakteristisches Gittermuster an eine gewebte Struktur erinnert. Die bis zu acht Zentimeter großen Muscheln sind bei Ebbe im Watt entlang der Hochwasserlinie zu finden, wo sie zwei kleine Löcher im Sand verraten. In Frankreich werden die Muscheln als *palourdes* sehr geschätzt und auch die Spanier und Portugiesen essen sie gern.

Ebenfalls Bewohner der Gezeitenlinie, aber weithin unterbewertet sind die Schwert- bzw. Scheidenmuscheln mit ihren zahlreichen Unterarten. Ihr glänzend beige-braunes und je nach Art bis zu 15 Zentimeter langes, schmales Gehäuse erinnert in der Form an ein klassisches Rasiermesser. Ein Ende ist mit einem Sipho ausgestattet, durch den die Muscheln bei Flut Nahrung aus dem Wasser filtern, am anderen Ende sitzt ein kräftiger Fuß, mit dem sie sich verblüffend schnell in den feuchten Sand eingraben können. Die kleinen Wasserbläschen, die sie dabei ausstoßen, sind der einzige Hinweis auf ihr Versteck. Im Gegensatz zu anderen Muscheln ist ihr Gehäuse an den Enden stets einen Spalt geöffnet, doch bei leisester Berührung ziehen sie sofort den Fuß ein – ein Zeichen, dass sie noch leben. Kulinarisch bedeutende Arten sind die Gemeine Scheidenmuschel *(Solen marginatus)* und die Kleine Schwertmuschel *(Ensis ensis)*.

Geschmack
Venusmuscheln
Der Duft von Strand im Hochsommer – aufgeheizte Felsen, angeschwemmter Seetang, der an der Wasserlinie langsam vertrocknet – bestimmt den Geruch, wobei sich auch eine leicht muffige Note unter das kräftige Aroma mischt. Im Mund erweckt das Fleisch nur flüchtig einen schleimigen Eindruck, der im vorderen Muskel rasch einer festeren Konsistenz weicht, während das Fleisch am Schalenscharnier weicher und vollmundiger ausfällt. Es ist anhaltend saftig und der intensiv salzige Eindruck wird von einer an Hummer oder Jakobsmuscheln erinnernden Süße abgefangen.

Land	Name
Deutschland	*Venusmuschel, Teppichmuschel / Schwertmuschel, Scheidenmuschel*
GB	*Clam, Carpet shell / Razor clam*
Frankreich	*Palourde, Praire / Couteau*
Italien	*Vongola / Cannolicchio, Cappalunga*
Spanien	*Almeja / Navaja, Langueiron*
Portugal	*Ameijoa / Longuerão*
Griechenland	*Chávaro, Solínas*
Niederlande	*Venusschelp, Tapijtschelp / Scheermes, Zwaardscheede*
Dänemark	*Venusmusling / Knivmusling*
Schweden	*Tapesmussla / Knivmussla*
Norwegen	*Teppeskjell / Knivskjell*

Ernährung & Gesundheit
Venus- und Schwertmuscheln sind eine gute Quelle für Omega-3-Fettsäuren.
Nährwert pro 100 g: etwa 74 kcal, 1 g Fett.

Saison & Laichzeit
Venusmuscheln sollte man in ihrer Laichzeit von April bis Juni meiden, Schwertmuscheln von Mitte Mai bis Anfang August.

Schwertmuscheln

Auch der Geruch von Schwertmuscheln lässt unweigerlich an einen sonnigen Strand denken. Der gerade Muskel ähnelt im Aussehen kleinen Tintenfischen. Am Fuß ist er auffallend zäh und von rauer, sandartiger Beschaffenheit. Zur Mitte hin schwächt sich der körnig-lederne Eindruck ab, das Fleisch wird grünlich und nimmt ein süßliches, an Krustentiere erinnerndes Aroma an. An der Spitze ist das Fleisch am hellsten und zartesten – geschmeidig und vollmundig wie Litschi – mit einer säuerlich-scharfen Note, ein wenig wie Sauerkraut.

Verbreitung

Kreuzmuster-Teppichmuscheln sind besonders im Nordostatlantik und im Mittelmeer verbreitet. Schwertmuscheln findet man in allen europäischen Gewässern und im Mittelmeer sowie an der Ostküste Nordamerikas und Kanadas.

Ökologie

Bevorzugen Sie Muscheln aus nachhaltigem Fang oder verwenden Sie Zuchtmuscheln.

Spaghetti mit Venusmuscheln, Chili und Petersilie

Für 2 Personen

150 g Spaghetti
Meersalz
6 EL Olivenöl
1 Knoblauchzehe, fein gehackt
50 ml Weißwein
300 g Venusmuscheln
2 EL fein gehackte frische Petersilie
1 kleine getrocknete Bird's-Eye-Chilischote

BEIM FISCHHÄNDLER
Mir schmecken Kreuzmuster-Teppichmuscheln (im Bild) besonders gut, aber sie können auch andere Venusmuscheln verwenden. Achten Sie darauf, dass sie fest verschlossen sind und frisch riechen.

Diese Spaghetti sind unschlagbar einfach und lecker. Ich richte sie gerne auf einer großen Platte an, von der sich dann jeder bedienen kann. Ab und zu mische ich noch drei oder vier Esslöffel passierte Tomaten oder grob zerkleinerte frische Tomaten unter.

Die Spaghetti in reichlich gesalzenem Wasser nach Packungsanleitung bissfest garen; abgießen.

Das Olivenöl in einer Pfanne erhitzen, den Knoblauch dazugeben und, sobald er zu zischen beginnt, den Wein, die Venusmuscheln und etwas Petersilie hineingeben. Die zerkrümelte Chilischote zufügen und die Pfanne mit kreisenden Bewegungen auf der Kochstelle schwenken, sodass die Muscheln rundherum gleichmäßig mit dem Sud benetzt werden.

Wenn sich die Muscheln geöffnet haben, die Pfanne noch eine Weile weiter kreisen lassen, bis sich etwa sechs Esslöffel Flüssigkeit am Boden gesammelt haben. Die abgetropften Spaghetti und die restliche Petersilie zugeben, alles einmal gründlich durchschwenken und servieren.

Gratinierte Schwertmuscheln mit Gremolata

Für 4 Personen

75 g feine Semmelbrösel

50 ml Olivenöl, plus Öl zum Bestreichen und Beträufeln

Fein abgeriebene Schale von 2 unbehandelten Zitronen

2 Knoblauchzehen, fein gehackt

1 Spritzer Tabascosauce

1 große Handvoll fein gehackte frische Petersilie

18 frische Schwertmuscheln

Feines Salz

BEIM FISCHHÄNDLER
Die Schwertmuscheln sollten fest verschlossen sein und leicht süßlich riechen. Keine Sorge, wenn das Fleisch an einem Ende leicht herausschaut, allerdings sollte es sich bei Berührung sofort in das Gehäuse zurückziehen. Wie andere Muscheln sollten auch Schwertmuscheln vor der Zubereitung noch leben.

Schwertmuscheln sind wundervolle Schalentiere. Die kleinen lassen sich gut für Suppen verwenden oder mit Spaghetti kombinieren und die größeren sind ideal zum Grillen oder Gratinieren geeignet. Bei einem meiner Lieblingschinesen werden sie mit Knoblauch, Ingwer und Sojasauce gedünstet. Ich habe das Rezept erfolgreich nachgekocht: Einfach die Muscheln mit etwas Sojasauce, Wasser, Ingwerstreifen, Frühlingszwiebeln, Knoblauch und Koriandergrün in einem ofenfesten Gefäß mischen, mit Alufolie dicht verschließen und 6–7 Minuten im Ofen garen – es schmeckt nach mehr. Man kann Schwertmuscheln sogar mit Chorizo kombinieren. In bester Erinnerung geblieben sind mir die Muscheln, die Mark Hix auf meiner Hochzeit im »The Ivy« servierte. Die pikante Chorizo harmonierte hervorragend mit dem süßlichen, zarten Muschelfleisch. Dieses Rezept habe ich kürzlich mit Mark ausprobiert – es ist einfach und doch so gut.

Den Grill auf höchster Stufe vorheizen.

Die Semmelbrösel, das Olivenöl, die Zitronenschale, den Knoblauch, die Tabascosauce und die Petersilie in einer Schüssel verrühren. Die Mischung sollte von feuchter, krümeliger Beschaffenheit sein.

Die Schwertmuscheln in einer großen Bratenpfanne verteilen, leicht salzen, mit Olivenöl bestreichen und 3–4 Minuten unter dem Grill garen, bis sie sich geöffnet haben; geschlossene Exemplare wegwerfen. Mit der Gremolata bestreuen, mit weiterem Olivenöl beträufeln und etwa 1 Minute gratinieren, bis sich eine leicht knusprige Kruste gebildet hat.

Die Schwertmuscheln schlicht und schnörkellos servieren – eine wunderbare Vorspeise.

Herzmuscheln *Cardiidae*

Die eingelegten Herzmuscheln meiner Großmutter gehören zu meinen frühesten Erinnerungen ans Essen. Seit dem antiken Rom sind Herzmuscheln in Küstenregionen ein wichtiger Teil des Speiseplans.

Herzmuscheln bilden als *Cardiidae* eine eigene Familie mit großer Artenvielfalt. Ihren Namen verdanken sie dem herzförmigen Profil, das sie im geschlossenen Zustand zeigen. Charakteristisch sind die deutlich gezeichneten Radialrippen auf ihren Schalen, die ihnen mehr Griff verleihen, wenn sie mit ihrem großen, muskulösen Fuß zum Sprung ansetzen. Dazu knicken sie diesen zuerst ein und strecken ihn dann ruckartig wieder aus. Er dient ihnen auch dazu, sich in den weichen Meeresgrund einzugraben, wo sie die meiste Zeit damit beschäftigt sind, winzige Organismen aus dem Flachwasser von Gezeitenzonen und Ästuarien zu filtern. Die Farbe ihrer Schale variiert je nach Art und Lebensraum von bräunlich über cremefarben bis schmutzig weiß.

Unter idealen Bedingungen wachsen Herzmuscheln innerhalb von 18 Monaten von Orangenkerngröße zu sechs Zentimeter Durchmesser heran; ihre Lebenserwartung liegt zwischen zwei und vier Jahren. Bei weniger guten Bedingungen sollen schon ganze Muschelbänke davongehüpft sein, um in nahrungsreichere Gegenden vorzustoßen.

Geschmack
Das zunächst etwas widerspenstige Fleisch erweist sich im Kern als feinkörnig, was der geschmeidigen Konsistenz zusätzlich Biss verleiht. Der milde Geruch hat eine frische Meeresnote, ähnlich wie roher Kabeljau, und einen dezenten Anflug von verbrannten Holzspänen. Der Geschmack verrät den kaum merklichen Hauch einer fast blumigen Süße – Herzmuscheln verlangen eindeutig nach kräftigen Aromen, um ihre kulinarischen Qualitäten zu entfalten.

Verbreitung
Die in unseren Breiten wichtigste Art, die Gemeine Herzmuschel (*Cerastoderma edule*), kommt im Nordostatlantik bis zur Barentssee hinauf, in Nord- und Ostsee sowie im Mittelmeer und im Schwarzen Meer vor. In der Mittelmeerregion ist die kleinere Lagunen-Herzmuschel (*Cerastoderma glaucum*) jedoch häufiger.

Ökologie
Meiden Sie Herzmuscheln von übermäßig strapazierten Bänken, in denen das maschinelle Ernten durch systematisches Umpflügen des Meeresgrundes von der Gefährdung der Bestände über die Störung des Ökosystems bis zur Dezimierung wichtiger Beutetierarten für Seevögel und anderes marines Leben schwerwiegende Folgen für die Umwelt hat. Die Burry Inlet Herzmuschel-Fischerei in Wales trägt das Umweltzertifikat des Marine Stewardship Council (MSC).

Land	Name
GB	*Cockle*
Frankreich	*Coque, Bucarde*
Italien	*Cuore*
Spanien	*Berberecho*
Portugal	*Berbigão*
Griechenland	*Kydóni*
Niederlande	*Kokkel, Kokhaan, Hartschelp*
Dänemark	*Hjertemusling*
Norwegen	*Hjerteskjell*
Schweden	*Hjärtmussla*

Ernährung & Gesundheit
Nährwert pro 100 g: etwa 53 kcal, 0,6 g Fett.

Saison & Laichzeit
Meiden Sie Herzmuscheln in der Laichzeit von Mai bis August.

Die Burry Inlet Herzmuschel-Fischerei

Was vor 60 Jahren als Familienbetrieb begann, ist heute ein weltweites Geschäft: Walisische Herzmuscheln. Burry Inlet ist das Mündungsgebiet des River Loughor in Südwales, wo die Schalentiere seit dem 19. Jahrhundert in nahezu unveränderter Weise geerntet werden. Ursprünglich erledigten Frauen mit Eseln die Arbeit, bis sie von ehemaligen Arbeitern aus der Schwerindustrie mit Pferd und Wagen verdrängt wurden. Geerntet werden darf nur per Hand mit dem Rechen, wenngleich als Transportmittel heute auch moderne Fahrzeuge zugelassen sind. Das effiziente Fischerei-Management hat dafür gesorgt, dass die Erträge von Jahr zu Jahr auf konstant hohem Niveau und die Bestände in erstklassigem Zustand sind. Über die Vergabe von Lizenzen und Tagesquoten werden die Mengen streng kontrolliert. So wird jedes Jahr nur eine begrenzte Anzahl an Lizenzen ausschließlich für die Handarbeit erteilt. Gesammelt wird die ganze Woche außer sonntags, die Tagesquote liegt zwischen 300 und 600 Kilogramm pro Person. Um ausreichende Laichbestände zu sichern, werden Muscheln unterhalb einer Mindestgröße mithilfe einer Art Rüttelsieb aussortiert.

Eingelegte Herzmuscheln

Für 2 Personen

2 kg frische Herzmuscheln in der Schale
Weißwein- oder Malzessig
Sherry oder Weinbrand
2–3 Splitter Muskatblüte
1 Lorbeerblatt
Einige Zwiebelstreifen (nach Belieben)
Einige Möhren- oder Selleriescheiben
    (nach Belieben)

Zum Garnieren

1 Handvoll gehackte frische Petersilie
    (nach Belieben)

Zum Servieren

Frisch gemahlener weißer Pfeffer

Erst kürzlich kam ich in einem Straßencafé in Milford Haven, Wales, in den Genuss von ein paar fantastischen Herzmuscheln. Sie waren fest, fleischig und schmeckten nach Meer. Bei Herzmuscheln scheiden sich die Geister, entweder man liebt sie oder man hasst sie. Als einer ihrer Fans lege ich die Schalentiere gern ein und serviere sie dann mit Selleriestangen, reichlich weißem Pfeffer und dick mit Butter bestrichenem Sauerteigbrot. Das Einlegen der Muscheln ist ganz einfach und ein Glas davon im Regal ist immer ein besonderer Snack.

Die Muscheln und 100 Milliliter Wasser in einen großen Topf geben, ein sauberes Geschirrtuch über den Topf legen und diesen dann mit dem Deckel zudecken. Die Muscheln dünsten, bis sie sich geöffnet haben (das dauert nur 3–4 Minuten); den Topf dabei regelmäßig rütteln. Muscheln, die sich nicht öffnen, wegwerfen. Die Muscheln durch ein Sieb abgießen, den Sud dabei auffangen. Das Muschelfleisch aus den Schalen lösen und in einer Schüssel beiseitestellen.

Den Muschelsud und etwa die gleiche Menge Essig in dem Topf vermengen und pro 500 Milliliter Flüssigkeit 50 Milliliter Sherry oder Weinbrand zugießen (also im Verhältnis 1:10). Die Muskatblüte und das Lorbeerblatt einlegen und 5–6 Minuten köcheln lassen.

Die Gewürze wieder herausnehmen, die Flüssigkeit über das Muschelfleisch gießen und abkühlen lassen. Eine reizvolle Zugabe sind ein paar Zwiebelstreifen oder dünn geschnittene Möhren- oder Selleriescheiben. Servieren Sie die eingelegten Muscheln immer mit reichlich weißem Pfeffer, und wenn Sie sie zuletzt noch mit etwas Petersilie dekorieren, kann sich dieses einfache Gericht sogar auf einer Dinnerparty sehen lassen.

Krabben

Taschenkrebs *Cancer pagurus*
Große Seespinne *Maja squinado*

Eine dicke Scheibe knuspriges Weißbrot in der Hand, reichlich garniert mit cremiger Mayonnaise und einer Mischung aus braunem und weißem Krebsfleisch, und schon wähnt man sich im Liegestuhl am Strand mit dem weichen Sand zwischen den Zehen.

Taschenkrebs

Mit seinen imposanten Scheren mit den schwarzen, gezahnten Spitzen und dem massigen, rostroten Körper mit gerieptem Rand ist der Taschenkrebs ein Schwergewicht unter den gepanzerten Meeresbewohnern. Seine Klauen – die kleinere dient zum Greifen und Schneiden, die größere, sein kräftigster Muskel, zum Knacken – sorgen dafür, dass sich niemand mit dem kampflustigen Aasfresser anlegt.

Während ihres Wachstums werfen Krabben ihren zu klein gewordenen Panzer ab – eine gefährliche Zeit, denn der noch nicht ausgehärtete neue Panzer bietet kaum Schutz, daher halten sich die Tiere in dieser Phase gut versteckt. In den ersten Lebensjahren vollzieht sich dieses Häuten recht häufig, jedoch dauert es zwei Jahre, bis ein neuer Panzer voll ausgebildet ist. Die Weibchen sind bei einer Breite von etwa 13 Zentimeter geschlechtsreif, die Männchen mit elf Zentimeter. Taschenkrebse können bis zu 30 Zentimeter breit werden, gewöhnliche Größen messen 15–20 Zentimeter.

Große Seespinne

Dieser eindrucksvolle Krebs mit seinen spinnenartigen Beinen und dem stacheligen, orangeroten Panzer sieht aus, als wäre er dem Science-Fiction *Krieg der Welten* entsprungen. Doch sein Fleisch ist noch süßlicher als das seiner beliebteren Verwandtschaft und die Bestände sind groß. Seespinnen tauchen im Sommer an den Küsten auf, ihr lateinischer Gattungsname *Maja* präzisiert sogar das Datum ihrer Ankunft: Ab Mai wandern die Krebse in Richtung Flachwasser, um sich im Juli und August fortzupflanzen, eine rauschende Paarungsorgie, bei der Legionen von Männchen über die Weibchen herfallen. Bis in den Dezember hinein verweilen die Tiere in den warmen Seichtgebieten, bevor sie in tiefere Regionen zurückkehren. Auf dem europäischen Markt ist die Seespinne hoch geschätzt.

Geschmack

Braunes Krabbenfleisch hat einen runden, würzigen Geruch mit einem leicht säuerlichen Anklang von Dosentomaten. Der Geschmack ist zunächst süßlich

Land	Name
Deutschland	Taschenkrebs / Große Seespinne
GB	Edible crab, Brown crab / Spider crab, Spiny crab, King crab
Frankreich	Tourteau, Dormeur / Araignée de mer
Italien	Granciporro / Grancevola
Spanien	Buey de mar / Centolla
Portugal	Sapateira, Caranguejola / Santola
Griechenland	Kavourás / Kavouromána
Niederlande	Noordzeekrab / Spinkrab
Dänemark	Taskekrabbe / Troldkrabbe, Edderkopkrabbe
Schweden	Krabbtaska / Spindelkrabba
Norwegen	Taskekrabbe

Ernährung & Gesundheit

Krebsfleisch enthält viele Vitamine und Mineralstoffe wie Eisen, Kalium, Selen und Zink. Zudem ist es eine gute Quelle für Omega-3-Fettsäuren.

Nährwert pro 100 g: etwa 128 kcal, 5,5 g Fett.

Saison & Laichzeit

Der Taschenkrebs schmeckt am besten von April bis November. Während der Laichzeit von Januar bis März sollten Sie auf Taschenkrebse und von April bis Juli auf Seespinnen verzichten.

mit einer dezenten Salznote, wird dann intensiver und pikanter, ähnlich gebackenem Kohl. Die cremig-zarte Konsistenz des saftigen Fleischs wird durch eine leicht granulöse Note abgerundet.

Weißes Krabbenfleisch hat einen ausgeprägten Stärkegeruch, der ein wenig an den leicht klammen Teiggeruch von kaltem Backfisch erinnert, jedoch mit der Zeit den intensiv zuckrigen Ton von Dosenmais entwickelt. Der Geschmack ist vielschichtig – anfangs, wenn der reichlich vorhandene Saft freigesetzt wird, süß, dann mild und neutral, gefolgt von einer schwach metallischen Butternote, die bis in den Nachgeschmack anhält. Das krümelige Fleisch ist von empfindlicher, fibröser Struktur und zerfällt im Mund.

Verbreitung
Taschenkrebs
Der Gemeine Taschenkrebs lebt an den Küsten Nordwesteuropas bis Marokko, vor allem rund um die Britischen Inseln ist er weitverbreitet, wo die Bedingungen für erstklassige Krabben geradezu ideal sind. In den USA kommt der *Cancer pagurus* nicht vor.

Große Seespinne
Die Große Seespinne ist an der Atlantikküste Frankreichs und Spaniens zu finden, wo sie eine häufige Beute ist. Im Sommer taucht sie auch im Süden Englands bis hinauf zur Westküste von Wales auf. Auch im Mittelmeer kommt die Seespinne vor.

Ökologie
Für Weibchen, die befruchtete Eier tragen, gilt eine gesetzliche Schonzeit. Der Mindestdurchmesser für Taschenkrebse muss je nach Region 12–14 Zentimeter betragen, sodass die Tiere Gelegenheit hatten, sich fortzupflanzen. Die schonendste Fangmethode für Krabben ist der selektive Fang mit Korbreusen, bei dem unerwünschte Beifänge vermieden und zu kleine Krabben unbeschadet wieder ausgesetzt werden können. Gegenwärtig gelten die Bestände als nachhaltig bewirtschaftet und gesund.

Das cremige braune Fleisch befindet sich im hinteren Teil des Panzers.

Auch das weiße Beinfleisch schmeckt hervorragend.

Die Schwanzklappe ist beim Weibchen größer als beim Männchen.

Lebende Krabben dürfen in Deutschland nur in sprudelnd kochender Flüssigkeit getötet werden, nicht, wie hier abgebildet, durch einen gezielten Stich in den Körper.

Gefüllter Taschenkrebs

Für einen Taschenkrebs lasse ich sogar einen Hummer liegen. Ich treffe mich oft mit Freunden am Strand, wo ich haufenweise Krebse abkoche. Anschließend kippen wir sie auf die Kiesel, wo sie abkühlen, während wir uns ein Bier genehmigen. Die Beine im Wasser baumelnd knacken wir dann die Krebse mit Steinen und lassen uns das Fleisch mit Mayonnaise und Brot schmecken. Den Abwasch erledigt die Flut.

In einem großen Topf kräftig gesalzenes Wasser aufkochen. Den lebenden Krebs kopfüber in die sprudelnde Flüssigkeit tauchen und je nach Größe 20–30 Minuten garen. Herausheben und senkrecht auf den Kopf stellen, damit eingedrungenes Wasser ablaufen kann.

Die Beine und Scheren von dem abgekühlten Körper abdrehen. Den Krebs auf den Rücken legen, mit beiden Händen von unten greifen und den Körper am Schwanzende mit den Daumen nach oben drücken, bis er sich mit einem Knacken vom Rückenpanzer löst. Den Körper herausheben, die seitlich anliegenden Kiemen entfernen und wegwerfen. Den Magensack mit dem harten Maulstück aus dem Panzer lösen und wegwerfen. Das weiche bräunliche Fleisch aus dem Panzer in eine Schüssel löffeln und mit einer Gabel zerdrücken.

Den Krabbenkörper mit einem scharfen Messer einmal längs und einmal quer halbieren, mit den Fingern das weiße Fleisch aus dem knorpeligen Skelett lösen und in eine zweite Schüssel geben.

Die Scheren in zwei Hälften brechen, aus dem hinteren Teil das weiße Fleisch herauskratzen. Das vordere Scherenglied mit dem Rücken eines schweren Messers aufbrechen, das flache Knorpelblatt entfernen und das Fleisch herausziehen. Die Beine ebenso aufbrechen, das Fleisch herauskratzen. Sämtliches weißes Fleisch in die zweite Schüssel geben, mit den Fingern zerpflücken und nach Knorpelstückchen durchsuchen.

Nun brauchen Sie nur noch eine gute Mayonnaise zuzubereiten (siehe Seite 286), eine Gurke in Scheiben zu schneiden und einen knackigen Blattsalat zu waschen. Das Fleisch dekorativ in den ausgewaschenen Panzer füllen, nach Belieben mit Petersilie garnieren und mit Gurke, Blattsalat und Mayonnaise servieren.

Fantastisch schmeckt auch ein Krabben-Sandwich: Eine Scheibe gutes Mischbrot mit Mayonnaise bestreichen, etwas braunes Krabbenfleisch auftragen, mit Stücken von weißem Krabbenfleisch und Gurkenscheiben belegen, mit einer Prise Cayennepfeffer und Zitronensaft würzen und die zweite Brotscheibe auflegen.

Typisch für die Sepia ist das bräunlich-schwarze Zebramuster auf ihrem Körperbeutel.

Sepia *Sepia officinalis*

Dieser hochintelligente Kopffüßler mit Rückstoßantrieb hat bei den Spaniern und Italienern einen Stein im Brett. Mit ihren drei Herzen und dem blaugrünen Blut ist die Sepia ebenso seltsam wie prächtig.

Im Körperbeutel der Sepia steckt ein Innenskelett aus Kalk, das Fischbein, auch Schulp genannt. Es ist mit winzigen Kammern durchsetzt, die das Tier mit Gas füllt oder wieder entleert, um für Auf- oder Abtrieb zu sorgen. Sie hat große Augen, ein schnabelähnliches Beißwerkzeug und acht Tentakel, von denen zwei stark verlängert sind und beim Fangen von Beute, gewöhnlich Krebse, kleine Fische und sogar Artgenossen, pfeilschnell hervorschießen können. Sie wird nur zwei Jahre alt und bis zu 30 Zentimeter lang.

Die Sepia ist ein Chamäleon des Meeres. Ausgestattet mit zahllosen Pigmentzellen kann sie blitzschnell die Farbe wechseln, eine Fähigkeit, die nicht nur zur Tarnung, sondern auch zur Verständigung mit den Artgenossen dient. Falls sich der Feind davon nicht täuschen lässt, setzt sie zu einem gezielten Strahl aus ihrem Tintensack an, um sich hinter einer schwarzen Wolke davonzuschleichen. Die Tinte dient heute zum Färben von Pasta und Reis und gilt in der Küche Venedigs als Delikatesse.

Im Frühling und Sommer wandern die Sepien zur Paarung unter die Küste. Die Weibchen sterben bald, nachdem sie ihre tintenfarbigen Eier an Seegras, Gestein, ja selbst an den eigens für sie aufgestellten Fallen angeheftet haben. Alles, was von ihnen übrig bleibt, sind ihre an den Strand gespülten schneeweißen Fischbeine.

Geschmack
Leicht süßlich im Geruch mit einem Hauch von gegrilltem Speck, hat Sepia die gleiche feste Beschaffenheit wie Kalmar – das Fleisch ist oberflächlich bissfest, etwa wie gut durchgegartes Eiweiß, wird nach innen jedoch zarter und seidiger. Den Geschmack kennzeichnet eine feine Safrannote mit einem Hauch von robusten Kräutern wie Thymian, unterstrichen von einem Anklang von Garnelenschalen.

Verbreitung
Die Gemeine Sepia lebt im gesamten Ostatlantik bis Südafrika, in Nord- und Ostsee und im Mittelmeer. Auch im Ärmelkanal, vor allem vor der Südwestküste Englands, tauchen die Tintenfische auf.

Ökologie
Wählen Sie nach Möglichkeit Sepien aus Fanggebieten, in denen Maßnahmen zum Schutz der Gelege Usus sind, zum Beispiel indem man die mit Eiern bedeckten Fallen bis zum Schlüpfen der Larven absondert oder Fallen mit abnehmbarer Verkleidung verwendet, wie es in der Bretagne üblich ist. In Brixham werden große Mengen Sepien gefangen. Sie unterstehen keiner Quotenregelung.

Land	Name
GB	*Cuttlefish, Inkfish*
Frankreich	*Seiche*
Italien	*Seppia*
Spanien	*Sepia, Jibia*
Portugal	*Choco*
Griechenland	*Soupiá*
Niederlande	*Zeekat*
Dänemark	*Sepiablæksprutte*
Schweden	*Sepiabläckfisk*
Norwegen	*Sepiablekksprut*

Ernährung & Gesundheit
Nährwert pro 100 g: etwa 71 kcal, 0,7 g Fett.

Saison & Laichzeit
Seit der Erwärmung der Meere sind Sepien ganzjährig verfügbar.

Sepia mit Artischocken, Erbsen und Zitrone

Für 2 Personen

100 ml natives Olivenöl extra
2 kleine Zwiebeln, in feine Streifen geschnitten
1 Knoblauchzehe
125 ml trockener Weißwein
1 mittelgroße Sepia von etwa 250 g, gesäubert und in Streifen geschnitten
1–2 Zweige frischer Thymian
1 kleine getrocknete Bird's-Eye-Chilischote
1 Zitrone
4 kleine Artischocken, geputzt
100 g frische, enthülste Erbsen oder Tiefkühlerbsen
1 EL fein gehackter frischer Estragon
1 EL fein gehackte frische Minze
Meersalz und frisch gemahlener schwarzer Pfeffer

BEIM FISCHHÄNDLER
Lassen Sie die Sepia von Ihrem Fischhändler küchenfertig säubern.

Dieses Gericht bietet im Grund das komplette Aufgebot meiner Lieblingszutaten. Ich verwende dafür junge Miniartischocken, die ich in dünne Scheiben schneide. Aber mit den Böden größerer Knospen oder mit gegrillten, in Öl eingelegten Artischocken, die man in den meisten Feinkostläden und im gut sortierten Supermarkt findet, funktioniert es ebenso gut.

Den Ofen auf 150 °C vorheizen.

In einer ofenfesten Form einen Esslöffel des Olivenöls bei niedriger Temperatur erhitzen und die Zwiebeln und den Knoblauch darin behutsam glasig schwitzen, ohne Farbe nehmen zu lassen.

Den Wein zugießen und 1 Minute aufkochen. Die Sepiastücke zugeben und mit dem restlichen Öl bedecken. Den Thymian und die Chilischote einlegen und den Tintenfisch 1 Stunde im Ofen schmoren, bis er zart ist. Abkühlen lassen.

Die Zitrone inklusive der weißen Innenhaut sauber schälen, vierteln und von den Kernen befreien. Das Fruchtfleisch würfeln.

Den Thymian und die Chilischote aus der Form nehmen und die Hälfte des Öls abgießen. Die Artischocken und die Erbsen hineingeben und auf dem Herd langsam erhitzen, bis sie durch und durch warm sind. Die Zitronenwürfel, den Estragon und die Minze untermengen und alles mit Salz und Pfeffer abschmecken. Servieren.

Ich esse dieses Gericht am liebsten lauwarm. Wenn Sie glücklicher Besitzer eines Gemüsegartens sind, bietet dieses Rezept fast unbegrenzte Möglichkeiten, die Früchte Ihrer Gartenarbeit in ein leckeres Essen zu verwandeln – Dicke Bohnen, neue Kartoffeln, Stangenbohnen …, sie alle sind vorzüglich geeignet.

Gegrillte Sepia mit Polenta

Für 2 Personen

Saft von 1 Zitrone
2 Knoblauchzehen, gehackt
75 ml Olivenöl
Meersalz
1 oder 2 Sepien (etwa 700 g insgesamt), gesäubert und in Streifen geschnitten
250 g Polenta
50 g Parmesan, frisch gerieben
30 g Butter
1 kleine Handvoll fein gehackte frische Petersilie

BEIM FISCHHÄNDLER
Bitten Sie Ihren Fischhändler, die Sepien zu säubern und von der dünnen Außenhaut zu befreien, die Fangarme jedoch nicht abzutrennen – sie sollten anschließend makellos weiß sein.

Dieses Gericht habe ich vor einigen Jahren in Venedig gegessen. Es ist sehr beliebt dort, was nicht verwundert, denn die Kombination des süßlichen Sepiafleischs mit der cremigen, mit Käse verfeinerten Polenta ist wirklich köstlich. Die Venezianer verwenden weiße Polenta, die es in manchen italienischen Feinkostgeschäften zu kaufen gibt, aber die verbreitetere gelbe Variante tut es auch. Zu Hause greife ich auch gern zu Instant-Polenta, damit geht es am schnellsten.

Den Zitronensaft, den Knoblauch, das Olivenöl und eine Prise Salz in einer Schale vermengen, den Tintenfisch einlegen und 1 Stunde marinieren.

Den Grill auf höchster Stufe vorheizen.

Die Polenta in kochendem Wasser 10–15 Minuten oder nach Packungsanleitung garen. Von der Kochstelle nehmen und den Parmesan, die Butter und die Petersilie unterrühren.

Den Tintenfisch von jeder Seite 3–4 Minuten grillen, mit einem Klecks warmer Polenta anrichten und sofort servieren.

Sepia in Tomaten-Tintensauce

Für 2 Personen

2 EL Olivenöl
2 Knoblauchzehen, fein gehackt
1 kleine Zwiebel, fein gehackt
1 kg Sepien, gesäubert und in Streifen geschnitten
Meersalz und frisch gemahlener schwarzer Pfeffer
125 ml Weißwein
3 EL Tomatenmark
8 Tomaten, grob gewürfelt
1 kleine Handvoll gehackte frische Petersilie
4 Tütchen Tintenfischtinte

Zum Servieren
Zitronenspalten
Knuspriges Brot

Tintenfisch in der eigenen Tinte zu garen, ist eine feine Sache – nur keine Angst, sie färbt nicht ab! Ich serviere dieses Gericht auch in meinem Restaurant »The Seahorse« und alle lieben es, selbst die, die anfangs noch ein wenig skeptisch waren.

Sepia hat einen unglaublich guten Geschmack, besser noch als Kalmar, und da die Tiere schnell nachwachsen und in großen Mengen angelandet werden, gehört ihnen die Zukunft, da bin ich sicher. Zubereitet wird Sepia wie der verwandte Kalmar. Am liebsten esse ich sie geschmort oder ganz langsam gegart.

In einem Schmortopf oder einer feuerfesten Steingutform das Olivenöl erhitzen. Den Knoblauch und die Zwiebel darin goldgelb anschwitzen, den Tintenfisch zugeben und 1–2 Minuten anbraten. Salzen, den Wein zugießen und auf die Hälfte einkochen lassen.

Das Tomatenmark, die Tomatenstücke, eventuell etwas Wasser, falls die Mischung sehr trocken ist (die Sepien geben beim Garen noch Flüssigkeit ab), sowie die Hälfte der Petersilie und zuletzt die Tinte zugeben. Sämtliche Zutaten gut verrühren, zum Kochen bringen und zugedeckt sanft 45–50 Minuten schmoren, bis der Tintenfisch ganz zart ist, wenn man mit einem Messer hineinschneidet.

Ist am Ende sehr viel Schmorsaft im Topf, einen Großteil der Flüssigkeit herausschöpfen, in einem separaten Topf einkochen und anschließend wieder unterrühren. Die Sauce sollte von sämiger Konsistenz sein, sodass sie auf dem Teller nicht gleich überallhin zerläuft. Das Gericht mit der restlichen Petersilie bestreuen und mit Zitronenspalten und knusprigem Brot servieren.

BEIM FISCHHÄNDLER
Bitten Sie Ihren Fischhändler, die Sepien sorgfältig zu säubern (sind die Tintensäckchen intakt, können sie sie natürlich mitverwenden), die Tentakel gründlich zu waschen und die dünne Haut abzuziehen.

Kaisergranat *Nephrops norvegicus*

Dieser eindrucksvolle Krebs erfreut sich in Frankreich, Spanien und Italien großer Beliebtheit, doch ist er vielen immer noch zu fummelig und die Mühe nicht wert. Wer ihm aber einmal zu Leibe rückt, wird reichlich entschädigt, selbst wenn die Ausbeute pro Krebs bloß ein Happen ist – das saftige, süßliche Fleisch ist kaum zu toppen.

Dieser schöne, lachsfarbene Krebs aus der Hummerfamilie mit seinen langen, dornigen Scheren liebt weiche Meeresböden, in denen er sich ein behagliches Refugium graben kann, das er nur bei Nacht verlässt, um nach Würmern und Kleinkrebsen zu suchen. In diesem Versteck verbringt der Kaisergranat die ersten zwei bis drei Jahre seines Lebens. Er wird bis zu 24 Zentimeter lang und zehn Jahre alt.

Der zierliche Krebs wurde einst zum Retter der schottischen Fischereiwirtschaft. In den 1960er-Jahren gingen auf Kabeljau- und Schellfischtrawlern massenweise Kaisergranate als Abfall wieder über Bord. Man nannte sie »Dublin Bay prawns«, weil der unerwünschte Beifang in Dublin von Straßenverkäufern feilgeboten wurde. Als die Fänge an weißfleischigem Fisch zurückgingen, avancierten die panierten und frittierten Schwänze plötzlich als »Scampi« zum lukrativen Verkaufsschlager und somit zu einer lohnenden Beute. Fortan wurden sie nach Größe sortiert und liebevoll verstaut nach Spanien und Frankreich verschickt, wo sie als Luxusdelikatesse heiß begehrt waren.

Geschmack
Die Fleischausbeute der schlanken Körper und Scheren ist nicht sonderlich groß, doch der Geschmack entschädigt reichlich für das etwas mühselige Unterfangen, die Krebse zu schälen. Der Geruch verrät Anklänge von Hummer und das frische Gischtaroma eines windgepeitschten Strandes sowie eine unterschwellige Stärkenote wie bei frisch von der Leine genommener Wäsche. Das zarte, samtweiche Fleisch hat einen ausgewogenen, süßen und vollmundigen Geschmack von gleichbleibender Intensität mit Anklängen von Topinambur und ohne erkennbaren Nachgeschmack.

Verbreitung
Der Lebensraum des Kaisergranats erstreckt sich über den gesamten Nordostatlantik von Nordnorwegen und Island über die Nordsee bis nach Portugal. Auch in der Adria kommt er vor.

Ökologie
Kaisergranat wird überwiegend mit dem Grundschleppnetz gefischt, kleinere Mengen auch mit beköderten Reusen. Sie können die nachhaltige Fischerei unterstützen, indem Sie mit Korbreusen gefangenen Kaisergranat bevorzugen, wenngleich er nicht immer leicht zu finden ist. Die mit Reusen arbeitende schottische Kaisergranatfischerei im Loch Torridon wurde mit dem MSC-Umweltsiegel ausgezeichnet, doch wird der Fang wöchentlich nach Spanien verschifft. Meiden Sie Scampi von der Nord- und Nordwestküste Spaniens und Portugals. Die Bestände sind nahezu erschöpft, drum die Exporte auf die Iberische Halbinsel.

Douglas Neil hat den Lebenszyklus der Krebse intensiv studiert, um herauszufinden, wie man sie am besten fängt und bis zum Export oder zur regionalen Vermarktung ohne Qualitätseinbußen lebend aufbewahrt, und zwar in umweltverträglicher Weise. Über viele Jahre hat Neils Team in Zusammenarbeit mit Young's Bluecrest, einem der Riesen auf dem Seafood-Markt, Tests durchgeführt, die ergaben, dass Stress einen wesentlichen Einfluss auf die Qualität des Fleischs und ergo auf seinen Preis hat. Darum erforschen sie, wie man die Tiere nach dem Fang möglichst schonend behandelt. Wenn sie das Stressproblem in den Griff bekommen, sind sie die großen Gewinner.

Land	Name
Deutschland	*Kaisergranat, Scampi*
GB	*Langoustine, Dublin Bay prawn, Norway prawn*
Frankreich	*Langoustine*
Italien	*Scampo (Scampi ist der Plural)*
Spanien	*Cigala*
Portugal	*Lagostim*
Griechenland	*Karavída*
Niederlande	*Noorse kreeft*
Dänemark	*Jomfruhummer*
Schweden	*Havskräfta*
Norwegen	*Sjøkreps, Bokstavhummer*

Ernährung & Gesundheit

Nährwert pro 100 g: etwa 92 kcal, 0,8 g Fett.

Saison & Laichzeit

Meiden Sie frischen Kaisergranat von April bis Mai, wenn die Weibchen sich häuten und das Fleisch etwas wässrig ist.

Kaisergranat mit Mayonnaise

Für 2 Personen

1 kg Kaisergranate
Meersalz und frisch gemahlener schwarzer Pfeffer

Für die Mayonnaise
3 Eigelb
1 EL Dijonsenf
2 EL Weißweinessig
300 ml Pflanzenöl
Zitronensaft nach Geschmack

Zum Servieren
Zitronenspalten
Frisches Brot

Kaisergranate schmecken noch süßlicher als die meisten anderen Krebse. Angeboten werden sie lebend, gekühlt oder tiefgefroren. Viele Köche sind der Ansicht, dass die lebend gehandelten Tiere in Konsistenz und Geschmack die beste Qualität liefern, und wenn sie gleich, nachdem sie das Wasser verlassen haben, abgekocht werden, stimmt das sicher auch. Vor einigen Jahren aber verbrachte ich einige Zeit an Bord eines Forschungsschiffes, auf dem zu ökologischen Zwecken umfassende Studien zum Kaisergranat durchgeführt wurden. Man fand heraus, das sich der Zuckergehalt im Fleisch der Krebse unter Stress verändert und folglich auch der Geschmack. Steckt man einen lebenden Kaisergranat in ein Röhrchen und verschickt ihn in einer Kiste, ist er erheblichem Stress ausgesetzt. Holt man das Tier dagegen langsam aus dem Wasser und legt es sofort auf Eis, sodass es binnen kurzer Zeit stirbt, ist der Stress geringer und der Geschmack bleibt erhalten. Ich habe die Probe aufs Exempel gemacht – es stimmt.

Kaisergranat ist voller Geschmack, am besten kocht man ihn einfach und isst ihn kalt mit cremiger Mayonnaise. Lassen Sie sich das leckere Fleisch im Kopf nicht entgehen. Trennen Sie den Kopf mit einer Drehbewegung vom Schwanz ab und saugen Sie ihn genüsslich aus.

In einem großen Topf reichlich Wasser aufkochen und eine Handvoll Salz hineinstreuen. Sobald es sich aufgelöst hat, die Kaisergranate zugeben und 4–5 Minuten garen. Abtropfen und abkühlen lassen.

Für die Mayonnaise die Eigelbe in einer Schüssel mit dem Senf und dem Essig verrühren. Unter ständigem Weiterrühren langsam in einem steten Strahl das Öl zugießen, bis die Sauce dick und cremig ist. Die Mayonnaise mit Salz, Pfeffer und etwas Zitronensaft abschmecken.

Die Kaisergranate auf eine große Platte häufen und mit der Mayonnaise, einigen Zitronenspalten und Brot servieren.

Hummer *Homarus gammarus/Homarus americanus*

Er gilt als so edel, dass man es kaum übers Herz bringt, ihn mit Mayonnaise auf einem Sandwich zu genießen, doch genau das kann ich empfehlen, am besten mit einem eiskalten Bier an einem heißen Tag.

Mit seinen beiden Scheren, die große dient zum Knacken, die schlankere zum Zerteilen der Beute, und seinem Kopf- und Brustpanzer ist der Hummer bestens für den Kampf gerüstet. Seine Stielaugen halten wachsam Ausschau, wenn der Einsiedler trutzig in seiner felsigen Höhle hockt und seine mit Rezeptoren gespickten Miniantennen ausfährt, um Seeigel, Seesterne und Krebse zu orten. Hummer können bis zu 50 Jahre alt werden.

Das Weibchen trägt elf Monate lang die befruchteten Eier unter dem Hinterleib und ist während dieser Zeit gesetzlich geschützt. Einige Wochen nach dem Schlüpfen sinken die Larven auf den Meeresgrund, wo sie sich in Höhlen vergraben und mehrere Jahre verbleiben, bevor sie sich eine Felsspalte als Dauerquartier suchen. Nach fünf bis sieben Jahren erreicht der Europäische Hummer die EU-weit geltende Mindestfanggröße von 87 Millimeter (gemessen wird der Brustpanzer vom Stirnhorn bis zum Schwanzansatz), regional wurde sie vielfach sogar auf 90 Millimeter erhöht. Bei dieser Größe sind die ganzen Tiere 21–23 Zentimeter lang.

Der Europäische Hummer ist von einer schönen blauschwarz gescheckten Farbe, während der amerikanische bräunlich ist; erst beim Kochen färben sie sich rot.

Geschmack
Scheren, Schwanz und das braune Kopffleisch sind von jeweils ganz eigenem Charakter. Das braune Fleisch ist vollmundig und cremig, ähnlich Foie gras, und hat einen prononcierten Krustentiergeschmack mit einer subtilen Safrannote. Das Schwanzfleisch ist deutlich kompakter, im Mundgefühl etwa vergleichbar mit fester Kalbsleber, entpuppt sich jedoch beim Hineinbeißen als ausnehmend saftig. Der Geruch erinnert an gedämpften Kohl oder Algen, der Geschmack ist intensiv mineralisch. Das Kohlaroma bestimmt auch den Geruch des Scherenfleischs, ist dort allerdings reiner und weniger ausgeprägt, und der Geschmack hat die intensive Süße von gezuckertem Tee. Die zarte, leberartige Konsistenz wird zur Spitze hin fester.

Verbreitung
Der Europäische Hummer *(Homarus gammarus)* kommt im Ostatlantik vom nördlichen Polarkreis bis zum Mittelmeer vor, mit den Britischen Inseln als Zentrum seines Verbreitungsgebiets. Der nahe verwandte Amerikanische Hummer *(Homarus americanus)* lebt im Westatlantik.

Ökologie
Hummer unter dem EU-weit geltenden Mindestmaß von 87 Millimeter (Länge des Carapax) sollte man ebenso meiden wie eiertragende und sehr große Tiere (Weibchen), die wichtig für den intakten Zustand der Brutbestände sind. Der selektive Fang mit Hummerkörben ist die schonendste Methode.

Land	Name
GB/USA	*Lobster*
Frankreich	*Homard*
Italien	*Astice, Elefante di mare*
Spanien	*Bogavante*
Portugal	*Lavagante*
Griechenland	*Astakós, Astakogaravída*
Niederlande	*Kreeft, Zeekreeft*
Dänemark/Schweden/Norwegen	*Hummer*

Ernährung & Gesundheit
Nährwert pro 100 g: etwa 103 kcal, 1,6 g Fett.

Saison & Laichzeit
Nach der Laichzeit im Juni sind Hummer von eher dürftiger Qualität, am allerbesten schmecken sie im Frühling und Spätherbst. Saison haben Hummer im April, Mai und Oktober. Das beste Fleisch liefern Tiere von 450–675 Gramm, wenn sie neun bis zwölf Jahre alt sind.

Zum Spalten des in sprudelnd kochendem Wasser getöteten Hummers das Messer hier ansetzen.

Das aromatische braune Fleisch im Kopfteil sollte man sich nicht entgehen lassen.

Die Eierstöcke der Weibchen nennt man »Corail«, im Rohzustand ist er dunkel und beim Garen färbt er sich rot – nur keine Scheu, er schmeckt köstlich!

Langusten *Palinuridae*

Bereits ihre Gestalt verrät, dass Langusten enge Verwandte des Hummers sind, mit dem Unterschied, dass sie keine Scheren, dafür aber umso längere Fühlerantennen haben. Die auf dem hiesigen Markt wichtigste Vertreterin ist die bis zu 45 Zentimeter lange Europäische Languste *(Palinurus elephas)*.

Unwesentlich kleiner ist die bräunlich violette Australische Languste *(Panulirus cygnus)*, die Down Under als Western Australian Rock Lobster oder kurz WARL gehandelt wird und das Umweltsiegel des Marine Stewardship Council trägt. Die Jungtiere leben in Höhlen und Riffen in bis zu 30 Meter, die erwachsenen Langusten in bis zu 60 Meter Tiefe. Sie bewohnen felsige Spalten, die sie nur nachts verlassen, um so ziemlich alles zu jagen, inklusive ihre Artgenossen. Im Alter von sechs bis sieben Jahren sind sie geschlechtsreif, die Laichzeit dauert in den australischen Gewässern von August bis Januar. In den ersten drei Jahren wächst der Brustpanzer auf vier Zentimeter Länge heran, erst nach etwa zehn Jahren erreicht er seine volle Größe von acht bis zehn Zentimeter. Langusten können bis zu 30 Jahre alt werden.

Geschmack
Der Geruch von frisch gekochter Languste ist flüchtig, charakteristisch ist die Note von Seetang und Gischt, unter die sich während des Abkühlens ein Hauch von Mandeln mischt. Der Geschmack ist voll, besonders in den äußeren Fleischschichten, mit einer Spur von Safran und einer leicht bitteren, metallischen Note, die von einem untergründigen Nusston und einer zunehmenden Süße abgemildert wird. Das weiße Fleisch ist saftig und zunächst fest im Biss, vergleichbar einer reifen Birne, wird jedoch beim Kauen immer zarter.

Verbreitung
Die Europäische Languste lebt im Ostatlantik von Südnorwegen und Schottland über den Ärmelkanal bis nach Marokko sowie im Mittelmeer.

Der Lebensraum der Australischen Languste ist die Westküste des Kontinents zwischen Northwest Cape und Hamelin Harbour im Indischen Ozean.

Ökologie
Die Westaustralische Langustenfischerei (WARL) praktiziert seit 1963 ein umweltgerechtes Management, was ein florierendes Geschäft ist, und wurde im Jahr 2000 als eine der ersten der Welt mit dem MSC-Ökosiegel ausgezeichnet. Die Langusten werden mit beköderten Körben gefangen, die Fluchtmöglichkeiten für zu kleine Tiere bieten. Geringe Beifänge verschiedener Fische und Kraken sind auch bei dieser Methode nicht auszuschließen.

Die Fangsaison ist zeitlich begrenzt und es gelten Beschränkungen in Form von Mindestfanggrößen und Gesamthöchstmengen. Darüber hinaus sind eiertragende Weibchen grundsätzlich geschützt und die Fangkörbe dürfen eine bestimmte Größe nicht überschreiten.

Land	Name
GB/USA	*Rock lobster, Spiny lobster, Crawfish*
Australien/Neuseeland	*Rock lobster, Crayfish*
Frankreich	*Langouste*
Italien	*Aragosta*
Spanien	*Langosta*
Portugal	*Lagosta*
Griechenland	*Astakós*
Niederlande	*Langoest*
Dänemark/Norwegen	*Languster*
Schweden	*Langust*

Ernährung & Gesundheit
Nährwert pro 100 g: etwa 112 kcal, 1,5 g Fett.

Saison & Laichzeit
Die Laichzeit in den australischen Gewässern dauert von August bis Januar. Tiefgefrorene Langustenschwänze sind ganzjährig erhältlich.

Hummer nach Art von Fornells

Für 2 Personen

1 lebender Hummer (oder 1 Languste) von etwa 750 g
Meersalz
1 rote Paprikaschote
1 grüne Paprikaschote
3 Knoblauchzehen
50 ml Olivenöl
1 Schuss Weinbrand
125 ml Weißwein
1 Prise Safranfäden
1 kleine getrocknete Bird's-Eye-Chilischote
4 Tomaten, fein gewürfelt
450 ml Fischsuppe, Fischfond oder Krustentierfond
1 Handvoll fein gehackte frische Petersilie

Im Norden der schönen Insel Menorca liegt das Dorf Fornells, das berühmt für seine Langusten ist und für die *caldereta*, einen Eintopf aus diesen Krustentieren. Jeder, der ihn probiert hat, schwärmt von dem würzigen Sud und dem zarten Langustenfleisch, das in der lauen Mittelmeerluft gleich noch viel besser schmeckt. Die erste *caldereta*, die ich dort gegessen habe, war eine Offenbarung und ein Meilenstein auf meinem Werdegang als Koch und Gastronom. Den Geschmack werde ich nie vergessen – er war so würzig und intensiv, dass ich buchstäblich den Teller abgeschleckt habe. Man schmeckte förmlich das Meer, und dann noch der erfrischende Wein dazu … – perfekt.

Die Menorquiner kochen ihre *caldereta* mit den heimischen Langusten, deren festes, schneeweißes Fleisch ungemein kräftig schmeckt. Ihr Panzer sorgt in der Suppe für eine Würze, wie man sie sonst nicht hinbekommt. Wie auch immer, ich habe das Rezept mit Hummer nachgekocht und mit einem Glas fertiger Fischsuppe etwas nachgeholfen.

Den Hummer oder die Languste kopfüber in einen Topf mit sprudelnd kochendem Salzwasser tauchen (das Tier stirbt innerhalb kürzester Zeit) und 5 Minuten garen. Herausheben und abkühlen lassen.

Die Paprikaschoten von den Samen und Scheidewänden befreien und mit dem Knoblauch in der Küchenmaschine fein hacken. Die Hummerscheren abdrehen, aufknacken und das Fleisch herauslösen. Den Krebs der Länge nach spalten und, ohne das Fleisch auszulösen, in Stücke teilen.

Das Olivenöl in einem großen Topf erhitzen, die Paprika-Knoblauch-Mischung hineingeben und 5 Minuten sanft anschwitzen. Die Hummer- oder Langustenstücke hinzufügen und 5 Minuten garen. Mit dem Weinbrand ablöschen, 1 Minute aufkochen, den Wein zugießen und 1 weitere Minute kochen lassen. Den Safran, die zerkrümelte Chilischote, die Tomaten, 175 Milliliter Fischsuppe oder -fond, 300 Milliliter Wasser und die Hälfte der Petersilie zugeben; zugedeckt 10 Minuten sanft garen.

Das Scherenfleisch (bei der Verwendung von Hummer) untermengen und alles unbedeckt 10 Minuten köcheln lassen. Mit der restlichen Petersilie bestreuen und servieren.

Hummer Thermidor

Für 4 Personen

4 lebende Hummer
Meersalz und frisch gemahlener schwarzer Pfeffer
1 Zwiebel
1 Lorbeerblatt
8 schwarze Pfefferkörner
200 ml Milch
25 g Butter
1 EL Mehl
1 TL scharfer Senf
2 Knoblauchzehen, zerstoßen
25 ml Weinbrand
1 Handvoll gehackter frischer Estragon
1 EL frisch geriebener Parmesan

BEIM FISCHHÄNDLER
Kaufen Sie lebende Hummer, die Sie zu Hause selbst abkochen.

Hummer Thermidor gilt als Symbol des Luxus. Die meisten kennen das Gericht zumindest dem Namen nach und obwohl ich nie sein allergrößter Fan war, muss ich gestehen, dass es etwas Edles und Opulentes an sich hat. Gut zubereitet ist Hummer Thermidor zweifellos ein Genuss.

Zum Töten der Hummer in einem großen Topf reichlich Salzwasser zum Kochen bringen. Die Krustentiere mit dem Kopf voran in die sprudelnde Flüssigkeit tauchen (gegebenenfalls in mehreren Durchgängen arbeiten; das Wasser sollte wirklich sprudelnd kochen) und 8–10 Minuten garen. Herausheben und abkühlen lassen. Die Hummer längs vom Kopf zum Schwanz spalten. Das weiße Schwanzfleisch auslösen und den schwarzen Darm herausziehen. Die grünliche Hummerleber und den eventuell vorhandenen rötlichen Corail im Kopfteil separat herauslöffeln. Die Scheren aufbrechen und ebenfalls auslösen. Die leeren Schalenhälften zurückbehalten.

Die Zwiebel einschneiden und das Lorbeerblatt in den Einschnitt stecken. Mit den Pfefferkörnern spicken, in einen Topf legen und die Milch zugießen. Zum Kochen bringen, die Hitze reduzieren und 2–3 Minuten sanft garen. Den Topf vom Herd nehmen und die Zwiebel etwa 10 Minuten in der Milch ziehen lassen. Herausnehmen und wegwerfen.

In einem weiteren Topf die Hälfte der Butter bei niedriger Temperatur erhitzen. Das Mehl einstreuen und unter Rühren kurz anschwitzen. Den Topf vom Herd nehmen und unter ständigem Rühren langsam die Milch zugießen. Die Mischung glatt rühren, wieder auf den Herd stellen und 2–3 Minuten aufkochen, bis die Sauce eingedickt ist. Den Senf unterrühren und die Sauce beiseitestellen.

Den Backofengrill auf hoher Stufe vorheizen.

In einem großen Topf die restliche Butter aufschäumen und den Knoblauch 1–2 Minuten darin anschwitzen, bis er ein kräftiges Aroma verströmt. Das Hummerfleisch zugeben und umrühren, sodass es rundherum mit der Knoblauchbutter bedeckt ist. Den Weinbrand zugießen und flambieren. Mit der Sauce auffüllen und den Estragon untermengen. Umrühren und mit Salz und Pfeffer würzen. Die Mischung in die leeren Hummerschalen füllen, mit dem Parmesan bestreuen und unter dem Grill in 1–2 Minuten goldbraun überbacken. Mit Reis oder einem Salat servieren.

Miesmuscheln

Mytilus edule / Mytilus galloprovincialis

Diese zarten, fleischigen Muscheln, die es in verschiedenen Größen gibt, stehen auf fast jeder maritim gefärbten Speisekarte Frankreichs. Sie sind preiswert, überall zu haben und eine gute Eiweißquelle. Ich esse Miesmuscheln gern roh mit etwas Zitronensaft oder mit Knoblauch, Semmelbröseln und Petersilie gratiniert oder auch in einer süßsauren Chilisauce gedünstet.

Miesmuscheln sind faszinierende Tiere mit wohlschmeckendem, kurkumagelbem Fleisch, das in ein längliches, blauschwarz bis grünliches Schalenpaar mit konzentrischen Linien eingebettet ist. Größe und Farbe variieren je nachdem, woher sie stammen. Große Exemplare können bis zu 13 Zentimeter lang werden, durchschnittliche Kaliber messen fünf bis acht Zentimeter. Das Wort Muschel leitet sich übrigens vom Lateinischen und Griechischen *mus* für Mäuschen ab, und tatsächlich haben die Schalentiere mit etwas Fantasie ein mausähnliches Profil.

Miesmuscheln leben in großen Kolonien in ausgedehnten Bänken in Küstennähe, die größeren in der nährstoffreichen Gezeitenzone, die kleineren in weniger unruhigen tieferen Zonen. Über ihre Kiemen filtern sie Nährstoffe und Sauerstoff aus dem Meerwasser – die Pumpleistung einer mittelgroßen Muschel liegt bei einem Liter pro Stunde.

Mit ihrer haarfeinen Muschelseide, den sogenannten Byssusfäden, heften sich Miesmuscheln bevorzugt an Artgenossen, Felsen, Pfähle, Poller oder auch Schiffsrümpfe, an denen sie nicht selten bis ans andere Ende der Welt reisen. Das in der Fußdrüse produzierte Sekret besteht aus Keratin und anderen Proteinen. Auch bei der Fortbewegung ist das Byssusgeflecht ein wichtiges Hilfsmittel.

Geschmack

Wenn es einen Meeresbewohner gibt, der den Geschmack des Meeres destilliert, dann Miesmuscheln. Besonders ausgeprägt ist das Meerwasseraroma im Geruch, eine Mischung aus Gischt und frischem Seetang mit einer unterschwelligen safranähnlichen Gewürznote. Die oberflächlich geschmeidige Konsistenz des Fleischs sorgt anfangs für ein seidiges Mundgefühl, ähnlich einer sahnigen Mousse. Beißt man hinein, erzeugt es einen ergiebigen, halbflüssigen Eindruck von eigelbartigem Charakter mit Andeutungen von Fenchelsamen und milder Salzlake. Im Kern ist es bissfest und erinnert in der Konsistenz an Speck.

Land	Name
GB	*Mussel*
USA	*Blue mussel*
Frankreich	*Moule*
Italien	*Mitilo, Muscolo, Cozza*
Spanien	*Mejillón*
Portugal	*Mexilhão*
Griechenland	*Mýdi*
Niederlande	*Mossel*
Dänemark	*Blåmusling*
Schweden	*Blåmussla*
Norwegen	*Blåskjell*

Ernährung & Gesundheit

Miesmuscheln sind reich an Selen, Vitamin B_{12}, Zink, Folsäure, Eisen, Kalzium und Omega-3-Fettsäuren. Nährwert pro 100 g: etwa 74 kcal, 1,8 g Fett.

Saison & Laichzeit

Miesmuscheln haben in den Monaten mit einem »r«, also von September bis April, Saison. In der Laichzeit von Mai bis August sollte man verzichten.

Verbreitung

Miesmuscheln sind in allen Meeren zu Hause. Der Lebensraum der heimischen Arten erstreckt sich von der südlichen Arktis über den gesamten Nordatlantik bis North Carolina und über die Nord- und Ostsee bis ins Mittelmeer. Die wichtigen kommerziellen Muschelgärten der Britischen Inseln liegen im Wash, in der Morecambe Bay, der Conway Bay und in den Mündungsgebieten Südwestenglands, Nordwales' und Westschottlands.

Ökologie

Miesmuscheln werden entlang der Ostatlantikküste von Skandinavien bis Spanien und im Mittelmeer im großen Stil gezüchtet. Die Bestände gelten allgemein als eher unterfischt. Sowohl wilde als auch Zuchtmuscheln werden mit der Dredsche oder per Hand geerntet. Kaufen Sie von Hand gesammelte Wildmuscheln oder greifen Sie zu Zuchtmuscheln.

Muschelzucht

Die Muschelzucht ist eine nachhaltige Form der Aquakultur, allen voran die in Spanien und im Mittelmeer verbreitete Hängekultur, bei der die Muscheln an langen, tief ins Wasser ragenden Tauen gezüchtet werden. Die im Wasser frei vorhandene Muschelsaat heftet sich in großen Kolonien daran fest und wächst auf natürliche Weise ohne Zufütterung oder den Einsatz von Antibiotika heran. Nach ein paar Jahren zieht man einfach das Tau aus dem Wasser, pflückt die marktreifen Muscheln ab und lässt es wieder in die Tiefe hinab.

In Neuseeland existiert eine riesige Muschelfarm in Hängekultur einige Kilometer vor der Küste auf dem offenen Meer, wo sie mit frischem Seewasser durchspült wird. Die Arbeit ist nicht leicht, denn die Zugangs- und Erntemöglichkeiten sind stark wetterabhängig, doch der Markt bietet für dieses Premiumprodukt aus Meerwasser offenbar ein großes Potenzial. Ein günstiger Nebeneffekt ist, dass die Taue ähnlich wie Riffe wirken und auch andere Meerestiere anlocken.

Ist eine Miesmuschel leicht geöffnet, klopft man sie kurz auf die Arbeitsplatte – wenn sie lebt, schließt sie sich sofort, tut sie es nicht, sollte man sie wegwerfen. Umgekehrt sind Muscheln, die sich beim Garen nicht öffnen, ebenfalls nicht genießbar. Diese einfache Regel gilt auch für Herz- und Venusmuscheln.

Miesmuscheln in Weißwein mit Petersilie

Für 4 Personen

50 g Butter
3 Knoblauchzehen, fein gehackt
2 Schalotten, fein gehackt
1 große Handvoll fein gehackte frische Petersilie
100 ml trockener Weißwein
2 kg frische Miesmuscheln

Zum Servieren
Knuspriges Brot

BEIM FISCHHÄNDLER
Achten Sie darauf, dass die Muscheln geschlossen sind und meiden Sie stark verschmutzte Ware. Muscheln, die nach dem Heimweg leicht geöffnet sind, kurz auf die Arbeitsplatte klopfen, um zu prüfen, ob sie sich wieder schließen. Tun sie es nicht, sind sie bereits tot, also wegwerfen. In ein feuchtes Tuch eingeschlagen, können sie frische Muscheln im unteren Teil des Kühlschranks bis zu 24 Stunden aufbewahren.

Ich habe Miesmuscheln in vielen Variationen probiert, doch auf die altbewährte Seemannsart *(à la marinière)* schmecken sie immer noch am besten. Dabei steht und fällt alles mit der Qualität der Muscheln. Die einzige andere Kombination, die mich überzeugt, ist mit frischen Tomaten und Chili. Im Sommer wecke ich zu Hause meinen eigenen Überschuss an Tomaten ein und nicht selten landen sie in einer dampfenden Schüssel Miesmuscheln.

Die Butter in einem großen Topf erhitzen. Den Knoblauch und die Schalotten darin glasig schwitzen, etwas Petersilie und den Wein zugeben und etwa 1 Minute köcheln lassen. Die Muscheln hinzufügen und mit einem großen Löffel vorsichtig wenden, sodass sie rundherum mit dem Petersiliensud benetzt sind. Mit einem Deckel verschließen und bei starker Hitze etwa 4 Minuten dämpfen, bis sich sämtliche Muscheln geöffnet haben; den Topf zwischendurch ab und zu rütteln. Muscheln, die sich nicht öffnen, wegwerfen.

Die restliche Petersilie zugeben und die Muscheln noch einmal gründlich in dem Wein-Knoblauch-Sud wenden.

Die Miesmuscheln in großen Schalen anrichten und mit knusprigem Brot sofort servieren.

Austern *Ostreidae*

Austern schmecken am besten direkt aus der Schale geschlürft oder mit einer Austerngabel aufgepickt. Doch um den Geschmack richtig zu würdigen, sollte man sie nicht einfach hinunterschlucken, sondern gut durchkauen. Beliebte Beigaben sind ein Spritzer Zitronensaft, Tabascosauce oder auch fein gehackte Schalotten in Essig.

Der natürliche Lebensraum von Austern sind die Ästuarien in Tidenregionen und flache Küstengewässer mit festem, verschlicktem Meeresgrund. Form und Farbe der Schalentiere sind je nach Art recht unterschiedlich, von der kreisrunden bis birnenförmigen Europäischen Auster *(Ostrea edulis)* mit graublauer bis sandfarbener Schale und schuppigen konzentrischen Linien bis zur länglich schmalen Pazifischen Felsenauster *(Crassostrea gigas)*, die von dunkelgrauer und insgesamt schrofferer Erscheinung ist. Die gewölbte untere Schale ist durch ein elastisches Band mit der flachen Deckelschale verbunden, das Fleisch ist je nach Sorte beigefarben bis bläulich grau. Zur Nahrungs- und Sauerstoffversorgung pumpen Austern zwischen einem und sechs Liter Wasser pro Stunde durch ihre Kiemen. Die Laichzeit beginnt je nach Wassertemperatur im März oder April.

Austern werden seit jeher mit der Liebe in Verbindung gebracht. So soll die griechische Liebesgöttin Aphrodite dem Meer auf einer Austernschale entstiegen sein und als sie auch noch Eros das Leben schenkte, war das Wort Aphrodisiakum geboren. Die vermeintlich aphrodisische Wirkung von Austern entbehrt nicht völlig der Grundlage, denn das darin enthaltene Zink ist an der Bildung von Testosteron beteiligt.

Geschmack
Europäische Auster *(Ostrea edulis)*
Während die Europäische Auster denselben frischen Meeresgeruch verströmt wie die Pazifische Felsenauster, ist sie im Geschmack nuancenreicher mit Anklängen von frischen Algen und zitrusartigen, andeutungsweise metallischen Elementen. Sie ist nicht ganz so zart und saftig wie die Felsenauster, doch ihr vielschichtiges, delikates Aroma ist unübertroffen.

Pazifische Felsenauster *(Crassostrea gigas)*
In ihrer langen, tief gewölbten Schale konzentriert die Pazifische Felsenauster den Geschmack und Geruch des Meeres, wie das Aroma von schäumender Gischt oder den salzig-frischen Duft gerade entstandener Gezeitentümpel. Die erste Kostprobe des Safts, in dem die Auster ruht, ist leicht salzig, der zweite Schluck deutlich reiner

Land	Name
GB/USA	Oyster
Frankreich	Huître
Italien	Ostrica
Spanien/Portugal	Ostra
Griechenland	Strídi
Niederlande	Oester
Dänemark	Østers
Schweden	Ostron
Norwegen	Østers

Ernährung & Gesundheit
Austern enthalten viel Zink und andere Mineralstoffe wie Kalzium, Eisen, Kupfer, Jod, Magnesium und Selen. Zudem sind sie eine gute Quelle für Omega-3-Fettsäuren. Nährwert pro 100 g: etwa 65 kcal, 1,3 g Fett.

Saison & Laichzeit
Die Europäische Auster ist geschützt und wird in der Laichzeit von Mai bis August geschont. Die Saison beschränkt sich auf die Monate mit einem »r«. Kurz vor oder nach dem Laichen sind die Muscheln oft milchig, der Saft ist trübe, die Konsistenz weicher und der Geschmack weniger fein; von Ende September bis Ende März sind sie am besten. Der größte Marktanteil entfällt auf die in kommerziellen Aquakulturen gezüchteten Pazifischen Felsenaustern; sie sind ganzjährig verfügbar.

und milder – dies ist der in dem Fleisch eingelagerte Eigensaft. Das Fleisch ist geschmeidig und süß.

Verbreitung

Austern sind mit zahlreichen Arten rund um den Erdball vertreten. Die auf dem europäischen Markt angebotenen Muscheln stammen zum allergrößten Teil aus Zuchten, mit Frankreich als größtem Produzenten. Nennenswerte wilde Bestände der Europäischen Auster gibt es z. B. noch im Solent, einer Meerenge zwischen der englischen Südküste und der Isle of Wight.

Ökologie

In Großbritannien steht die Europäische Auster auf der Liste der gefährdeten Tierarten, die Bestände in der Nordsee und im Ärmelkanal gehen beständig zurück und nicht anders verhält es sich in den meisten europäischen Gewässern. Der Solent ist eine der wenigen Regionen rund um die Britischen Inseln, und zugleich die größte, in der noch wilde Europäische Austern geerntet werden. Während der Laichzeit vom 14. Mai–4. August (1. Mai–31. Oktober im Verwaltungsbezirk Sussex) sind sie geschützt. Die Europäische Auster ist Gegenstand eines Aktionsplans mit dem Ziel, die Bestände in britischen Gewässern wiederherzustellen. Kommerzielle Austernparks stehen im Allgemeinen unter privater Verwaltung, ihr Einfluss auf die Umwelt ist vergleichsweise gering, da für die Zucht von Muscheln für den menschlichen Verzehr eine hohe Wasserqualität Grundvoraussetzung ist.

Achten Sie beim Einkauf – wie auch bei Mies- oder Venusmuscheln – darauf, dass die Austern fest verschlossen sind. Es ist ganz wichtig, dass sie am Leben sind und in ihrem eigenen Saft ruhen – sobald dieser ausläuft, stirbt die Auster und wird ungenießbar. Die beiden wichtigsten Sorten im Sortiment des Fischhändlers sind die runde, flache Europäische Auster mit ihrem delikaten, vielschichtigen Aroma und die längliche, spitz zulaufende Pazifische Felsenauster, die eine tiefere Unterschale hat. Welcher Auster man den Vorzug gibt, ist eine Frage des Geschmacks und je nachdem, wo sie gezüchtet werden, können sie sehr unterschiedlich ausfallen. Entweder man liebt Austern oder man hasst sie, ich glaube, dazwischen gibt es nichts. Ich bin ein Austernfan und esse sie am liebsten so, wie sie sind. Falls das nichts für Sie ist, probieren Sie eine der folgenden Zubereitungsarten.

Austern-Tatar

Eine Schalotte, einen Esslöffel Kapern und einen Esslöffel Cornichons fein hacken und mit einigen Tropfen Tabascosauce vermengen. Die Mischung über die frisch geöffnete Auster löffeln und mit einem Spritzer Zitronensaft abrunden.

Gratinierte Austern mit Speck

Die Austern öffnen und mit sehr fein gewürfeltem Räucherspeck bestreuen. Mit etwas Worcestersauce und einem Teelöffel Sahne beträufeln, mit wenig geriebenem Parmesan bestreuen und 3–4 Minuten unter dem Grill gratinieren.

Garnelen

Sandgarnele *Crangon crangon*
Sägegarnele *Palaemon serratus*

Garnelen erfreuen sich ungebrochener Popularität, vermutlich, weil sie süßlich und nicht allzu kräftig schmecken. Sie mögen würzige Zutaten und ganz besonders gut bekommen ihnen scharfe Thai-Aromen und der Holzkohlegrill.

Die Sandgarnele ist vor dem Abkochen eine unauffällige Erscheinung – halbdurchsichtiger, sandfarben gefleckter Körper, die perfekte Tarnung, um mit dem Untergrund im Watt flacher Buchten zu verschmelzen. Sie lebt in einem Sandloch, das sie bei Nacht verlässt, um sich von winzigen Weichtieren und Fischen zu ernähren. Die Sandgarnele, besser bekannt als »Nordseekrabbe«, wird etwa 8,5 Zentimeter lang.

Die etwa gleich große Sägegarnele teilt viele Merkmale der nahen Verwandten. Beide haben fünf Beinpaare, vier lange Fühler und gestielte Facettenaugen. Das vordere Beinpaar ist zu zierlichen Greifwerkzeugen umgebildet, die bei der Sandgarnele stärker entwickelt sind. Die hinteren vier Beinpaare sind zu Schwimmorganen umfunktioniert. Garnelen können durch ruckartiges Krümmen des Schwanzteils in erstaunlichem Tempo zurückschnellen. Das Stirnhorn ist bei der Sägegarnele wesentlich kräftiger ausgebildet als bei der Sandgarnele. Die im Rohzustand fast durchscheinende Sägegarnele mit ihrer braun, blau und gelb gefleckten Schale verfärbt sich beim Garen leuchtend pink. Im Frühherbst, wenn sie am fleischigsten sind, findet man sie in Gezeitentümpeln und braucht sie nur aufzusammeln.

Eine weitere wichtige Art ist die im europäischen Nordmeer verbreitete Tiefseegarnele *(Pandalus borealis)*, die auch als Grönland-Shrimp angeboten wird. Die bis zu 15 Zentimeter lange Garnele wird in großen Mengen in den norwegischen Gewässern gefangen und gleich auf See abgekocht. Ihr Schwanzfleisch ist die Standardwahl für den notorischen Krabbencocktail.

Geschmack
Sandgarnele

Sandgarnelen riechen wie eine Meeresbrise. Sie konzentrieren viel Geschmack in ihrem kleinen Körper, der Anklänge von salzigem Karamell und der mildfruchtigen Säure eines an der Luft oxidierten Apfels erkennen lässt. Das zarte, saftige Fleisch erinnert in der Konsistenz entfernt an die Blätter von gegartem Spitzkohl und den festen, vollmundigen Charakter von Hähnchenbrust.

Land	Name
Deutschland	Sandgarnele, Granat, Nordseekrabbe / Sägegarnele, Pink Shrimp
GB/USA	Brown shrimp / Common prawn, Pink shrimp
Frankreich	Crevette grise / Crevette rose
Italien	Gamberetto grigio / Gambero delle rocce
Spanien	Quisquilla gris / Camerón común
Portugal	Camarão-mouro / Camarão-branco-legítimo
Griechenland	Stachtogarída / Garidáki
Niederlande	Nordzeegarnaal / Steurgarnaal
Dänemark	Hestereje / Roskildereje
Schweden	Sandräka / Vanlig tångräka
Norwegen	Hestereke / Gruntvannsreke

Ernährung & Gesundheit
Sandgarnelen sind eine gute Omega-3-Quelle.
Nährwert pro 100 g Sandgarnelen: etwa 68 kcal, 1,4 g Fett.
Nährwert pro 100 g Sägegarnelen: etwa 96 kcal, 0,5 g Fett.

Saison & Laichzeit
Sandgarnelen (Nordseekrabben) werden ganzjährig angeboten. Sägegarnelen sollte man während der Laichzeit von November bis Juni schonen. Am besten schmecken sie von August bis Oktober. Tiefseegarnelen laichen im Sommer und Herbst. In dieser Zeit sollte man sie meiden.

Sägegarnele

Die Schale der Sägegarnele ist so dünn, dass man sie bedenkenlos mitessen kann – ein angenehm knuspriger Kontrast zu dem festen Fleisch, das beim Hineinbeißen anfangs etwas Widerstand leistet. Die Sägegarnele riecht zugleich süß und salzig-frisch und das Aroma ist honigsüß und buttrig mit einer dezent pikanten Note und einem vollen, anhaltenden Nachgeschmack. Geschmack und Konsistenz sind ideal für das urbritische *pint of prawns*, ein Bierglas, gefüllt mit frischen Garnelen, die mit Zitrone und Mayonnaise serviert werden. Auch mit Schale kurz frittiert schmecken Sägegarnelen ausgezeichnet.

Verbreitung

Sandgarnelen leben auf sandigen und verschlickten Untergründen in den Küstenregionen von Norwegen bis zum Mittelmeer. Das amerikanische Pendant ist von der Baffin Bay zwischen Grönland und Kanada bis nach Florida zu finden. Sägegarnelen bevorzugen felsige und bewachsene Küstenregionen von Norwegen bis ins Mittelmeer. Verbreitungsgebiet der Tiefseegarnelen sind die tiefen Gewässer des Nordatlantiks von Grönland bis Martha's Vineyard (Insel vor Massachusetts) im Westen und bis zu den Britischen Inseln im Osten.

Ökologie

Für die Fischereiwirtschaft in der EU ist die Garnelenfischerei von zentraler Bedeutung. Leider gehen beim Fang von Sandgarnelen auch große Mengen von Jungfischen anderer kommerziell befischter Arten in die feinmaschigen Schleppnetze, darunter Plattfische, Kabeljau und Schellfisch. So geht der Rückgang des Laichbestandes der Nordseescholle um bis zu 16 Prozent auf das Konto der Nordseekrabbenfischerei. Diese Beifänge können durch »by-catch reduction devices« (BRDs) vermieden werden; das sind Vorrichtungen, die Fischen ermöglichen, unbeschadet zu entkommen. In Kanada, Island und Norwegen werden BRDs in der Kaltwassergarnelenfischerei erfolgreich eingesetzt.

Wählen Sie Sandgarnelen aus Fischereien, deren Schleppnetze mit eingesetzten Trichternetzen ausgerüstet sind, die unerwünschten Beifang vermeiden helfen. In der Tiefseegarnelenfischerei wird zum gleichen Zweck mit speziellen Sortiergittern gearbeitet, die Jungfische von den Garnelen trennen und »aussieben«.

Garnelenfischerei in Südaustralien

Andy Puglisi fischt im Spencer Golf nach Western King Prawns, vermutlich eine der nachhaltigsten Garnelenfischereien weltweit:

»Jede Saison stecken wir das Fanggebiet ab, die Größe der Boote wird beschränkt, ebenso ihre Schleppleistung und die Größe der Netze. Statt Quoten festzusetzen, die leicht zu umgehen sind, arbeiten wir mit zeitlichen Beschränkungen. Gefischt wird zwischen dem letzten Viertel des abnehmenden und dem ersten Viertel des zunehmenden Mondes. Garnelen sind nachtaktiv, also stechen wir zwischen Sonnenuntergang und Sonnenaufgang in See. Wir betreiben Echtzeit-Management, das unmittelbar reagiert. Ein Ausschuss von Fischern – wir nennen sie ›Committee at Sea‹ – kontrolliert stündlich. Wenn in einem Gebiet kleine Garnelen auftauchen, benachrichtigen wir sofort den Ausschuss und die Region wird binnen einer Stunde von der Regierung offiziell gesperrt.

Wir kennen den Laichzyklus der Garnelen ganz genau und warten mit der Fischerei, bis sich die meisten Tiere fortgepflanzt haben. Mein Vater fischte noch 200 Nächte pro Jahr, wir benötigen 55 bis 60 Nächte, um die gleiche Ausbeute einzufahren. Unsere Kutter sind mit Decksmaschinen ausgerüstet, die den Beifang innerhalb von Minuten ins Meer zurückführen. 95 Prozent des Beifangs kehren lebend zurück.

Der Schlüssel zum Erfolg ist, dass wir nur für eine beschränkte Zeit fischen. Jede Fischerei hat ihre eigenen Mittel und Möglichkeiten für ein nachhaltiges Wirtschaften, die Schwierigkeit besteht darin, es den Fischern klarzumachen, doch genau da muss man ansetzen.«

Spaghetti mit Knoblauch, Petersilie und Garnelen

Für 4 Personen

300 g Spaghetti

75 ml Olivenöl

600 g Garnelen (Säge- oder Tiefseegarnelen), geschält, Schalen und Köpfe zurückbehalten

2 Knoblauchzehen, in dünne Scheiben geschnitten

50 ml trockener Weißwein

100 ml passierte Tomaten oder grob zerkleinerte frische Tomaten

2 EL fein gehackte frische Petersilie

Meersalz und frisch gemahlener schwarzer Pfeffer

BEIM FISCHHÄNDLER
Achten Sie darauf, dass die Köpfe der Garnelen fest am Hinterleib sitzen und keinerlei schwarze Verfärbungen aufweisen, Melanose genannt. Sie sind die Folge nachlassender Frische und bedeuten erhebliche Qualitätseinbußen.

Das süßliche Aroma in Verbindung mit der geschmeidigen Konsistenz der Garnelen macht sich ausgezeichnet zu Spaghetti mit Knoblauch und Petersilie. Wenn man nicht gerade an der Küste wohnt, ist es eher unwahrscheinlich, frische Garnelen zu finden. Im Urlaub auf den Balearen kaufe ich sie oft beim Fischer, wenn er abends seinen Fang anlandet – für mich Luxus, denn die Fänge sind sehr gering und der Geschmack der Mittelmeergarnelen ist in meinen Augen konkurrenzlos. Jedes Jahr freue ich mich auf diese Garnelen. Die Zwischenzeit überbrücke ich mit Tiefkühlware. In der Mehrzahl werden Garnelen bereits an Bord oder in den Zuchtparks schockgefrostet und im Handel tiefgekühlt oder wieder aufgetaut angeboten. Wann immer möglich, greife ich zu wild gefangenen Garnelen, doch auch gegen Zuchtgarnelen von guter Qualität ist nichts einzuwenden.

Die Spaghetti in einem großen Topf mit kochendem Salzwasser nach Packungsanleitung bissfest garen. Abgießen.

Inzwischen das Olivenöl in einer Pfanne erhitzen, die zurückbehaltenen Garnelenschalen und -köpfe sowie den Knoblauch hineingeben und 4–5 Minuten braten, bis der Knoblauch goldbraun ist und die Schalen und Köpfe ihr Aroma an das Öl abgegeben haben.

Schalen und Köpfe sowie den Knoblauch mit einem Schaumlöffel aus der Pfanne heben, die Garnelenschwänze hineingeben und 3–4 Minuten braten. Den Wein zugießen und 2–3 Minuten aufkochen. Die passierten oder frischen Tomaten hinzufügen und alles 1 weitere Minute garen. Die Petersilie und die Spaghetti zugeben, alles gut durchmengen und mit Salz und Pfeffer abschmecken. Servieren.

Garnelen-Toast

Für 2 Personen

Dicke Scheiben Weißbrot zum Toasten
75 g Butter
1 Prise gemahlene Muskatblüte
Meersalz und frisch gemahlener weißer Pfeffer
150 g geschälte Sandgarnelen (Nordseekrabben)
1 EL sehr fein gehackte frische Petersilie
Cayennepfeffer zum Bestreuen (nach Belieben)

Zum Servieren

Zitronenspalten

BEIM FISCHHÄNDLER
Zum Glück gibt es Sandgarnelen bereits geschält zu kaufen, denn das Krabbenpulen ist eine ziemlich mühselige und zeitraubende Angelegenheit. Sie werden grundsätzlich bereits an Bord abgekocht.

Die Sandgarnelen aus Morecambe und Silloth im Nordwesten Englands schmecken unglaublich gut. Ich kaufe immer gleich eine größere Menge und lege sie in Butter ein – wir sagen *potted shrimps* dazu – ein würziger Aufstrich für heißen Toast. Im Restaurant gibt es immer endlose Debatten darüber, ob man sie nun streichfähig oder warm serviert. Als ich Rays Garnelenfischerei in Silloth, Cumbria, besuchte, die schon ewig im Geschäft sind, beharrten sie eisern darauf, dass *potted shrimps* zerlassen serviert und im flüssigen Zustand auf Toast gelöffelt werden. Ich mag die Garnelen so oder so. Auch in zerlassener Butter nur leicht erwärmt, sparsam gewürzt und über dicke Scheiben Toast gegossen, schmecken sie erstklassig. Das Brot saugt sich mit der leckeren Butter voll und die Garnelen bleiben wunderbar fest wie bei diesem Rezept.

Zuerst das Brot toasten. Die Butter mit der Muskatblüte, etwas Salz und reichlich Pfeffer in einen Topf geben und zerlassen. Die Garnelen hineingeben und behutsam in der Butter erwärmen. Die Petersilie unterrühren und die Mischung auf die Toastscheiben löffeln. Wer es gern pikant mag, kann zusätzlich mit etwas Cayennepfeffer würzen.

Jakobsmuscheln

Große Pilgermuschel *Pecten maximus*
Kleine Pilgermuschel *Aequipecten opercularis*

Zoologisch ist es zwar nicht ganz korrekt, doch werden die meisten Kammmuscheln ungeachtet ihrer Art als Jakobsmuscheln oder »Scallops« angeboten. Kammmuscheln können ihre Schalen nicht ganz verschließen, darum sind sie mit rund 50 grün beringten blauen Augen ausgestattet, die an der Basis kurzer Fühler am äußeren Mantelrand entlang der Ober- und Unterschale angeordnet sind und auf Schatten und Bewegung reagieren. Bei Gefahr öffnen und schließen sie mit ihrem Schließmuskel ruckartig das Gehäuse und der Rückstoß des ausströmenden Wassers katapultiert sie in Sicherheit. Kammmuscheln sind die einzigen Muscheln, die schwimmen können, sie wandern in großen Kolonien durchs Meer auf der Suche nach nährstoffreicheren Regionen, im Winter ziehen sie in tiefere Gewässer.

Kleine Kammmuscheln heften sich gern an Algen oder Felsen, bis sie größer sind und zur Erkundung des Ozeans aufbrechen. Die creme- bis lachsfarbene gerippte Deckelschale der Großen Pilgermuschel bringt es auf 15 Zentimeter im Durchmesser, die Kleine Pilgermuschel wird etwa zehn Zentimeter groß. Erstere kann bis zu 20 Jahre alt werden, Letztere hat eine Lebenserwartung von maximal vier Jahren. Das Alter lässt sich an den konzentrischen Jahresringen auf ihrer Schale ablesen.

Geschmack
Große Pilgermuschel *(Pecten maximus)*
Das im Rohzustand milchig-glasige und gegart opakweiße »Nüsschen« ist von einzigartiger Konsistenz mit langen, feinen und dicht gebündelten Fasern, die dem Fleisch eine gerippte Struktur verleihen. Das Mundgefühl ist von zartschmelzender, cremiger, ja fast schaumiger Qualität, die ein wenig an Marshmallows erinnert. Der karamellartige Geruch spiegelt sich auch im Geschmack wider, wirkt jedoch durch einen Anflug von frischem Seetang vielschichtiger. Der Corail genannte orangerote Rogen hat einen markanten Fischgeschmack und eine gallertartige Konsistenz. Je größer der Corail, desto seidiger das Mundgefühl, wobei sehr große Exemplare auch ausgesprochen bitter ausfallen können.

Kleine Pilgermuschel *(Aequipecten opercularis)*
Im Gegensatz zum süßlichen Karamellduft der größeren Verwandten hat die Kleine Pilgermuschel einen milderen, an Vanille erinnernden, honigähnlichen Geruch und einen vollmundigen, fast zuckrigen Geschmack mit einer zurückhaltenden Haselnussnote. Die Konsistenz ist fester und erzeugt ein lang anhaltendes üppiges Mundgefühl bei deutlicher ausgeprägter Faserstruktur.

Land	Name
Deutschland	*Große Pilgermuschel / Kleine Pilgermuschel*
GB	*King scallop, Great scallop / Queen scallop*
Frankreich	*Coquille Saint-Jacques / Pétoncle, Vanneau*
Italien	*Ventaglio, Cappasanta / Chanestrello*
Spanien	*Vieira, Concha de peregrino / Volandeira*
Portugal	*Vieira / Vieira*
Griechenland	*Megálo Chténi / Chténi*
Niederlande	*Sint-Jacobsschelp / Wijde mantel*
Dänemark	*Kammusling / Kammusling*
Schweden	*Pilgrimsmussla / Kammussla*
Norwegen	*Stort Kamskjell / Harpeskjell*

Ernährung & Gesundheit
Kammmuscheln sind reich an Eiweiß und eine gute Quelle für Omega-3-Fettsäuren. Ebenfalls hoch ist der Anteil an Vitamin B_{12} und an den Mineralstoffen Kupfer, Eisen, Magnesium, Phosphor, Selen und Zink.
Nährwert pro 100 g: etwa 92 kcal, 0,5 g Fett.

Saison & Laichzeit
In ihrer Laichzeit von Juni bis August sollte man auf die Schalentiere verzichten. Auch anschließend benötigen sie einige Zeit – von Mitte September bis etwa Anfang Dezember –, bis sie wieder fleischig und von bester Qualität sind.

Verbreitung

Die genannten Arten kommen von Norwegen bis zur Iberischen Halbinsel vor. Einige der besten Zuchtparks liegen an der Westküste Schottlands. Die Kleine Pilgermuschel bevorzugt gewöhnlich tiefere Gewässer als die große Cousine.

Ökologie

Von Tauchern gesammelte Jakobsmuscheln sind im Allgemeinen größer und von besserer Qualität als mit der Dredsche geerntete Muscheln. Es ist eine selektive und den Meeresgrund schonende Fangmethode, wenngleich auch sie ihre Kehrseiten hat (siehe unten). Die Tauchtiefe ist auf 30 Meter beschränkt, um natürliche Schutzzonen zur Regeneration der wilden Bestände zu garantieren. Gezüchtete Jakobsmuscheln werden in sehr ähnlicher Weise mit der Dredsche »ausgebaggert« wie die wilden Artgenossen. Bevorzugen Sie Jakobsmuscheln aus umweltverträglich bewirtschafteten Zuchtgärten.

Jakobsmuscheln – pro und contra Dredsche   Dr. Tom Pickerell

Die Jakobsmuschelernte mit der Dredsche, einem pflugähnlichen Gestell mit Netzsack, das über den Meeresboden gezogen wird, hinterlässt Spuren. Die Frage ist, ob es zwangsläufig umweltschädliche Folgen hat, wenn man einen Kieselgrund oder eine Sandbank umpflügt, denn wenn dort weder Korallen noch komplexe biologische Strukturen existieren, scheinen sich die Auswirkungen in Grenzen zu halten.

Dr. Tom Pickerell von der Shellfish Association of Great Britain: »Würde man den Einsatz von Dredschen komplett verbieten, kämen nur von Tauchern gesammelte Jakobsmuscheln auf den Markt und die würden die Nachfrage bei Weitem nicht decken. Also müsste man sie importieren, was sozioökonomische Folgen für unsere Fischereiflotte hätte, abgesehen von den ökologisch widersinnig langen Transportwegen und der Frage, wie man es dort mit der Umweltverträglichkeit hält. Keine Frage, dass von Tauchern gesammelte Muscheln gewöhnlich von besserer Qualität sind. Doch für Jakobsmuscheln gibt es keine Quote, Taucher können so viele sammeln, wie sie wollen. Nehmen wir eine tiefe Felsspalte, in der Jakobsmuscheln leben, die Dredsche kommt da nicht hin, Taucher schon. Wenn sie nun sämtliche Muscheln einsammeln, löschen sie die Population aus. Die könnte aber der Grundstock für einen größeren Bestand sein. Außerdem sammeln Taucher eher die größeren, also die genetisch erfolgreicheren Exemplare – je größer die Muschel, desto zahlreicher ihre Nachkommen. Man sollte einfach darauf hinweisen, dass auch das Tauchen nach Jakobsmuscheln seine Kehrseiten hat.«

Weich- und Krustentiere

Jakobsmuscheln »Seahorse«

Für 2 Personen

2 Knoblauchzehen
1 Handvoll frische Petersilienblätter
2 gesalzene Sardellenfilets
100 g Butter
1 Spritzer Tabascosauce
6 frische Jakobsmuscheln
1 TL fein gehackter frischer Estragon
6 EL Weißwein
6 EL Olivenöl
Meersalz
6 EL feine Semmelbrösel

BEIM FISCHHÄNDLER

Kaufen Sie Jakobsmuscheln in der Schale und bitten Sie Ihren Fischhändler, sie zu säubern, ohne den schmackhaften Corail abzutrennen. Lassen Sie sich die gewölbten unteren Schalen mitgeben. Um Muscheln, die milchig aussehen oder in einer kleinen Pfütze schwimmen, sollten Sie einen Bogen machen, sie sind ziemlich sicher wässrig, faserig und ohne Geschmack.

Das Restaurant »The Seahorse« habe ich zusammen mit meinem Koch und guten Freund Mat Prowse und meinem alten Schulfreund Mark Ely eröffnet. Es erweckt den Eindruck, als wäre es schon immer da gewesen, gemütlich und heimelig, so wie ein Restaurant sein sollte. Wir haben auch einige Fleischgerichte auf der Karte, doch hauptsächlich lockt unsere Gäste das hervorragende Seafood, das über Holzkohle gegrillt oder saisonal zubereitet und serviert wird. Gefangen wird es praktisch direkt vor unserer Haustür. Diese Jakobsmuscheln sind einer unserer Bestseller.

Den Ofen auf 240 °C vorheizen.

Zuerst die Knoblauchbutter zubereiten: Den Knoblauch, die Petersilie, die Sardellenfilets, die Butter und einen Spritzer Tabascosauce im Mixer pürieren, bis die Mischung glatt ist.

In jede Schalenhälfte ein Jakobsmuschelnüsschen samt Corail legen, mit etwas Estragon bestreuen und mit je einem Esslöffel Wein und Olivenöl beträufeln. Die Muscheln leicht salzen, mit einem Teelöffel Knoblauchbutter bedecken und mit den Semmelbröseln bestreuen.

Die Jakobsmuscheln in ihren Schalen auf ein Backblech setzen und in 5 Minuten im Ofen goldbraun und knusprig überbacken, das Muschelfleisch ist dann fest und die Flüssigkeit sprudelt in der Schale. Die Jakobsmuscheln anrichten und schon kann es losgehen.

Kalmar *Loligo forbesi* und *Loligo vulgaris*

Er hat messerscharfe Augen, drei hellgrüne Herzen und ist ein hochintelligenter, heimtückischer Räuber, mit dem nicht zu spaßen ist. Riesenkalmare werden bis zu 13 Meter lang, die in der Fischtheke angebotenen Arten bringen es auf etwas bescheidenere 40–60 Zentimeter. Die in ganz Europa allgegenwärtigen frittierten Tintenfischringe sind besser unter ihrem spanischen und griechischen Namen bekannt – Calamari.

Der Kalmar hat einen zylindrischen Körper mit zwei dreieckigen Flossen an den Seiten, doch seine Hauptantriebskraft ist das Rückstoßprinzip. Er saugt Wasser in die Mantelhöhle ein und presst es dann mit hohem Druck durch einen beweglichen Sipho wieder heraus. Durch Ausrichtung des Siphos kann er sogar die Richtung ändern und Haken schlagen. Um sich an nichts ahnende Beute heranzuschleichen oder sich davonzustehlen, kann der Kalmar blitzschnell seine Farbe der Umgebung anpassen. Falls das nichts nützt und Gefahr im Verzug ist, nebelt er seinen Verfolger in eine Tintenwolke ein, und bis der wieder klar sieht, ist der Kalmar längst entkommen. Mit seinen zehn Fangarmen, von denen zwei stark verlängert sind, schnappt er sich vorbeiziehende Fische oder sogar Artgenossen.

Der *Loligo forbesi* hat mit nur einem Jahr ein sehr kurzes Leben und nur eine Laichsaison, von Dezember bis Mai, um sich fortzupflanzen.

Geschmack
Braten in der Pfanne bringt seinen Geschmack am besten zur Geltung. Dabei entwickelt er einen süßen Duft nach gerösteten Haselnüssen und Toffee. Dieses süßlich-nussige Aroma setzt sich auch im Geschmack fort, der intensive Noten von Karamell, Schokolade und Kondensmilch mit einem Hauch von Meersalz erkennen lässt. Beim Hineinschneiden gibt das reinweiße Fleisch nach wie Gummi. Im Mund ist es alles andere als gummiartig, sondern erinnert vielmehr an die Konsistenz von fester *panna cotta* und ist bemerkenswert saftig.

Verbreitung
Die Art *Loligo forbesi* ist im Nordostatlantik bis zum Ärmelkanal verbreitet und wird weiter südlich und im Mittelmeer von dem nahen Verwandten *Loligo vulgaris* abgelöst.

Ökologie
Der kurze Lebens- und jährliche Fortpflanzungszyklus der Kalmare trägt dazu bei, dass die Bestände in relativ gutem Zustand sind. Dennoch sollte man Kalmare aus kommerziellen Großfischereien, die riesige Mengen der Tiere vom unteren Ende der Nahungskette anlanden, meiden.

Land	Name
GB/USA	*Squid, Inks, Calamari*
Frankreich	*Calmar, Encornet*
Italien	*Calamaro*
Spanien	*Calamar*
Portugal	*Lula*
Griechenland	*Kalamári*
Niederlande	*Pijlinktvis*
Dänemark	*Loligo-slægt, Blæksprutte*
Schweden	*Bläckfisk, Kalmar*
Norwegen	*Blekksprut*

Ernährung & Gesundheit
Kalmar ist reich an Omega-3-Fettsäuren.
Nährwert pro 100 g: etwa 81 kcal, 1,7 g Fett.

Saison & Laichzeit
Meiden Sie frischen Kalmar in der Laichzeit von Dezember bis Mai.

Kalmar hat unter der violett bis schwarz gefärbten dünnen Haut reinweißes Fleisch. Meiden Sie Ware mit Anzeichen von rosa Verfärbungen.

Gegrillter Kalmar mit Chili, Knoblauch und Petersilie

Für 2 Personen als Vorspeise

2 Kalmare von je etwa 150 g
Olivenöl zum Bestreichen

Für das Dressing

8 EL Olivenöl
2 Knoblauchzehen, fein gehackt
Meersalz und frisch gemahlener schwarzer Pfeffer
1 Prise gemahlener Kreuzkümmel
Saft von 1 Zitrone
1 kleine Handvoll fein gehackte frische Petersilie
1 getrocknete Bird's-Eye-Chilischote

BEIM FISCHHÄNDLER
Lassen Sie die Kalmare küchenfertig säubern und auch die dünne Außenhaut abziehen.

Die Popularität von Kalmar steigt, seit sich immer mehr Köche seiner annehmen. Er lässt sich wunderbar schmoren und köstlich schmeckt er mit asiatischen Zutaten. Kaum zu übertreffen ist er in Milch getaucht, leicht bemehlt und dann knusprig frittiert, doch auch über Holzkohle gegrillt ist dieser Tintenfisch ein Genuss – sein süßes Fleisch macht sich unglaublich gut mit dem würzigen Raucharoma.

Den Backofengrill auf maximaler Stufe vorheizen oder einen Holzkohlegrill vorbereiten.

Zuerst das Dressing zubereiten: Das Olivenöl in einem Topf erhitzen, den Knoblauch, eine Prise Salz und den Kreuzkümmel zugeben und, sobald der Knoblauch braun zu werden beginnt, den Zitronensaft hineinpressen. Die Petersilie und den zerkrümelten Chili unterrühren und mit Salz und Pfeffer abschmecken.

Wenn der Grill heiß ist oder die Kohlen durchgeglüht sind, die Kalmartuben und Tentakel mit Olivenöl bestreichen, salzen und von jeder Seite 5–6 Minuten grillen.

Die Tintenfische auf einer großen Platte anrichten und die Tentakel an ihren ursprünglichen Platz an den Körperbeutel legen. Mit dem Dressing überziehen und servieren.

Frittierter Kalmar mit Petersilien-Aioli

Für 4 Personen

250 ml Pflanzenöl zum Frittieren
300 ml Milch
4–5 EL Mehl
500 g frische Kalmare
Feines Salz

Für das Aioli

1 EL Weißweinessig
2 Eigelb
2 Knoblauchzehen, im Mörser fein zerstoßen
1 TL Dijonsenf
1 große Prise Salz
100 ml Pflanzenöl
Zitronensaft nach Geschmack
1 EL fein gehackte frische Petersilie

Zum Servieren
Zitronenspalten

Die meisten kennen Kalmar in Form der notorischen »Calamari«, für die man in vielen Restaurants zu fix und fertig mit Backteig überzogener Tiefkühlware greift, die mit dem Original nicht mehr viel zu tun hat. Kalmar braucht keinen Backteig – leichtes Bemehlen genügt, damit er knusprig wird und vor zu großer Hitze geschützt ist. Die Fangarme garen schneller als die in Ringe geschnittenen Tuben, geschmacklich unterscheiden sie sich jedoch nicht.

Zunächst das Aioli zubereiten: In einer Schüssel den Essig, die Eigelbe, den Knoblauch, den Senf und das Salz verrühren. Unter ständigem Rühren langsam in einem dünnen Strahl das Pflanzenöl zugießen, bis die Mayonnaise dick und cremig ist. Mit etwas Zitronensaft abschmecken und die Petersilie unterrühren. Beiseitestellen.

Das Frittieröl in einer Fritteuse oder einem geeigneten Topf auf 190 °C erhitzen.

Die Milch und das Mehl getrennt in zwei Schalen geben. Die Kalmarringe und -fangarme in die Milch tauchen, anschließend in dem Mehl wenden und im heißen Fett in etwa 3 Minuten goldgelb und knusprig backen. Auf Küchenpapier abtropfen lassen, mit feinem Salz würzen und mit Zitronenspalten und einem Klecks Aioli servieren.

BEIM FISCHHÄNDLER

Bitten Sie Ihren Fischhändler, die Kalmare zu säubern, von der dünnen Außenhaut und den Flossen zu befreien und in höchstens ein Zentimeter dicke Ringe zu schneiden. Sie sollten ganz frisch und von makellos weißer Farbe ohne rosa Stich sein. Anzeichen von Verfärbungen sind ein Hinweis auf mangelnde Frische.

Gebratener Kalmar mit Zitrone, Knoblauch und Petersilie

Für 2 Personen

350 g frische ganze Kalmare
6 EL Olivenöl
1 Knoblauchzehe, fein gehackt
30 g frische grobe Weißbrotbrösel
1 EL fein gehackte frische Petersilie
Saft von ½ Zitrone
1 Prise Meersalz

BEIM FISCHHÄNDLER
Lassen Sie die Tintenfische von Ihrem Fischhändler säubern und von Haut und Flossen befreien.

Ich mache keinen Unterschied zwischen großen oder kleinen Kalmaren. Die einen sind etwas dicker im Fleisch, die anderen etwas dünner, doch ganz frisch sind sie beide gleich zart. Wenn Sie schon einmal gebratenen Kalmar gegessen haben, der Sie an die berühmten Schuhsohlen erinnert hat, so lag das nicht unbedingt an mangelnden Kochkünsten, sondern eventuell an der Kalmarart; Kalmar der Spezies *Ilex* kann nämlich ein ziemlich zäher Bursche sein. Hier ist noch ein einfaches, schmackhaftes Gericht.

Die Fangarme der Tintenfische in zwei Zentimeter lange Stücke, die Tuben in maximal ein Zentimeter dicke Ringe schneiden. In einen Durchschlag geben und noch einmal gründlich waschen, damit keine Verunreinigungen oder Reste von Eingeweide zurückbleiben. Die Kalmarstücke mit Küchenpapier sorgfältig abtrocknen.

Das Olivenöl in einer Pfanne erhitzen und den Knoblauch darin einige Minuten anschwitzen, bis er sich goldgelb färbt. Die Kalmarstücke zugeben und rundherum in dem Knoblauchöl wenden. Die Weißbrotbrösel hinzufügen (beim Rösten in dem Öl werden sie allmählich knusprig und verleihen dem Gericht eine wunderbar körnige Konsistenz) und 3–4 Minuten braten, bis das Kalmarfleisch ganz weiß ist und nicht mehr durchscheint.

Die Petersilie untermengen, die Pfanne vom Herd nehmen und den Zitronensaft zugeben – dabei zischt es, dann mit einer Prise Salz würzen. Mit einem Löffel das Öl, das Kalmarfleisch, die gerösteten Brösel und die Petersilie leicht verrühren und genießen.

Ganze Fische vorbereiten

Lassen Sie Ihren Fisch nach Möglichkeit schon beim Fischhändler für das jeweilige Rezept passend küchenfertig vorbereiten. Sollten Sie keine Gelegenheit dazu haben, zum Beispiel weil Sie selbst mit der Angel unterwegs waren, so machen Sie sich einfach selbst an die Arbeit:

Schuppen: Den Fisch am Schwanz fassen und die Schuppen mit dem Rücken eines großen Messers oder – noch besser – mit einem speziellen Fischschupper in Kopfrichtung abkratzen, abspülen.

Ausnehmen: Den Fisch am Bauch entlang von der Afteröffnung bis zum Kopf aufschneiden, dabei das Messer nicht zu tief einstechen, um die Eingeweide beim Schneiden nicht zu verletzen. Dann die Eingeweide an der Afteröffnung ablösen und vorsichtig nach vorn in Richtung Kopf herausziehen, den Fisch gründlich auswaschen.

Flossen, Flossensaum, falls vorhanden, und Kiemen abschneiden.

Filetieren: Den Fisch sorgfältig trocken tupfen und auf ein Schneidebrett legen. Dann, sollte es sich um einen kleineren Rundfisch handeln, den Fisch mit einem scharfen Messer direkt hinter den Kiemen schräg bis auf die Mittelgräte einschneiden. Die Schneide in Richtung Schwanz drehen, die andere Hand flach auf den Fisch legen und das obere Filet entlang der Mittelgräte in Schwanzrichtung abschneiden und abheben. Den Fisch umdrehen und das zweite Filet in gleicher Weise auslösen, sodass die Mittelgräte mitsamt Kopf und Schwanz übrig bleibt.

Einen größeren Plattfisch wie den Steinbutt mit der Blindseite auf die Arbeitsfläche legen. Den ersten Schnitt oberhalb des Auges am Flossensaum ansetzen und um den Kopf herum bis zur Mittelgräte schneiden, dann den Schnitt entlang der deutlich sichtbaren Seitenlinie bis zum Schwanz fortführen. Zum Auslösen des Filets die Haut mitsamt dem Fleisch am Flossensaum entlang einschneiden. Dann mit einer Hand leicht unter das Filet greifen und mit einem scharfen Messer direkt an den Gräten entlangschneiden, um das Filet abzulösen. Das zweite Filet und die Filets auf der Blindseite ebenso auslösen.

Häuten: Je nach Rezept die Fische oder Filets häuten. Bei einigen Plattfischen wie Seezungen lässt sich die Haut abziehen. Dafür den ganzen Fisch auf das Schneidebrett legen und die Haut am Schwanzende mit einem Messer leicht ablösen. Den Schwanz mit einem Tuch festhalten und die Haut mit der anderen Hand mit einem kräftigen Ruck zum Kopf hin abziehen. Die andere Seite in gleicher Weise häuten. Bei größeren Fischen wie dem Lachs das Filet mit der Hautseite nach unten auf die Arbeitsfläche legen und das Filet mit einem scharfen Messer vorsichtig von der Haut lösen.

ANMERKUNG ZUM NÄHRWERT
Bei jedem Fisch steht sein Kalorien- sowie Fettgehalt. Diese Werte dienen nur zur Orientierung, da die Beschaffenheit des Fleisches je nach Jahreszeit und Laichzeit des Fischs erheblich variiert. So sind im Herbst die sogenannten Vollheringe besonders fett und schmackhaft – bei Heringen kann sich der Fettgehalt verdreifachen –, während Rotzungen im Spätsommer – kurz nach der Laichzeit – ausgezehrt und von eher mäßiger Qualität sind. Flügelbutt dagegen ist am fleischigsten und besten vom Herbst bis in den Winter, nachdem er einen ganzen Sommer lang gefressen hat.

Register

Aioli
  Frittierter Kalmar mit Petersilien-Aioli 312
Artischocken
  Sautierter Petersfisch mit Artischocken-Estragon-Sauce 121
  Sepia mit Artischocken, Erbsen und Zitrone 280
Austern 298
  Austern-Tatar 299
  Gratinierte Austern mit Speck 299
  Meeräschen mit Austernfüllung 86
Avocados
  Gegrillter Kabeljau mit Kapern-Avocadobutter 66

Brixham-Pollack mit Eier-Petersilien-Kapern-Sauce 153
Brunnenkresse
  Gegrillter Lachs mit Brunnenkresse-Kapern-Minzedip 230

Carpaccio
  Thunfisch-Carpaccio mit Kapern und Sardellen 254
Chermoula, Gebratene Makrele auf nordafrikanische Art 217
Chilischoten
  Dorade en papillote mit Knoblauch, Chili und Rosmarin 52
  Eingelegte Sardellen mit Oregano und Chili 200
  Frittierter Snapper mit süßer Chilisauce 183
  Gebratener Pollack mit Salsa picante 150
  Gegrillte Sprotten mit Oregano und Chili 241
  Gegrillter Kalmar mit Chili, Knoblauch und Petersilie 310
  Kartoffelsalat mit Schellfisch, Zwiebeln und Chili 98
  Spaghetti mit Venusmuscheln, Chili und Petersilie 266
Curry, Red-Snapper-Curry 180

Dicke Bohnen, Heilbutt mit Dicken Bohnen und Sardellenpaste 113
Dorade grise 48
  Dorade en papillote mit Knoblauch, Chili und Rosmarin 52
  Gebackene Dorade mit Thymiankartoffeln 51
  Gegrillte Dorade mit Kreuzkümmel, Zitrone und Meersalz 50
Dorade rose 46
  Dorade en papillote mit Knoblauch, Chili und Rosmarin 52
  Gebackene Dorade mit Thymiankartoffeln 51
  Gegrillte Dorade mit Kreuzkümmel, Zitrone und Meersalz 50
Dorade royale 44
  Dorade en papillote mit Knoblauch, Chili und Rosmarin 52
  Gebackene Dorade mit Thymiankartoffeln 51
  Gegrillte Dorade mit Kreuzkümmel, Zitrone und Meersalz 50
Dünnlippige Meeräsche 84

Eier, Brixham-Pollack mit Eier-Petersilien-Kapern-Sauce 153
Eingelegte Herzmuscheln 272
Eingelegte Sardellen mit Oregano und Chili 200
Eingelegte Streifenbarben mit Basilikum, Kapern und Tomaten 159
Erbsen
  Knurrhahn-Erbsen-Risotto 94
  Sepia mit Artischocken, Erbsen und Zitrone 280
Fenchel
  Gebackener Wolfsbarsch mit Fenchel und Weißwein 167
  Petersfisch mit Sardellen-Vinaigrette und Fenchel 119
  Rotzungen-Goujons mit Fenchel-Krautsalat 125
Feurig scharfe Sprotten 241

Fisch
  Die essbaren Teile 26
  einkaufen 24
  exportieren 17
  fangen 20
  Fischerei und Nachhaltigkeit 30
  Gartechniken 28
  Nährwerttabelle 39
Fischeintopf mit Seelachs, Meerbarben und Paprika 74
Fischfrikadellen mit Petersilie 130
Fischsuppe, Meine Lieblingsfischsuppe 262
Flambierter Wolfsbarsch in der Salzkruste 168
Flügelbutt 134
  Flügelbutt mit Miesmuscheln in Knoblauchsahne 138
  Frittierte Flügelbuttfilets mit Romesco-Sauce 139
  Gegrillter Flügelbutt mit Kräuter-Knoblauchbutter 136
Frikadellen, Fischfrikadellen mit Petersilie 130
Frittierte Flügelbuttfilets mit Romesco-Sauce 139
Frittierte Rochenflügel mit Kapernmayonnaise 175
Frittierte Seezungen mit Tatarensauce 80
Frittierter Kalmar mit Petersilien-Aioli 312
Frittierter Seehecht mit Oregano-Chili-Kruste 106
Frittierter Snapper mit süßer Chilisauce 183
Frühlingszwiebeln, Makrelenspieße mit Teriyaki und Frühlingszwiebeln 220

Garnelen 300
  Garnelen-Toast 303
  Meeresfrüchte aus dem Ofen mit Knoblauch und Tomaten 260

Spaghetti mit Knoblauch, Petersilie und Garnelen 302
Thai-Fischküchlein aus Schellfisch und Garnelen 99
Gebackene Dorade mit Thymiankartoffeln 51
Gebackener Wolfsbarsch mit Fenchel und Weißwein 167
Gebratene Glattbuttfilets mit Salbei und Limettenbutter 56
Gebratene Makrele auf nordafrikanische Art 217
Gebratene Seezungenfilets mit Schinken und Salbei 79
Gebratener Glattbutt mit Sauce béarnaise 58
Gebratener Heringsrogen mit Nordseekrabben und Kapern 209
Gebratener Kalmar mit Zitrone, Knoblauch und Petersilie 313
Gebratener Knurrhahn mit Speck und Salbei 93
Gebratener Pollack mit Salsa picante 150
Gebratener Seehecht auf Rahmgrünkohl mit Kapern 107
Gefüllter Taschenkrebs 276
Gegrillte Dorade mit Kreuzkümmel, Zitrone und Meersalz 50
Gegrillte Heringe mit Teufelsbutter 206
Gegrillte Sardellen mit Basilikum, Tomaten und Oliven 203
Gegrillte Seezunge mit Zitronen-Kapern-Sauce 83
Gegrillte Sepia mit Polenta 281
Gegrillte Sprotten mit Oregano und Chili 241
Gegrillte Streifenbarben mit griechischem Salat 156
Gegrillter Flügelbutt mit Kräuter-Knoblauchbutter 136
Gegrillter Kabeljau mit Kapern-Avocadobutter 66
Gegrillter Kalmar mit Chili, Knoblauch und Petersilie 310
Gegrillter Lachs mit Brunnenkresse-Kapern-Minzedip 230
Gegrillter Lachs mit pikantem Kartoffelsalat 229

Gegrillter Schwertfisch mit Oliven und Oregano 246
Gegrillter Thunfisch mit knuspriger Gremolata 252
Gegrillter Wittling mit Kapernbutter 192
Gegrillter Wittling mit Zwiebel-Rosmarinsauce 193
Gegrillter Wolfsbarsch mit Rosmarin und Thymian 166
Gelbschwanzmakrele 210
Makrelentatar 212
Geräucherter Schellfisch mit Lauch-Kartoffel-Gemüse 101
Glattbutt 55
Gebratene Glattbuttfilets mit Salbei und Limettenbutter 56
Gebratener Glattbutt mit Sauce béarnaise 58
Glattbutt aus dem Ofen mit Tomaten, Thymian und Safran 59
Goldbrassen (siehe Dorade royale)
Gratinierte Austern mit Speck 299
Gratinierte Schwertmuscheln mit Gremolata 268
Graubarsch (siehe Dorade rose)
Gremolata
Gegrillter Thunfisch mit knuspriger Gremolata 252
Gratinierte Schwertmuscheln mit Gremolata 268
Große Pilgermuschel 304
Große Seespinne 274
Grünkohl, Gebratener Seehecht auf Rahmgrünkohl mit Kapern 107
Gurke, Pochierter Steinbutt mit Gurken-Minzedip 189

Heilbutt, Atlantischer 111
Heilbutt, Pazifischer 111
Heilbutt mit Dicken Bohnen und Sardellenpaste 113
Heilbutt mit Sauce béarnaise 114
Hering 205
Gebratener Heringsrogen mit Nordseekrabben und Kapern 209
Gegrillte Heringe mit Teufelsbutter 206

Heringsrogen, Gebratener Heringsrogen mit Nordseekrabben und Kapern 209
Herzmuscheln 270
Eingelegte Herzmuscheln 272
Hummer 288
Hummer nach Art von Fornells 291
Hummer Thermidor 292
Meeresfrüchte aus dem Ofen mit Knoblauch und Tomaten 260

In Butter gebratene Rotzunge mit Nordseekrabben 127
In Salz eingelegte Sprotten 243

Jakobsmuscheln 304
Jakobsmuscheln »Seahorse« 306
Meeresfrüchte aus dem Ofen mit Knoblauch und Tomaten 260

Kabeljau 62
Gegrillter Kabeljau mit Kapern-Avocadobutter 66
Kabeljau mit Petersiliensauce und gebuttertem Spitzkohl 69
Kabeljau mit Rucola und Sardellen-Vinaigrette 65
Kaisergranat 284
Kaisergranat mit Mayonnaise 286
Kalmar 308
Frittierter Kalmar mit Petersilien-Aioli 312
Gebratener Kalmar mit Zitrone, Knoblauch und Petersilie 313
Gegrillter Kalmar mit Chili, Knoblauch und Petersilie 310
Kapern
Brixham-Pollack mit Eier-Petersilien-Kapern-Sauce 153
Eingelegte Streifenbarben mit Basilikum, Kapern und Tomaten 159
Frittierte Rochenflügel mit Kapern-mayonnaise 175
Gebratener Heringsrogen mit Nordseekrabben und Kapern 209
Gebratener Seehecht auf Rahmgrünkohl mit Kapern 107

Gegrillter Lachs mit Brunnenkresse-Kapern-Minzedip 230
Gegrillter Wittling mit Kapernbutter 192
Steinbutt mit Kapern-Petersiliensauce 186
Steinbuttsteaks mit Tatarensauce 188
Thunfisch-Carpaccio mit Kapern und Sardellen 254

Kartoffeln
Fischfrikadellen mit Petersilie 130
Gebackene Dorade mit Thymiankartoffeln 51
Gegrillter Lachs mit pikantem Kartoffelsalat 229
Geräucherter Schellfisch mit Lauch-Kartoffel-Gemüse 101
Kartoffelsalat mit Schellfisch, Zwiebeln und Chili 98
Petersfisch mit Knoblauchkartoffeln und Salsa verde 120

Kleine Pilgermuschel 304

Knackiger Gartensalat mit gesalzenem Pollack 151

Knoblauch
Dorade en papillote mit Knoblauch, Chili und Rosmarin 52
Flügelbutt mit Miesmuscheln in Knoblauchsahne 138
Gebackene Dorade mit Thymiankartoffeln 52
Gebratener Kalmar mit Zitrone, Knoblauch und Petersilie 313
Gebratener Pollack mit Salsa picante 150
Gegrillter Flügelbutt mit Kräuter-Knoblauchbutter 136
Gegrillter Kalmar mit Chili, Knoblauch und Petersilie 310
Lengsteaks mit Speck in Knoblauch-Sahnesauce 133
Meeräsche mit Miesmuscheln, Knoblauch und Oregano 88
Meeresfrüchte aus dem Ofen mit Knoblauch und Tomaten 260
Petersfisch mit Knoblauchkartoffeln und Salsa verde 120

Seelachs, pochiert in Knoblauch-Olivenöl 73
Seeteufel mit Knoblauch, Oliven und Basilikum 143
Spaghetti mit Knoblauch, Petersilie und Garnelen 302

Knurrhahn 90
Knurrhahn-Erbsen-Risotto 94
Knurrhahnfilets mit Zitronen-Petersilien-Butter 92
Gebratener Knurrhahn mit Speck und Salbei 93

Kohl, Rotzungen-Goujons mit Fenchel-Krautsalat 125

Köhler (siehe Seelachs)

Krabben 274

Lachs 226
Gegrillter Lachs mit Brunnenkresse-Kapern-Minzedip 230
Gegrillter Lachs mit pikantem Kartoffelsalat 229

Langusten 290

Lauch
Geräucherter Schellfisch mit Lauch-Kartoffel-Gemüse 101
Rochenfilets mit Venusmuscheln und Lauch 177

Leng 128
Fischfrikadellen mit Petersilie 130
Lengsteaks mit Speck in Knoblauch-Sahnesauce 133

Makrele, Atlantische 214
Gebratene Makrele auf nordafrikanische Art 217
Makrelensalat mit Meerrettichdressing 219
Makrelenspieße mit *teriyaki* und Frühlingszwiebeln 220
Makrelen-Tajine 222
Makrelentatar 212

Mangold, Rochentopf mit Miesmuscheln und Mangold 174

Mayonnaise
Frittierte Rochenflügel mit Kapernmayonnaise 175
Kaisergranat mit Mayonnaise 286
Petersilien-Aioli 312

Meeräsche, Dicklippige 84
Meeräsche, Dünnlippige 84
Meeräsche in der Hülle mit Weinbrand und Dill 87
Meeräsche mit Miesmuscheln, Knoblauch und Oregano 88
Meeräschen mit Austernfüllung 86

Meerbarbe (siehe Streifenbarbe)

Meeresfrüchte aus dem Ofen mit Knoblauch und Tomaten 260

Meerrettich, Makrelensalat mit Meerrettichdressing 219

Merlan (siehe Wittling)

Miesmuscheln 294
Flügelbutt mit Miesmuscheln in Knoblauchsahne 138
Meeräsche mit Miesmuscheln, Knoblauch und Oregano 88
Meeresfrüchte aus dem Ofen mit Knoblauch und Tomaten 260
Miesmuscheln in Weißwein mit Petersilie 296
Rochentopf mit Miesmuscheln und Mangold 174

Nordseekrabben (siehe Sandgarnelen)
Gebratener Heringsrogen mit Nordseekrabben und Kapern 209
In Butter gebratene Rotzunge mit Nordseekrabben 127

Oliven
Gegrillte Sardellen mit Kapern und Oliven 203
Gegrillter Schwertfisch mit Oliven und Oregano 246
Salat mit gegrillten Sardinen, Walnüssen und Oliven 234
Seeteufel mit Knoblauch, Oliven und Basilikum 143

Ossobuco, Seeteufel-Ossobuco 144

Paprika
Fischeintopf mit Seelachs, Meerbarben und Paprika 74
Seeteufel mit Zwiebeln, Paprika und Sherry 147
Thunfisch mit Pepperonata 255

Pasta
- Spaghetti mit Knoblauch, Petersilie und Garnelen 302
- Spaghetti mit Streifenbarben und Tomaten 161
- Spaghetti mit Venusmuscheln, Chili und Petersilie 266

Petersfisch 116
- Petersfisch mit Knoblauchkartoffeln und Salsa verde 120
- Petersfisch mit Sardellen-Vinaigrette und Fenchel 119
- Sautierter Petersfisch mit Artischocken-Estragon-Sauce 121

Petersiliensauce, Kabeljau mit Petersiliensauce und gebuttertem Spitzkohl 69

Pinienkerne, Selleriesalat mit Sardellen und Pinienkernen 199

Pochierter Steinbutt mit Gurken-Minzedip 189

Polenta, Gegrillte Sepia mit Polenta 281

Pollack 148
- Brixham-Pollack mit Eier-Petersilien-Kapern-Sauce 153
- Gebratener Pollack mit Salsa picante 150
- Knackiger Gartensalat mit gesalzenem Pollack 151

Red Snapper (siehe Snapper)
- Red-Snapper-Curry 180

Risotto, Knurrhahn-Erbsen-Risotto 94

Rochen 172
- Frittierte Rochenflügel mit Kapernmayonnaise 175
- Rochenfilets mit Venusmuscheln und Lauch 177
- Rochentopf mit Miesmuscheln und Mangold 174

Romesco-Sauce, Frittierte Flügelbuttfilets mit Romesco-Sauce 139

Rotzunge 122
- In Butter gebratene Rotzunge mit Nordseekrabben 127
- Rotzungen-Goujons mit Fenchel-Krautsalat 125
- Überbackene Rotzungen mit Zucchinigemüse 124

Rucola, Kabeljau mit Rucola und Sardellen-Vinaigrette 65

Sägegarnelen 300
- Spaghetti mit Knoblauch, Petersilie und Garnelen 302

Salat
- Gegrillte Streifenbarben mit griechischem Salat 156
- Gegrillter Lachs mit pikantem Kartoffelsalat 229
- Kartoffelsalat mit Schellfisch, Zwiebeln und Chili 98
- Knackiger Gartensalat mit gesalzenem Pollack 151
- Makrelensalat mit Meerrettichdressing 219
- Rotzungen-Goujons mit Fenchel-Krautsalat 125
- Salat mit gegrillten Sardinen, Walnüssen und Oliven 234
- Selleriesalat mit Sardellen und Pinienkernen 199

Salsa picante, Gebratener Pollack mit Salsa picante 150

Salsa verde, Petersfisch mit Knoblauchkartoffeln und Salsa verde 120

Salz
- Flambierter Wolfsbarsch in der Salzkruste 168
- Gegrillte Dorade mit Kreuzkümmel, Zitrone und Meersalz 50
- In Salz eingelegte Sprotten 243

Sandgarnelen 300
- Garnelen-Toast 303
- Spaghetti mit Knoblauch, Petersilie und Garnelen 302

Sardelle 196
- Eingelegte Sardellen mit Oregano und Chili 200
- Gegrillte Sardellen mit Basilikum, Tomaten und Oliven 203
- Heilbutt mit Dicken Bohnen und Sardellenpaste 113
- Jakobsmuscheln »Seahorse« 306
- Kabeljau mit Rucola und Sardellen-Vinaigrette 65
- Petersfisch mit Sardellen-Vinaigrette und Fenchel 119

- Selleriesalat mit Sardellen und Pinienkernen 199
- Thunfisch-Carpaccio mit Kapern und Sardellen 254

Sardine 232
- Salat mit gegrillten Sardinen, Walnüssen und Oliven 234
- Sardinen auf Toast 237

Saucen
- Artischocken-Estragon-Sauce 121
- Eier-Petersilien-Kapern-Sauce 153
- Petersilien-Aioli 312
- Petersiliensauce 69
- Romesco-Sauce 139
- Sauce béarnaise 58
- Süße Chilisauce 183
- Tatarensauce 80
- Zitronen-Kapern-Sauce 83
- Zwiebel-Rosmarinsauce 193

Sauce béarnaise
- Gebratener Glattbutt mit Sauce béarnaise 58
- Heilbutt mit Sauce béarnaise 114
- Sautierter Petersfisch mit Artischocken-Estragon-Sauce 121

Schellfisch 96
- Geräucherter Schellfisch mit Lauch-Kartoffel-Gemüse 101
- Kartoffelsalat mit Schellfisch, Zwiebeln und Chili 98
- Thai-Fischküchlein aus Schellfisch und Garnelen 99

Schinken, Gebratene Seezungenfilets mit Schinken und Salbei 79

Schwertfisch 244
- Gegrillter Schwertfisch mit Oliven und Oregano 246

Schwertmuscheln 264
- Gratinierte Schwertmuscheln mit Gremolata 268
- Meeresfrüchte aus dem Ofen mit Knoblauch und Tomaten 260

Seebarsch (siehe Wolfsbarsch)

Seehecht, Europäischer 103
- Frittierter Seehecht mit Oregano-Chili-Kruste 106
- Gebratener Seehecht auf Rahmgrünkohl mit Kapern 107

Seehecht mit Venusmuscheln in grüner Sauce 108
Seehecht, Kap- 103
Seelachs 70
   Fischeintopf mit Seelachs, Meerbarben und Paprika 74
   pochiert in Knoblauch-Olivenöl 73
Seeteufel 140
   Seeteufel mit Knoblauch, Oliven und Basilikum 143
   Seeteufel mit Zwiebeln, Paprika und Sherry 147
   Seeteufel-Ossobuco 144
Seezunge 76
   Frittierte Seezungen mit Tatarensauce 80
   Gebratene Seezungenfilets mit Schinken und Salbei 79
   Gegrillte Seezunge mit Zitronen-Kapern-Sauce 83
Sellerie, Selleriesalat mit Sardellen und Pinienkernen 199
Sepia 279
   Gegrillte Sepia mit Polenta 281
   Sepia in Tomaten-Tintensauce 282
   Sepia mit Artischocken, Erbsen und Zitrone 280
Sherry, Seeteufel mit Zwiebeln, Paprika und Sherry 147
Snapper 178
   Frittierter Snapper mit süßer Chilisauce 183
   Red-Snapper-Curry 180
Spaghetti
   Spaghetti mit Knoblauch, Petersilie und Garnelen 302
   Spaghetti mit Streifenbarben und Tomaten 161
   Spaghetti mit Venusmuscheln, Chili und Petersilie 266
Speck
   Gebratener Knurrhahn mit Speck und Salbei 93
   Gratinierte Austern mit Speck 299
   Lengsteaks mit Speck in Knoblauch-Sahnesauce 133
Spitzkohl, Kabeljau mit Petersiliensauce und gebuttertem Spitzkohl 69
Sprotte 238

Feurig scharfe Sprotten 241
Gegrillte Sprotten mit Oregano und Chili 241
In Salz eingelegte Sprotten 243
Steinbutt 184
   Pochierter Steinbutt mit Gurken-Minzedip 189
   Steinbutt mit Kapern-Petersiliensauce 186
   Steinbuttsteaks mit Tatarensauce 188
Steinköhler (siehe Pollack)
Streifenbarbe 154
   Eingelegte Streifenbarben mit Basilikum, Kapern und Tomaten 159
   Fischeintopf mit Seelachs, Meerbarben und Paprika 74
   Gegrillte Streifenbarben mit griechischem Salat 156
   Spaghetti mit Streifenbarben und Tomaten 161
Streifenbrassen (siehe Dorade grise)
Suppe, Meine Lieblingsfischsuppe 262

Tajine, Makrelen-Tajine 222
Taschenkrebs 274
   Gefüllter Taschenkrebs 276
Tatar, Austern-Tatar 299
   Makrelentatar 212
Tatarensauce, Steinbuttsteaks mit Tatarensauce 188
Teriyaki, Makrelenspieße mit Teriyaki und Frühlingszwiebeln 220
Thai-Fischküchlein aus Schellfisch und Garnelen 99
Thunfisch 249
   Gegrillter Thunfisch mit knuspriger Gremolata 252
   Thunfisch mit Pepperonata 255
   Thunfisch-Carpaccio mit Kapern und Sardellen 254
Toast, Garnelen-Toast 303
   Sardinen auf Toast 237
Tomaten
   Eingelegte Streifenbarben mit Basilikum, Kapern und Tomaten 159
   Gegrillte Sardellen mit Basilikum, Tomaten und Oliven 203
   Glattbutt aus dem Ofen mit Tomaten, Thymian und Safran 59

Meeresfrüchte aus dem Ofen mit Knoblauch und Tomaten 260
Sardinen auf Toast 237
Sepia in Tomaten-Tintensauce 282
Spaghetti mit Streifenbarben und Tomaten 161

Überbackene Rotzungen mit Zucchinigemüse 124

Venusmuscheln 264
   Meeresfrüchte aus dem Ofen mit Knoblauch und Tomaten 260
   Rochenfilets mit Venusmuscheln und Lauch 177
   Seehecht mit Venusmuscheln in grüner Sauce 108
   Spaghetti mit Venusmuscheln, Chili und Petersilie 266

Walnüsse, Salat mit gegrillten Sardinen, Walnüssen und Oliven 234
Weißkohl, Rotzungen-Goujons mit Fenchel-Krautsalat 125
Wittling 191
   Gegrillter Wittling mit Kapernbutter 192
   Gegrillter Wittling mit Zwiebel-Rosmarinsauce 193
Wolfsbarsch 162
   Flambierter Wolfsbarsch in der Salzkruste 168
   Gebackener Wolfsbarsch mit Fenchel und Weißwein 167
   Gegrillter Wolfsbarsch mit Rosmarin und Thymian 166

Zucchini, Überbackene Rotzungen mit Zucchinigemüse 124
Zwiebeln
   Gegrillter Wittling mit Zwiebel-Rosmarinsauce 193
   Kartoffelsalat mit Schellfisch, Zwiebeln und Chili 98
   Seeteufel mit Zwiebeln, Paprika und Sherry 147

Danksagung

Bücher sind die Summe der Anstrengungen vieler Leute, manche waren direkt an der Arbeit und Herstellung beteiligt, andere haben durch ihre Inspiration, ihr Wissen und ihren bereitwilligen Rat dazu beigetragen. Ich bin allen dankbar, die mir bei der Entstehung dieses Buches geholfen haben:

Laura Cowan, meiner langjährigen Freundin und Assistentin, die wie immer alles im Griff hatte, besten Dank. Clam dude, danke, dass du wieder mal die Stellung gehalten hast, während ich das hier fabriziert habe. Mister Mark Ely an der Gitarre – ein dickes Dankeschön nicht nur für den Sound. Helen Stiles – es war eine Freude, mit dir zu arbeiten, Fischfan! Danke an Graham, Ian und Sean Perkes für ihre fundierten Kenntnisse und Erfahrungen, die sie beigesteuert haben, und für ihre Freundschaft, an Nigel Ward für die Bekanntmachung mit dem schönsten Ort auf Erden – Brixham, an Martin Purnell für den makellosen Fisch in diesem Buch und an Paul Labistor, seines Zeichens Hafenmeister.

An Chris Terry und Karl für die exzellenten Fotos, einen großen Dank dafür und einen Grappa auf euch – hat doch Spaß gemacht, oder?! Emily Preece-Morrison – danke für den festen Glauben an dieses Projekt. Valerie Berry und Wei Tang, federführende Hauswirtschafterin und Stylistin bei diesem Buch, es war eine Freude, mit euch zu arbeiten. Danke an Anne Kibel, meine Agentin, und an Mike Mitchell, Wynne Griffiths, Yvonne Adam und all die anderen von Young's für euren Beitrag und den Gebrauch des Lexikons. Mum, Dad, Ads, Mikey, Sadie, Ben, Feros, Fran, Blue und die vielen Fischer und Leute in Brixham, die mit mir bei einem Glas einen Schwatz über dieses Buch gehalten haben. Ich trinke ein, zwei Gläser auf euch. Und der allergrößte Dank gebührt meiner Frau Pen, ohne die überhaupt nichts möglich wäre.

Die Herausgeber möchten Louise Leffler, Georgie Hewitt, Kathy Steer, Richard Bramble, Alyson Silverwood und Patricia Hymans ihren Dank aussprechen.